尼山铎声
——『儒学与世界文明』专题

尼山圣源书院主办

郭沂 ◎ 主编

华夏出版社
HUAXIA PUBLISHING HOUSE

图书在版编目（CIP）数据

尼山铎声："儒学与世界文明"专题 / 郭沂主编．--北京：华夏出版社有限公司，2023.8
ISBN 978-7-5222-0451-2

Ⅰ.①尼… Ⅱ.①郭… Ⅲ.①儒学—研究 Ⅳ.①B222.05

中国国家版本馆 CIP 数据核字（2023）第 008285 号

尼山铎声——"儒学与世界文明"专题

主　　编	郭　沂
责任编辑	董秀娟
装帧设计	楠竹文化
责任印制	周　然

出版发行	华夏出版社有限公司
经　　销	新华书店
印　　装	三河市万龙印装有限公司
版　　次	2023 年 8 月北京第 1 版 2023 年 8 月北京第 1 次印刷
开　　本	710×1000　1/16
印　　张	20.5
字　　数	325 千字
定　　价	89.00 元

华夏出版社有限公司　地址：北京市东直门外香河园北里 4 号　邮编：100028
　　　　　　　　　　网址：www.hxph.com.cn　电话：(010) 64663331（转）
若发现本版图书有印装质量问题，请与我社营销中心联系调换。

编辑委员会

名誉主编：牟钟鉴
主　　编：郭　沂
委　　员：杜维明　牟钟鉴　钱　逊　安乐哲　王殿卿　刘示范
　　　　　　　刘国强　赵玲玲　林安梧　杨祖汉　张　践　颜炳罡
　　　　　　　田辰山　王　杰　赵法生　王志捷　孙宝山　郭　沂
主编助理：李浩然

本书获北京纳通公益基金会资助

主编引言

在历史上，儒学不但是中国文化的主干，而且也对世界其他地区的文化产生了极其深远的影响，并成为整个人类文化的重要组成部分。在这个过程中，儒学在东亚和欧洲地区的传播和发展，意义尤其重大。

儒学自秦汉之际就传入越南和朝鲜半岛，西晋时又由百济学者王仁传播到日本。唐宋以降，东亚地区逐渐形成了以儒学为主干的文明体系，号称儒教文化圈。千百年来，儒学成为东亚各国共同的精神家园，对这个地区的和平发展与繁荣富强作出了卓越贡献。

然而，近代以来，东亚地区的局势为西方所主导的世界秩序所宰割，遭受了不堪回首的惨痛经历，至今仍然面临着战争的威胁，东亚文化也被来势凶猛的西方文化冲击得七零八落。尽管如此，20世纪中叶"东亚四小龙"的经济腾飞以及90年代以来中国的经济成就，仍然令世人对其背后的儒学与东亚文化刮目相看，而当今西方现代化带来的种种弊端，更让越来越多的有识之士对儒学与东亚文化充满期待！

16世纪末叶，儒家经典和儒学思想开始通过传教士传播到欧洲，并很快在当地引发了一股"儒学热"。自此以后，儒学就成了欧洲思想家手中的"他山之石"。然而，数百年来，他们对儒学的认识和态度也不是一成不变的。对此，我们大致地可以分为三个阶段。

第一阶段为17、18世纪的启蒙运动时期，以莱布尼兹、沃尔夫、伏尔泰、狄德罗等为代表的启蒙思想家们对中华文明尤其儒家思想推崇备至，认为西方在理论科学方面虽然略高一筹，但在道德哲学和社会制度等方面却远远不如中国，所以主张以中国为榜样，来改造西方的社会、政治和教会。他们对儒学和中华文明的热情，恐怕不亚于后来中国人对西方文明的拥抱。

第二阶段从18、19世纪之交开始，康德、黑格尔、谢林、叔本华等德国哲学家对儒学和中国哲学的态度发生了重大逆转。在他们眼中，中国是一个在东方专制主义笼罩下的国度，而孔子不过是专制体制的帮凶。这种对儒学和中国哲学的消极态度支配了西方思想界长达数百年之久。

第三阶段为20世纪以后，随着现代化波澜壮阔地发展，当今世界面临很多重大问题，诸如文明冲突问题、霸权主义问题、环保问题、可持续发展问题等等。随着现代性危机的暴露，西方哲学家，尤其是德国哲学家对西方思想传统的批判越来越深入，同时，对儒学和中国哲学的态度也明显转变，即更多地是以理解和欣赏的态度对儒学和中国哲学作出更为积极的评价。就这样，他们和中国同行们一样，再一次垂青儒家思想和中国哲学，试图从中寻找解决问题的智慧。例如，海德格尔就特别欣赏中国哲学，尤其老子哲学，甚至与中国台湾学者萧师毅合作将部分《老子》章节译为德文。再如，和海德格尔同时代的另一位德国哲学家雅斯贝斯也非常重视中国哲学，他将中国文明、西方文明和印度文明并列为轴心文明，从而打破了西方中心论的窠臼，他还将孔子与苏格拉底、释迦牟尼和耶稣列为轴心时代的四大伟人，并在这个基础上，提出世界哲学概念。

因此，时至今日，不管是从东亚地区的未来发展来看，还是就整个世界所面临的困境而言，都需要重估儒学与世界文明及其发展的关系。

的确，方今之时，人类文明正面临亘古未有之大变局。越来越多的有识之士认识到，在这个大变局中，儒学将发挥举足轻重的作用，引导人类文明朝着正确的方向前进。

为了推动相关研究，尼山圣源书院于 2018 年举办了以"儒学与东亚文化共同体"为主题的"2018 尼山新儒学论坛"。次年，又与国际儒学联合会、加拿大文化更新研究中心共同主办了"文明对话与交流互鉴论坛"。本辑《尼山铎声》所收录的文章就选自这两次论坛的论文集。

郭 沂
2022 年 7 月 15 日

目 录

● 儒学与东亚文化共同体

3 —— 牟钟鉴：东亚文化圈的历史经验与智慧在当代文明对话中的意义
14 —— 张立文：中国与朝鲜李朝朱子学的比较及特质
　　　　　　——朱子、退溪、栗谷、艮斋思想的异同及其特色
41 —— 王殿卿：脱亚入欧　同室操戈　和合东亚
47 —— 黄玉顺：前主体性诠释：主体性诠释的解构
　　　　　　——评"东亚儒学"的经典诠释模式
68 —— 彭永捷：普遍伦理与东亚文化
76 —— 郭　沂：东亚价值及其世界意义
88 —— 王　敏：回归与反思——以日本的年号与大禹信仰为例
110 —— 李勇强：当代东亚儒学界在朱子学视域的互动
　　　　　　——以张立文的学术交流经历为例

● 中学与西学

129 —— 王殿卿：利玛窦在华传教对当今文明交流互鉴的启示
138 —— 梁燕城：性情的形而上学——儒家的诚体与圣经的逻各斯和智慧比较
150 —— 张　践：参与世界宗教对话的儒家智慧
161 —— 田辰山：要搞"一多不分"文明对话，不赞成"一多二元"话语霸权
　　　　　　——尼山"'对话与回归'高端学术论坛"发言
175 —— 单　纯：反思中西宇宙观中的生命哲学
190 —— 董乃强、董小年：欧洲"中国热"逆转与"西方中心"论诞生
197 —— 王　敏：汉字的本质——与法国学者汪德迈先生的对话
204 —— 孙宝山：黄宗羲的经世学与西学
214 —— 张靖华：文化自信背景下的文明交流与互鉴初探

● 传统与现代

227 —— 辛正根：儒学之总体的再定义
243 —— 刘学智：当今何以"为天地立心"
247 —— 方俊吉：略论中华传统优良文化在 AI 世代的重要性
256 —— 林安梧：文明新交谈时代的来临——一个后五四者的反思
275 —— 子　夜：对话和回归——文化中国百年反思的两个主题
290 —— 郭　沂：儒学何以回应现代化与后现代主义的挑战
300 —— 黄保罗：马丁·路德和现代性

● 学术动态

317 —— 李浩然：儒学的开展与东亚文化共同体之重建
　　　　　　　——2018 尼山新儒学论坛述要

儒学与东亚文化共同体

东亚文化圈的历史经验与智慧在当代文明对话中的意义

牟钟鉴

（中央民族大学哲学与宗教学学院教授）

一

在长达一千多年的历史上，东亚中国、日本、朝鲜、越南形成儒佛道三教的文化圈，维系着东亚文明共同体的生存和发展。其特点是：第一，三教在东亚各国间的传播是和平的纯粹文化性的，没有政治集团的操控，更无军事力量的征服；第二，三教以中华为腹心，又与东亚各国民族文化相结合，具有各自鲜明特色；第三，三教在东亚各国成为社会道德生活三大精神支柱，深刻影响了各自文明的发展；第四，东亚文化圈长期是世界多元文明的高地，虽然国家间因政治而发生过某些摩擦和冲突，但在多数时间里东亚是一个和平与发展的地区，它的礼义文明得到西方启蒙思想家的青睐。

（一）佛教文化圈

佛教圈是东亚最早形成的文化圈，它在唐代走向繁荣。早在公元372年（晋代），佛教即由中国传入朝鲜高句丽王朝；公元552年（南北朝时期），佛教经由朝鲜半岛传入日本钦明天皇朝。唐朝盛世，长安成为佛教中心，名僧云集，日本、朝鲜僧人纷纷前来求法游学，例如，日僧最澄学天台宗，空海学密宗；高丽僧道登学三论宗，神昉学唯识宗。唐玄宗时，新罗王族金乔觉来九华山修法，圆寂后肉身不坏，被视为地藏菩萨的化身，九华山遂成为地藏菩萨的道场。鉴真法师于唐天宝年间六次东渡日本，不顾生命危险，终于成功，创立日本律宗，并带去中华一系列文明成果，开通了中日文化交流宽广之路，被日本人尊称为"日本佛教与日本文化的大恩人"。宋代佛教禅宗、律宗和净土宗流播朝鲜和日本，使法眼宗在高丽王朝盛行，又推动了日本佛教净土真宗、日莲宗的兴起。此后中日朝佛教文化交往连绵不绝，佛教在三国皆拥有众多信众，彼此关系密切，积成深厚友谊，并使佛教在东亚三国的文化繁荣与民俗更新中发挥重要作用。赵朴初居士称佛教为联结中日韩的黄金纽带。早在东汉末，著名学者牟融从苍梧（今广西梧州）奉母至交趾（今越南河内地区）避乱，著《理惑论》，宣扬佛法。唐代及以后，中国僧人由南方赴印度求法，来往途经越南，传播了中国佛教，使越南兴起禅宗，成为佛教主流。①

（二）儒学文化圈

儒学传入朝鲜大约在公元前 1 世纪，先是在高句丽，接着是在百济，尔后是在新罗，主要在教育和道德方面发挥作用。7 世纪新罗统一朝鲜，与唐朝友好来往，于首都设立国学传授儒家经典，并建孔庙祀孔，以儒学开科取士。10 世纪高丽王朝儒佛并尊互补。13 世纪朱子学传入朝鲜，郑梦周被推为"东方理学之祖"。自 1392 年李氏王朝建立到 1910 年日本吞并朝鲜，儒学在朝鲜的传播与发展达到鼎盛，尊儒抑佛，推崇三纲五常，尊封孔子为素王，儒学成为统治思想长达五百年，有官学成均馆，有各地方乡校，儒家伦理与礼仪普及于社会，出现了有"海东朱子"声誉的名儒李退溪。日本占领朝鲜后，儒学衰落，西学进入，但儒学的民间影响仍根深蒂固。儒学东渐日本，以朝鲜为中途，在公元 3 世纪即有儒典进入。从 7 世纪始，中日互派使者，开拓了直接交流渠道。13 世纪，宋学传入日本，与禅学同时流行。至江户时代前期，朱子学发达，并形成日本本土若干学派。德川幕府时期，儒学达到鼎盛。江户时代后期，阳明学作为民间儒学与官方朱子学并立。儒学推进了日本政治制度、社会文化建设和学术事业发展。为了适应日本"大和魂"的武士道精神，日本将

---

① 参看洪修平《中国佛教文化历程》第十章"中国佛教文化的对外交流"，江苏教育出版社，1995 年；倪强《赤子佛心赵朴初》（八）"缘结五洲"，宗教文化出版社，2007 年。

中国儒学五伦以孝为首改造为以忠第一，而且强调忠于天皇。"二战"以后，日本多将儒学用于企业管理以发展儒家资本主义，提出"《论语》加算盘"的经营之道。儒学传入越南并流行大约在秦汉，逐步形成严密的儒学教育网络。1070年越南古城升龙（今河内）建文庙，祭祀孔子。1075年实行以儒学为标准的科举取士制度，直到20世纪初才废除。儒学作为越南社会主导精神支柱长达四百余年，对社会进步、道德教育、文化发展起了积极推动作用。儒学传播到东南亚各国的过程中，越南是重要渠道。①

（三）道教文化圈

东亚道教文化圈是历史的客观存在，不过由于受老子"道隐无名"虚静精神的影响，再加上道教"杂而多端"及其与各种民间信仰的混然相生，东亚道教文化圈处在或显或隐的状态，既没有儒学文化圈那样的政治强势，也不如佛教文化圈那样的显荣优势，所以它的存在往往被忽略。南京大学孙亦平教授著《东亚道教研究》，该书依据相关历史文献和考古资料，大量参考中日韩学者研究成果，论述了道教以和平方式从中国向朝鲜半岛、日本列岛和越南半岛传播的历史过程，阐释了道教与朝、日、越诸国民族文化、固有信仰之间的互动，在涵化中产生的变异及出现的新道派特色。朝、日、越诸国的道教在信仰上以得道成仙为核心，以太上老君为教祖，以三清和玉皇为至上神，向往由众多神仙组成的仙界，这都是与中国道教共同的信仰。东亚道教形成以"道"为最高理念、以"尊道贵德"为价值追求的精神文化纽带。同时它们是一体多态的，各自构建本土道派，如朝鲜有花郎道和富有道教色彩的天道教，日本有事鬼道和包含道教要素的各种民间神道，越南有母道教、高台教。东亚道教重视养生修道术，建立道教医药学，遵行敬神的斋醮科仪，其特色文化深刻影响到文学艺术（小说、诗歌、戏曲、建筑、绘画、雕塑、音乐、舞蹈），广泛渗透到民俗生活之中，因而在东亚进入现代社会之后它仍然在民间保持着活力，成为东亚人相互聚同的文化元素。②

---

① 参看《儒佛道与传统文化》（《文史知识》合刊）"儒学与传统文化"，中华书局，1990年；[韩]黄秉泰《儒学与现代化——中韩日儒学比较研究》，社会科学文献出版社，1995年。
② 参看孙亦平《东亚道教研究》，人民出版社，2014年。

（四）三教文化圈相互叠加渗透

儒佛道在中国自汉末以来相互吸收、渐行渐近。虽然其间发生过摩擦褒贬，但隋唐以后三教合流成为大势，在会通创新中相继出现三个理论高峰：佛教的禅学，儒家的道学，道教的内丹学。三教会聚成中华思想高地，把文明的光和热辐射到多民族文化和多样性宗教之中。在东亚地区，三教文化圈也是相向而行，以互补共进为主流，虽然也有时扬此抑彼，但很快就恢复常态，并行互学，彼此借力，共铸东亚文化共同体之魂。由于三教文化的浸润，东亚地区在古代较早进入道德昌盛的状态，走在世界的前列，在近代以前受到欧洲人的敬佩，为启蒙思想家所向往，他们不断从东亚文明中吸取营养，从而推动了欧洲人文主义的兴起。

二

东亚文明的核心价值是由儒佛道三教的智慧滋润而成。

第一，三教共同阐扬仁义慈悲之道，其博爱超越国家和民族。

东亚三教都提倡慈爱众生，积德行善。儒家讲居仁由义，泛爱万物；佛教讲无缘大慈，同体大悲；道教讲重生贵养，慈俭不争。三教都尊重生命、护养生命，以生本主义为信仰，一体皆爱，不分国界与族界。

第二，开凿交往通和之路，推动政治、经济、文化全方位交流。

东亚各国之间的往来，都伴随着三教文化的交流沟通，使经贸之路与文化之路合为一线。互派使团、学者、僧道、学生，进行长期游学，或者短期访问，然后取经回国，服务当地，较快地提高了东亚共同体的文明程度。同时东亚各国经由陆上和海上丝绸之路建立了与东南亚、南亚、中亚、西亚乃至欧洲的经贸文化往来，彼此取长补短，互学共荣，为世界文明的发展作出了贡献。

第三，倡导修德尚礼之风，使礼义成为制度和民俗。

儒家讲"三纲五常"，其"三纲"之教强调君、父、夫的权威，有明显等级服从的不平等性，但在东亚古代宗法等级社会里起到了稳定当时社会秩序的作用，对它应有历史的公正评价。儒家"五常"即仁义礼智信，则是东亚道德的基本规范，强调导之以德、齐之以礼，使东亚各国成为礼义之邦、文明之国，功莫大焉。佛教讲慈悲平等、行善利他，补充了儒家道德的内涵，又用因果报应之说巩固了五常之德。道教讲功德成神、积善成仙和忠孝修德，有益于形成良风美俗。

第四，涵养天人一体之情，爱惜天地万物，保护生态环境。

儒家把仁爱扩展为赞天地之化育，视宇宙万物为大的生命体，仁者应以大我的心态包纳之。从《易传》"天地之大德曰生"，到张载"民吾同胞，物吾与也"，关怀一切生命。佛教讲众生平等，包括一切有情众生，鸟兽昆虫皆在不杀生之列，其慈悲心之博大无与伦比。道教讲仙道贵生、爱养万物，认为畜生木石皆有道性，需一体爱护。王阳明综合儒佛道三家之说，认为大人之心见孺子之危难、鸟兽之哀鸣、草木之摧折、瓦石之毁坏，皆应有恻隐、不忍、悯恤、顾惜之心（王阳明《大学问》）。在三教熏习之下，东亚长期注重山川河流、树木植被、野生动物之保护，除战乱时期外，没有造成自然环境大的破坏，三教文化是有功劳的。

三

东亚文明共同体在近代破碎了。它的原因主要是两点。

第一，西方工业文明的兴起与进入。

西方近代工业文明展示了比东亚农业文明高强得多的先进性，创造出自然经济不可比拟的巨大财富；其知性文化在工商经济推动下，使科学技术迅猛发展，极大改善了人类物质生活条件；它所创建的民主法治的社会管理模式，及其提倡的民主、自由、平等、人权、理性等价值理念，使个人的自由度和创造力获得一次大的解放和提升，明显优越于东亚宗法家族社会的因循守旧和对个性的压抑。由此之故，西方近现代文明以浩大之势席卷全球，引领世界潮流数百年。当它在西方列强殖民扩张过程中进入东亚时，很快展示出其全方位的优势，使东亚共同体无法继续维持下去，并面临着空前严峻的生死考验。要么不思根本改革、旧习积重难返，成为西方的殖民地或半殖民地；要么维新图强，学习西方，通过"以夷制夷"，实现重新自立于世界民族之林的强国目标。近代中国暮气深重，万马齐喑，在鸦片战争中败给英国，落入半殖民地惨境。国内一批文化精英由此反省传统文化之不足，批判儒学之弊端，文化自信日渐丧失，纷纷向西方寻求救国真理，成为潮流，但对传统文化如何更新未有清醒认识。作为东亚文明腹心之地的中国失守传统文化阵地，"全盘西化论"甚嚣尘上，文化激进派提出用切断中华传统文化血脉的手段来救中国，并且占据主导地位。再加上殖民主义的武力入侵，遂使东亚各国成为依附和追随西方的弱者，丧失了东方文化的独立自主。

第二，日本不再结伴中国，而仿西方成为富于侵略性的东方霸国。

日本明治维新以后，脱亚入欧，仿效西方列国模式，经济上大规模引入市场管理，发展商品生产贸易；政治文化上采纳西方强权主义，实行周边殖民，使自己成为东方新兴帝国主义国家，参与列强对国际市场、资源和殖民地的争夺瓜分。它不仅彻底撕裂了东亚文明共同体，而且以西方的样式在东亚和东南亚建立霸权，从甲午战争起，不断对中国、朝鲜和其他亚洲国家发动侵略战争，妄图通过征服中国进而征服亚洲并称霸世界。从深层文化路向上说，日本虽然保留了儒佛道三教的形态，事实上主导国家的政治思想已经改换为西方式的了。孙中山在《大亚洲主义》一文中指出："东方的文化是王道，西方的文化是霸道。讲王道是主张仁义道德，讲霸道是主张功利强权。讲仁义道德，是用正义公理来感化人；讲功利强权，是用洋枪大炮来压迫人。"日本虽然口头上讲王道乐土，事实上却用霸道制造战争焦土。它原来流行的主导性的儒学，早年已经对孔孟之道的核心理念有所曲解，如将"忠"狭窄化为忠于天皇并形成无条件崇拜。明治维新以后，主流社会进一步抽掉儒学的灵魂，抛弃仁爱忠恕之道。既不讲"己欲立而立人，己欲达而达人"的忠道，更不讲"己所不欲，勿施于人"的恕道，完全失去天下一家的情怀，而用强权民族主义和称霸野心取而代之，不断强化武士道的有勇无仁精神，遂成为侵略成性的东方法西斯国家，不断发动野蛮的侵略战争，侵占朝鲜和中国东北，进而侵占中国大片领土，制造南京大屠杀，又进而侵占东南亚、发动太平洋战争，使东亚以至亚洲各国数千万民众生灵涂炭。它在破坏东亚文明共同体的同时，也使日本民众陷于灾祸，"二战"后承担了战败国的苦难。战后政治集团不少人由于忘却恕道，不能稍许设身处地体会受害国民众的悲愤心理，反而参拜靖国神社，向甲级战犯顶礼膜拜，造成日本在东亚和世界的被孤立。

历史证明，日本脱亚入欧、抛弃儒家仁义之道虽能富强于一时而不能持久，因为它以奴役别国为手段，必然引起反抗，最终败于正义的力量。事实上，日本未能真正"入欧"，不仅在于它缺少西方基督教对社会道德的维系，还在于"二战"后它未能像欧洲大国那样在内外政策上作大幅度调整，尤其未能像德国那样对法西斯罪行作深刻反省、努力取信于被法西斯蹂躏过的各国。可是它的确"脱亚"了，脱离了儒佛道三教的仁爱慈悲之道。主张和平的人们都盼望它在学习西方的同时能在精神上重返东亚。中国近代闭关锁国、食古不化，也不能完成现代转型，跟不上时代潮流，遂沦落为半殖民地国家。后来中国在革命性变革中走向独立并推进建设事业，一扫陈腐旧习而焕发出蓬勃生机。但在文化上一度掀起反孔批儒运动，其结果未能有益于中国的现代化，反而造成道德滑坡、市场混乱。所以中国在改革开放以后，重新评价孔子儒学和传统文化，用中华文化（儒佛道是核心）的复兴支撑中华民族的伟大复兴。韩国在"二战"后独立，积极学习西方，同时在道德和民俗层面保存儒佛道三教文化传统，把它们融入现代化的事业中，取得公认的巨大成就，其对儒家文化的传承守护在东亚各国是最多的，民族文化主体性得到展现。历史经验告诉人们，以农业文明为基础的东亚共同体在现代化大潮中的破碎有其必然性，但儒佛道三教文化的深层价值却不宜简单否定。东亚共同体有望在新的时代条件下重建，但不是摆脱三教文化，而是在综合东方与西方文化的基础上进行创造性转化，走出一条崭新的道路。

四

东亚出路何在？曾作为东亚共同体精神主轴的儒学在现代化事业中只有负面作用吗？马克斯·韦伯在《中国的宗教：儒教与道教》中断言：儒学否定彼岸，没有一神教的外在超越的宗教精神，因而也缺少救世宗教以神圣性对世俗社会进行理性制约的功能；它只是一种秩序的理性主义，意味着理性地适应世界，不能像基督新教那样理性地把握世界，而后者经由经济理性主义成为资本主义精神。韦伯的结论是：儒教阻碍中国资本主义的发展。美国哈佛学派学者列文森在《儒教中国及其现代命运》中认为：儒学最本质的特征是"中庸"，它能成就社会的长期稳定，但缺乏与现实的张力，因而也没有活力，不能导致真正的社会变革；中国的现代化变革是在西方文化全面冲击下发生的，与儒学无涉；儒学不再有新的发展前景，中华传统文化将走进历史博物馆。韦伯与列文森唱衰儒学、把它与现代化对立起来的观点，在世界在东亚都有很大的影响。东亚人如果接受这种观点，便意味着只能跟在西方后边，走西方的现代化之路。然而理论上事实上皆非如此。从理论层面上说，儒家既讲改良也讲"汤武革命"，也讲变化日新，其中庸之道强调"时中"即与时俱进，因而有着持续的活力。儒学有常有变，因而在历史上，不仅是社会稳定的文化力量，也是批判陈腐、力求革新的文化力量。从事实层面上说，唐代社会造就开放繁荣盛世，北宋和明代中后期商品经济发达、思想文化活跃、社会发展出现转型趋势，其中皆有儒学通变之学和新学派的新思想的推动作用。唐代的繁荣被藩镇割据所打断，宋、明的两次社会转型被文化保守的元代和清代所打断，儒学经世致用的作用未能有效发挥。"二战"后，受儒学长期浸润的日本和亚洲"四小龙"（新加坡、韩国、中国台湾与香港）经济腾飞的事实，改变了西方的亚洲观和儒学观。人们不仅从中认识到引入西方市场经济与管理经验与高科技之必要，也看到了儒家文化中有推动现代化、纠补西方化的积极要素。儒学关于以人为本、关于社会担当和道德责任的思想，关于因材施教、培育人才的思想，关于以义导利、诚信为重的思想，关于协调关系、和谐族群的思想，不仅有益于市场经济伦理和社会文明建设，而且可以弥补西方企业管理中见物不见人、市场不正当竞争、社会生活金钱万能、劳资双方尖锐对立等弊病，使现代化既顺畅又平稳，走出一条东亚特色的现代化之路。东亚的崛起打破了"韦伯定律"，被人们称为"儒家资本主义"。中国近三十多年经济社会发展突飞猛进，已成为世界第二大经济体，其巨大成就是举世公认的。它走的是中国特色社会主义道路，以共同富裕、社会和谐、自由平等、民主法治、诚信友善、敬业乐群为价值追求，其中有社会主义的理想，有中华文化的精粹，又有西方文化的成果。东亚目前是世界经济发展最有活力的地区，各国社会制度不同，但有共同的历史文化背景，特别是有儒佛道三教文化的根基，这是我们应当引以为傲的，我们要把一度失落的东方精神找回来。

我们面临着一系列新的挑战和重任：

第一，继承发扬儒佛道优良传统，剔除其陈旧的成分，创新其精华的质素，重建东亚文明共同体。

儒佛道三教都需要一次新的转型。儒学要清除不适合当代公民社会的"三纲"说（君为臣纲、父为子纲、夫为妻纲），充实和发挥"五常"（仁义礼智信）之道和"八德"（孝悌忠信礼义廉耻）之理，用"尽己为人之忠""推己及人之恕"和"克己复礼之仁"，把孔子的仁礼之学重新树立起来，使之成为东亚文明的坚固支柱。佛教要凸显慈悲、平等、中道、解脱的智慧和利乐有情的精神，克服商业化、庸俗化倾向，积极参与建设人间乐土，净化和提升人生境界。道教要高举老子《道德经》大旗，传承尊道贵德、道法自然、重生贵养、慈俭不争的优良传统，防止有术无道、借教敛财的歪风，在教义教理上不断创新，发挥天人和谐和养生文化的优势，为生态文明建设和社会大众的身心健康服务，为丰富发展民俗文化作贡献。

第二，以东亚传统文化为根基，继续学习西方科技文化、竞争意识、市场规则，各国在社会制度选择上采取独立自主、互相尊重的态度。

在吸收西方文明优秀成果的同时，拒绝其单边主义、自我中心、物质崇拜等负面的影响，把社会责任和个人权利、爱国主义与世界主义、公平正义与利益诉求、道德礼法与市场经济结合起来，走东亚式的现代化之路。

第三，总结历史经验教训，既不忘东亚共同体文明交流互学的美好历史，也不忘法西斯侵略战争造成的悲惨结局，清除军国主义影响，目的是永不走回头路，坚定开拓和平发展、睦邻友好、合作共赢的美好未来，实现共同繁荣。

东亚历史经验教训的普遍意义在于：其一，儒佛道三教是博爱的学说，注重道德教化，具有和平主义的性格，不可放弃，它们共同铸成的东亚精神代表着一种高度发育的文明，不会过时，只宜改良。其二，不同国家民族之间能够求同存异、彼此尊重、和平共处，在交流互学中相得益彰，形成地区性文明共同体，东亚在很长历史时间内就是这样的共同体，这一经验也适用于整个世界。其三，侵略战争是破坏东亚文明共同体的罪魁祸首，它非但给受害国家人民带来苦难，最终也给侵略者所在国家人民造成灾祸。善良终将战胜罪恶，天道好还，报应不爽。当前欧洲难民潮，是由西方霸权主义在中东策动战争引起的，如今西方国家自身要吞食苦果。人是有理性的动物，能够总结经验、反思教训，走向和解。

第四，扩造新的东亚命运共同体。

东亚地区最近几十年的发展已形成相互依赖的经济共同体，得益于东亚无战事的和平环境，但由于缺少对东亚精神和新型国际关系的共识，东亚经济共同体尚比较脆弱，必须通过文明对话与交流加以提升和巩固。只有倡导仁和慈爱文化才能建成和平、和睦、和谐的东亚，并为建设人类文明共同体作贡献。

五

东亚国家之间新型国际关系的建设，应全方位进行：既有政界的对话、商界的互通，也有民间文化的交流。冷战期间中日、中韩之间在国家关系上是冻结的，但民间人士友好来往与文化交流未曾中断，它给后来国家关系正常化创造了条件。最近三十多年，学界大力开展东亚学术研究与合作，儒学界、佛教界、道教界密切交往，正在发挥三教文化的黄金纽带作用。

在儒学方面，1994年成立国际儒学联合会，总部设在北京，宗旨是"研究儒学思想，继承儒学精华，发扬儒学精神，以促进人类的自由平等、和平发展与共同繁荣"。发起单位有：中国孔子基金会、台北中华孔孟学会、韩国儒教学会、日本斯文会、美国国际中国哲学会、新加坡国立大学汉学研究中心、中国香港人文科学学会、越南代表。二十多年中，国际儒联在各国众多学者积极参与下，为推动东亚和世界儒学文化交流做了大量有效的工作，产生了巨大的国际影响。韩国的儒教学会、成均馆、孟子学会以及许多大学的学者对弘扬儒家文化成绩尤为突出。

在佛教方面，中、日、韩、缅、柬、泰、美等国佛教界来往频繁，高举和平、发展、合作的旗帜，推动世界和谐，其中赵朴初居士以菩萨心肠架设中日韩友谊金桥，他说："众所周知，中、日、韩三国自古为友好邻邦，往来不绝。自佛教起源于印度而传入东南亚，中、日、韩三国佛教互相交流，相师相长，曾有过漫长的友好交往。"① 而今佛教这条黄金纽带仍然是维系东亚友谊的重要精神力量。近些年佛教界连续举办国际佛教论坛，为世界和平提供平等、慈悲的大智见、大心量。

道教界也后来居上，在加强人员往来的同时，举办国际道教论坛，运用老子和道教的智慧，助推东亚和世界开拓通向和谐的大路。老子的《道德经》广泛流行于东亚和世界，其翻译版本之多、流传数量之大，仅次于《圣经》。自世界金融危机以来，人们对《道德经》的当代价值有了新的体认。老子说："罪莫大于可欲，祸莫大于不知足，咎莫憯于欲得"，而金融危机的根源正在于资本的贪婪未能得到有效控制。老子提出三宝，即"一曰慈，二曰俭，三曰不敢为天下先"，这正是对治经济危机、社会危机、道德危机的良方佳药：用"天之道，利而不害"的"慈"，对治损人利己的"私"；用"见素抱朴"的"俭"，对治挥霍浪费的"奢"；用"圣人之道，为而不争"的"不敢为天下先"，对治征服争夺的"霸"。《道德经》没有过时，东亚和世界仍然需要老子的智慧。

2008年东亚宗教文化学会在韩国釜山成立，其宗旨是："促进东亚宗教文化的研究和国际间学术交流"，它是东亚学术研究的一个重要平台。我在该学会成立大会和学术研讨会上的发言是《东亚宗教文化模式及其现代意义》，我说明："东亚地区处在儒学文化圈、道家文化圈和佛教文化圈之中，其宗教文化深受儒道佛三家仁慈、中和、宽厚、尚德思想的影响，形成独具东亚风格的多元通和模式。"我归纳出四大特色："第一，多样性的和谐"，"第二，重义礼道德"，"第三，把主体性与多样性、民族性与开放性结合起来"，"第四，人道与神道并重，哲学与神学互补，人文理性始终据有主导地位"。我表示："东亚地区面临着传统与现代冲突的挑战，我们要研究、继承和发扬东亚宗教文化多元通和的优良传统，在现代化过程中发挥儒佛道三教的伟大智慧和道德力量，消除内部极端主义滋生的根源，防止外部极端主义对东亚的渗透，保持东亚地区的持久和平、安宁和繁荣。同时广泛开展世界文明对话，使历史上文明的东亚模式和东亚经验回归东亚、走出东亚，为世界更多的人所了解，在化解族群冲突、推动族群和谐中发挥积极作用。"我认为，这是我们东亚人崇高的历史使命和责任担当。

---

① 倪强：《赤子佛心赵朴初》引赵朴初语，宗教文化出版社，2007年，第376页。

中国与朝鲜李朝朱子学的比较及特质
——朱子、退溪、栗谷、艮斋思想的异同及其特色

张立文
（中国人民大学哲学院教授）

"苍龙日暮还行雨，老树春深更著花。"艮斋田愚（1841—1922）壮志不衰，不甘亡国，他胸怀满腔悲情，迫切期待朝鲜复兴；他以苍龙老树之身，挺民族脊梁，坚抗日意志，希冀"扶缐阳于既坠"，迎来民族之花的绽放。

艮斋在民族存亡之际，忧国忧民，高扬民族大义，坚守民族文化，抗拒日本文化侵略。柳永善评说："箕条邈焉，武夷道东。潭华继作，穷源会通。允集厥成，谁得正宗，曰我先生……文在于斯，天责归矣。心性理气，能所帅役。阐发蕴奥，朱栗准的。不得弗措，深思穷賾。小大无遗，允蹈其实。"[①] 此说中其肯綮。艮斋学术造诣精湛，他探赜索隐，钩深致远，为朝鲜王朝末之性理学大家。

一、朱、退、栗、艮理气观的异同

艮斋穷源会通箕子、朱子以来道统的正宗，沉潜经传，折中百家，以朱

---

① 《墓碣铭》，《艮斋先生全集·附录》下册，韩国保景文化社，1984年，第768页下。

子、栗谷思想为标准，衡量性理学诸家。他在《晦退栗三先生说质疑》和《朱栗吻合》两文中揭出了作为诠释者的立场、观点，以及三先生理论思维逻辑的异同。退溪、栗谷同为李朝朱子学大家，两人均以绍承、弘扬朱子学为职志，但由于诠释的要旨、体贴的节点、思维的方式之间的差分而分殊。艮斋纠结于两人之间，而认同栗谷为朱子学的正脉，但不能以退溪为偏，诠释者在援本土文化融合朱子学时，就需要转原朱子学为本土朱子学，即朱子学的朝鲜李朝化，在这个转换中出现不同的体认，是很正常的现象。从这个意义上，无所谓正脉与非正脉的分殊。因为退、栗的学术理论思维的宗旨，都是为了发展朝鲜朝朱子学，而纠佛教的空虚、空谈之弊，为化解"士祸"的政治、思想、危机，以求国家的长治久安，人民的安居乐业。

从理气关系而观，朱子以理为形而上之道[①]，以气、阴阳为形而下之器，理为所以气、阴阳者道也。作为形而上者，"若理，则只是个净洁空阔底世界，无形迹，他却不会造作，气则能酝酿凝聚生物也"。这里反映出诸多疑难：究竟理在气先、气外，抑还理在气内、无先？理能否动静？理不动，气为什么会动？"或问先有理后有气之说。曰：不消如此说。而今知得他合下是先有理，后有气邪；后有理，先有气邪？皆不可得而推究。"朱子觉得很难简单推究，故接着说："然以意度之，则疑此气是依傍这理行。及此气之聚，则理亦在焉。"意度是一种意识、观念的猜度、推断，而非实存物理上的时空的先后次序，若说理气先后，只能是一种逻辑上的气依傍理行的理先。"要之，也先有理。只不可说是今日有是理，明日却有是气；也须有先后。"这种先后之分，只是为确立理形而上存有的地位。"且如万一山河大地都陷了，毕竟理却只在这里。"确立理形而上先在地位，并不削弱、贬低气的作用和地位，"盖气则能凝结造作，理却无情意、无计度、无造作。只此气凝聚处，理便在其中"[②]。理这"三无"，是理本质内涵、特征和品格，作为气所依傍、所根据的理是一个纯粹的净洁的空阔世界。

朱熹既以"三无"规定理，便使理在动静上陷入尴尬，理若能动，就与其

[①] "理也者，形而上之道也。"《答黄道夫》，《晦庵先生朱文公文集》卷58，四部丛刊初编缩本，上海商务印书馆。
[②] 《朱子语类》卷1，中华书局，1986年，第3—4页。

对理"三无"规定发生冲突；若理不动，依傍理的气如何动起来？理又如何到了气中？是什么能使其凝聚造作？无奈，朱熹只得说："理有动静，故气有动静。若理无动静，则气何自而有动静乎。"① "问：'动静是太极动静？是阴阳动静？'曰：'是理动静。'"② 不过，朱熹为了"理有动静"说便与理的"三无"规定产生激烈的紧张，他从两方面对"理有动静"作了限制。从未发已发而言，理作为太极，"太极无方所，无形体，无地位可顿放。若以未发时言之，未发却只是静。动静阴阳，皆只是形而下者"。太极（理）未发固然是静，"若对已发言之，容或可谓之太极，然终是难说。此皆只说得个仿佛形容，当自体认"。朱熹认为已发"中含喜怒哀乐，喜乐属阳，怒哀属阴，四者初未著，而其理已具"。其意思是以未发是静，已发含动。另一方面从体用而言，"动不是太极，但动者太极之用耳；静不是太极，但静者太极之体耳"。③ 以体用分理（太极）的动静，体相当于未发，用相当于已发。

理（太极）动静问题颇使朱熹为难和斟酌："熹向以太极为体，动静为用，其言固有病，后已改之曰：'太极者本然之妙也，动静者所乘之机也。此则庶几近之。'"以"本然之妙"与"所乘之机"替代太极（理）的体用动静之说。究竟什么是"本然之妙"与"所乘之机"？"盖谓太极含动静则可（以本体而言也），谓太极有动静则可（以流行而言也），若谓太极便是动静，则是形上、下者不可分，而'易有太极'之言亦赘矣。"④ 从本体而言，太极（理）蕴含着动静的潜能和根据；从流行而言，太极（理）有动静。但不能说太极（理）就是动静，否则就混同本体与流行、形而上与形而下了。

朱熹以为，如此解释可谓圆满，然而，朱熹在进一步解释"所乘之机"时说："太极犹人，动静犹马；马所以载人，人所以乘马。马之一出一入，人亦与之一出一入。盖一动一静，而太极之妙未尝不在焉。"⑤ 乘是乘载之义，理乘载在气上，犹人乘载在马上。在这里朱熹回避了理自身会不会动静的问题，而留下不周延之处，若理不自动，人怎么骑到马上去？于是明初的曹端提出：

---

① 《答郑子上》，《晦庵先生朱文公文集》卷56，四部丛刊初编缩本。
② 《朱子语类》卷94，中华书局，1986年，第2375页。
③ 《朱子语类》卷94，中华书局，1986年，第2369页。
④ 《答扬子直》，《晦庵先生朱文公文集》卷45，四部丛刊初编缩本。
⑤ 《朱子语类》卷94，中华书局，1986年，第2376页。

"又观《语类》，却谓太极不自会动静，乘阴阳之动静而动静耳。遂谓理之乘气，犹人之乘马……以喻气之一动一静，而理亦与之一动一静。若然，则人为死人，而不足以为万物之灵；理为死理，而不足以为万物之原，理何足尚，而人何足贵哉。"① 假如太极（理）不自会动静，那么理与人便是死理、死人，如是，理与人便丧失了作为"万物之原"和"万物之贵"的价值和意义。换言之，太极（理）便不能作为万物之所以然的形而上的根据。②

朱熹在不同语境、场合、问答的情况下，对理（太极）能否自会动静作了不同的回答，这就给朝鲜性理学家的诠释留下空间。退溪与栗谷依据其对朱子学的体认与建构起理论思维逻辑体系的需要以及援朱子学与朝鲜朝传统文化相融合、使朱子学韩国化的要求，对理（太极）能否动静作出了不同的诠释。退溪发挥朱熹理自能动静说，他在回答李公浩问时曰："理有动静，故气有动静，若理无动静，气何自而有动静乎！知此则无此疑矣。盖无情意云云，本然之体能发能生至妙之用也。"③ 退溪把朱子的"本然之妙"与"所乘之机"以体用关系，将其圆融起来，并改为"本然之体"与"至妙之用"的关系。体用圆融，并非混同，而是"动静者，气也；所以动静者，理也。圣人纯于理，故静以御动"④。这符合朱熹"所以一阴一阳者，道也"的思维逻辑，气为动静，理为所以动静的形而上之体，气为其作用和表现。这样退溪把曹端所说的"死理"，转死为活，当郑之云（秋峦）作《天命图说》，退溪作序以奖之，并将其"四端发于理，七情发于气"改为"四端理之发，七情气之发"⑤。奇高峰（大升）认为此说有差误，高峰答书说："今若以四端发于理而无不善，七情发于气而有善恶，则是理与气判而为二物也。是七情不出于性，而四端不乘于气也。此语意之不能无病，而后学之不能无疑也。"⑥ 四端七情由不同理气而发，导致四端不乘于气，七情不出于性，而有割裂理气为二之弊。高峰坚持理气浑

---

① 《太极图说辨戾文》，《明儒学案》卷44，上海商务印书馆，1933年。
② 参见拙著《李退溪思想世界》（修订版），人民出版社，2013年，第6—9、130—134页。
③ 《答李公浩·问目》，《陶山全书》（三），韩国精神文化研究院，1980年，第185下页。
④ 《静斋记》，《陶山全书》（三），第268上页。
⑤ 《天命新图》的《天命图说后叙》，《增补退溪全书》（二），韩国成均馆大学校大东文化研究院，第326上页。
⑥ 《高峰上退溪四端七情说》，《两先生四七理气往复书》上篇，《高峰集》，韩国东洋哲学会影印，1997年，第102上页。

沦说，这是对退溪"四端之发纯理，故无不善；七情之发兼气，故有善恶"①的回应。经此论辩，退溪最后改定为"四端理发而气随之，七情气发而理乘之"的理气互发论，并改《天命新图》中的四端七情分别置于理圈与气圈之中，而成分别理发气发的图式。他在晚年所作的《圣学十图》的《第六心统性情图》的《下图》中，打破四七分别置于理圈与气圈的界限，而置于两边，凸显理气互发的关系。②

退溪的理气互发说，说明理有动静、气亦有动静，理气相资、不离不杂。形而上之理与形而下之气，在互发相须中，圆融无碍③。高峰主理气浑沦兼发，栗谷则主张气发理乘，三人都继承、弘扬朱子学，但体认、诠释有异。栗谷从朱熹所规定理的"三无"出发，无论是四端，还是七情，都是"气发理乘"，而非退溪和高峰的理气互发或兼发论。栗谷说："夫理者，气之主宰也；气者，理之所乘也。非理则气无所根柢，非气则理无所依著。既非二物，又非一物，非一物故一而二，非二物故二而一也。非一物者，何谓也？理气虽相离不得而妙合之中，理自理，气自气，不相挟杂，故非一物也。非二物者，何谓也？虽曰理自理，气自气，而浑沦无间，无先后，无离合，不见其为二物，故非二物也。是故动静无端，阴阳无始……理虽一而既乘于气，则其分万殊。"④理为形而上的本体，是气的主宰，是气依以存有的根据，气是理的顿放、依著处，因而理气为一而二、二而一的辩证妙合关系，而非非此即彼的二元对立关系。

之所以讲"气发理乘"，是因为"理形而上者也，气形而下者也。二者不能相离，既不能相离，则其发用一也，不可谓互有发用也。若曰互有发用，则是理发用时气或有所不足，气发用时理或有所不及也。如是则理气有离合、有先后，动静有端，阴阳有始矣"。⑤ 表示不同意退溪的理气互发说和高峰的兼

---

① 《答奇明彦》，《增补退溪全书》（一），第402上页。
② 见拙文《奇大升与李滉的四端七情之辨》，《韩国儒学研究》，《张立文文集》第33辑，韩国学术信息出版社，2000年，第198—205页；《李退溪思想世界》，人民出版社，2013年，第81—84页。
③ 退溪对理的规定，参见拙主编《退溪书节要·前言》，中国人民大学出版社，1989年，第39—41页。
④ 《答成浩原》第九书，《栗谷全书》（一）卷10，成均馆大学校大东文化研究院，1986年，第197上页。
⑤ 《答成浩原》第十书，《栗谷全书》（一）卷10，第202上页。

发说。"退溪互发二字，则似非下语之失，恐不能深见理气不相杂之妙也……性情本无理气互发之理，凡性发为情，只是气发而理乘等之言，非珥杜撰得出，乃先儒之意也。"① 互发说和兼发说是不能体认理气不相杂的妙合的道理。从不相杂而言，理自理，气自气，理无形、不动、无为，气有形、能动、有为；理为形而上者，气为形而下者。从理气妙合而言，"元气无端始，无形在有形，穷源知本合（理气本合也，非有始合之时欲以理气二之者，皆非知道者也），沿派见群精（理气原一而分为二五之精）。水逐方圆器，空随小大瓶（理之乘气流行，参差不齐者如此。空瓶之说出于释氏，而其譬喻亲切，故用之）。二歧君莫惑，默验性为情。"② 动静无端，阴阳无始，因无形之理在有形的气中。从源头上看，"理气元不相离，即气而理在其中"③。理在气中，犹如水在瓶中，随方圆、大小的器皿和大小的空瓶而方圆、大小。理气妙合，无所谓离合和先后之分。

之所以说"气发理乘"，是因为理气体用，显微无间。"本体之理在于人，则为人底道理；在于物，则为物底道理矣。人物之性虽殊，而初不害其本体之理也。人物之性虽亡，而亦不添补其本体之理也……人与物亡，则理无禀受之形，故形虽无，而其所以为理者，亦尝自若也。推此论之，则气虽消长，而其本体之理，亘古亘今，固尝自若而少无欠缺之时也。"④ 栗谷又以瓶与瓮为例，说明瓶与瓮破，则瓶与瓮的空就无所依著，器没有了，但所以为空依然自若存在。人与物没有了，理所禀受的形象也没有了，但所以为理者依然自若存有，气有消长、本体的理亘古亘今，无所欠缺。换言之，气有消长，理无消长，理唯有乘气而消长、动静，理气既有分殊不杂，而又不离，体用一源。理气相互依存，相因相通，这是理所以能乘气的原因所在。

之所以说"气发理乘"，是因为气为然，理为所以然者。"有是理则不得不有是气，有是气则不得不生万物。是气动则为阳，静则为阴。一动一静者气也。动之静之者理也……其然者，气也，其所以然者，理也。"⑤ 气有动静，

---

① 《答成浩原》第十二书，《栗谷全书》（一）卷10，第210下页。
② 《理气之未呈牛溪道兄》，《栗谷全书》（一）卷10，第207上页。
③ 《统说第一》，《圣学辑要》，《栗谷全书》（一）卷19，第423上页。
④ 《语录上》，《栗谷全书》（二）卷31，第235上页。
⑤ 《易数策》，《栗谷全书》（一）卷14，第304—305上下页。

其所以动之静之者是理。自然之理无动静，乘气而一动一静。

之所以说"气发理乘"，是因为"理通气局"，这是栗谷对理气关系开出的新生面。"理通气局四字，自谓见得，而又恐珥读书不多，先有此等言，而未见之也。"① 此四字是其自己的体认和创新，使"气发理乘"之辨深刻化。"无形无为而为有形有为之主者，理也；有形有为而为无形无为之器者，气也。理无形而气有形，故理通而气局，理无为而气有为，故气发而理乘。"② 所谓"理通"，是指理无本末、先后，乘气流行，不论是在清浊、粹驳、糟粕之中，还是在煨烬、粪壤、污秽之中，理无所不在，而其本然之妙则不害其自若，这便是理通之意。所谓"气局"，是指气有形迹、有本末、先后的局限。当其流行之时，有不失其本然与失其本然之别，失其本然，就不是全气而是偏气，糟粕煨烬之气，而不是湛一清虚之气，这便是气局之义。理通气局为气发理乘作出新的论证。

退溪发挥朱熹"理有动静，故气有动静"说，尽管朱熹为此从体用、未发已发方面作了解释，以调和其对理性质"三无"的规定，但栗谷却从朱熹对理"三无"规定出发，而有退栗的理气互发说、气发理乘说。艮斋面对这两位朱子学大家双璧，又作何选择？明艮斋理气观，必先知其对理的规定。

其一，理无为、无声臭、无形。艮斋说："据愚所闻，理无声臭，无兆朕者。"③"今欲明理，理本无形。"④ 又在《理无为》中说："夫理之无为的然，而何以为气之主。凡气之有为，若无此理为之根极则何以有成乎！此理之所以为不宰之宰，而有不使之使也。"⑤ 理无形、无为、无征兆、无迹象、无声臭。这是对理内涵、性质的规定，与朱熹的"三无"及栗谷以理无形、无为的规定相类，但艮斋认为理作为气的根本、根据，气的有为，是理不宰之宰，不使之使的使然，换言之，理具有主宰、指使气的逻辑潜能，这种潜能和根据是理作气的主的职责。

其二，理与道、太极、性相类。在艮斋理论思维的逻辑结构中，这些概念

---

① 《答成浩原》第十二书，《栗谷全书》（一）卷10，第208下页。
② 《答成浩原》第十二书，《栗谷全书》（一）卷10，第208—209下、上页。
③ 《杂著》，《艮斋私稿》卷33，《艮斋先生全集》上册，韩国保景文化社，1984年，第757下页。
④ 《杂著》，《艮斋私稿》卷34，《艮斋先生全集》上册，第772上页。
⑤ 《杂著》，《艮斋私稿》卷37，《艮斋先生全集》上册，第854下页。

范畴具有相同的性质与地位。他说："理字是道与性与太极之谓也。"① "太极是本然之理。"② "道者当然之理，皆性之德。"③ "性者，人所禀于天以生之理也。"④ 在朱熹的哲学思维逻辑结构中，这四个范畴的性质、地位、作用是相互包含、融通的。⑤ 艮斋绍承朱熹的逻辑思维，而纳入其理论思维结构，成为其哲学理论思维体系中的最高的形而上本体范畴，并由此推导出其本体论、心性论、道德沦、知识论、价值论、工夫论，以及"四七论"的基本观点和立场。

其三，理是至善的道德价值。艮斋说："理是至善而万无一分未尽者也。"⑥ 此万无一分未穷尽至极至善的理，也即仁义礼智四德之理，"以仁义礼智之性属于太极之理，而使心之存主运用，必本于性，而不敢自用焉"⑦。"仁是吾人身上本然之理，一定而不可易也。"⑧ 这是就其心三月不违仁而言的。孔子说，吾七十而从心所欲不逾矩，矩是吾人身上本然之理，一定而不可易的。又说："盖仁是天地生生之理，人得之以为性者也。仁固是温然有爱之理者也。"⑨ 仁是天地生生不息的，是粲然有文的理，充然有实的理等。理作为伦理道德的价值，应是无私欲的，由于无私才能当于理，"则其所以去人欲，而复天理者，无毫发之遗恨矣"⑩。去人欲，而能复天理，才能做到明明德而新民，无过不及。

其四，天人合一的理。艮斋说："余窃意天人无二道，亦无两气。"⑪ 又说："天人一也，斯理也。程、朱、栗、尤诸先生无不阐明矣。"⑫ 他引朱熹话说："天人本一理，若理会得此意，则天何尝大，人何尝小也。"⑬ 朱熹在《中

---

① 《杂著》，《艮斋私稿》卷37，《艮斋先生全集》上册，第840上页。
② 《杂著》，《艮斋私稿》卷35，《艮斋先生全集》上册，第811下页。
③ 《尽心说前后本》，《杂著》，《艮斋私稿》卷31，《艮斋先生全集》上册，第717下页。
④ 《海上散笔》，《杂著》，《艮斋私稿》卷36，《艮斋先生全集》上册，第814下页。
⑤ 参见拙著《朱熹思想研究》，中国社会科学出版社，1981年。
⑥ 《华岛漫录·理无知能》，《杂著》，《艮斋私稿》卷37，《艮斋先生全集》上册，第843下页。
⑦ 《杂著》，《艮斋私稿》卷33，《艮斋先生全集》上册，第740下页。
⑧ 《启蒙篇首两语》，《杂著》，《艮斋私稿》卷31，《艮斋先生全集》上册，第718上页。
⑨ 《杂著》，《艮斋私稿续编》卷11，《艮斋先生全集》下册，第224下页。
⑩ 《海上散笔》，《杂著》，《艮斋私稿》卷36，《艮斋先生全集》上册，第814下页。
⑪ 《天人无二》，《杂著》，《艮斋私稿》卷32，《艮斋先生全集》上册，第723上页。
⑫ 《杂著》，《艮斋私稿》卷34，《艮斋先生全集》上册，第778下页。
⑬ 《天人无二》，《艮斋私稿》卷32，《艮斋先生全集》上册，第723下页。

庸章句》中曾说："盖天地万物本吾一体。"天地万物之所以一体，是因为宇宙间一理而已，天得之以为天，地得之而为地。理成为沟通、圆融天与人之间的媒介，否则天人如何合一？艮斋说："愚窃谓天地生于理气，而又却将理气以生人物。天能生物，而不生于物，实则天亦生于理也。"① 天地人物都生于理气，既然同生于理气，便是体用一源，所以能合一。而实则生于理，因为宇宙间一理而已，此理为形而上的本体，是天地万物之所以生的根据。尽管讲"天地生于理气"，以为是理气二元论，其实则表明是理体一元论。艮斋凸显理体在其哲学逻辑结构体系中最高范畴的地位和作用，就为其气发理乘说奠定了理论基础。

艮斋论理致广大而尽精微。作为理的安顿、附着处的气，与理不离不杂，有理在，气亦在，理在气中；理自理，气而气，各处其位，各尽其责，理气不杂。在艮斋的心目中，气有为、有形、能发动。"气由有形，而有美有恶，亦理之所必然也。"他引朱熹《朱子语类》："太极理也，动静气也。"② 尽管气有形，能动静，但不离理的使然。艮斋在《气能运理》中说："愚尝言，上帝能运用太极，非太极运用上帝，气化能运用天道，非天道运用气化。"③ 换言之，气的变化能发运天道（理），不是天道（理）发运气的变化，即气发理乘，非理发气乘。虽然气有形、有动静，但气不是某一具体的器物，而是能虚灵知觉至神的气，"学者欲不宗朱子，则已如不欲畔朱子，须是将虚灵知觉之心，属于至神之气"④，"气之精英者为神"⑤。这精英、至神的气是一个概念，是太极之理所乘的动态的概念，是生成万物的质料，或指浩然之气⑥，亦指人物所具的气质。若以艮斋之气是某一具体器物，便是一个已生成之物，气就便限定了，就不能作为生物的质料。

基于艮斋对理与气性质、特质、内涵的体认和其理论思维逻辑体系需要，而在"四七"之辨中同意"气发理乘"说。艮斋认为，"朱子曰：四端是心之

---

① 《杂著》，《艮斋私稿》卷33，《艮斋先生全集》上册，第752下页。
② 《海上散笔》，《杂著》，《艮斋私稿》卷35，《艮斋先生全集》上册，第813下页。
③ 《气能运理》，《杂著》，《艮斋私稿》卷37，《艮斋先生全集》上册，第844—845下上页。
④ 《杂著》，《艮斋私稿》卷33，《艮斋先生全集》上册，第740下页。
⑤ 《海上散笔》，《杂著》，《艮斋私稿》卷35，《艮斋先生全集》上册，第802下页。
⑥ 艮斋说："浩气至刚，本体也。"《送安晦植序》，《艮斋私稿续编》卷12，《艮斋先生全集》下册，第233上页。

发见处，四者之萌皆出于心，而其所以然者，是性之理所在也。此段分明是栗翁气发理乘之渊源也"①。追根溯源，栗谷的气发理乘是据朱子的思想而来，艮斋自己是继承朱子和栗谷的，这是其理论思维的前提。前提确立，于是艮斋在《艮斋私稿续编》卷十中就《四端字义第一》《七情字义第二》《四端有不中节第三》《圣贤七情第四》《四七相似第五》《四七有异义第七》《演乘马说第十五》《图说第十六》，就四端七情做了全面、系统的考证，而后艮斋引孔子的"人能弘道，非道弘人"而开出"所以有气而理乘之论"②，确定气发理乘为是。时下学者对此已有详论，本文兹不赘述。

二、朱、退、栗、艮心性论的异同

理气心性是性理学的核心话题，核心话题作为时代精神的精华和凝聚，是不能离开思想而存在的，精神总是思想着的精神，思想着的思想是作为精神的那种东西。朝鲜李朝通过对核心话题的反复论辩，梳理盘根错节的生命情结，把朝鲜民族的理论思维推向高峰，也可以说是其"造极"时期，出现一大批理论思维大家，这是民族灵魂的所在。

由四七理气之辨，自然推至心性之辨。退溪、栗谷、艮斋的心性都依据其民族现实实践的需要，绍承朱熹的心性论，而有所差分。朱熹认为，二程所讲的"性即理也"这句话是"颠扑不破"的道理。因此朱熹说："性即理也。在心唤做性，在事唤做理。"性是人之所以得于天的理。他在注《中庸》"天命之谓性"时说："性即理也，天以阴阳五行化生万物，气以成形，而理亦赋焉。"人物之生，各得所赋的理，以为健顺五常的德，是所谓的性。在朱熹哲学逻辑结构中，理与气为形而上下的关系，转换为性与气，亦是"性是形而上者，气是形而下者"。③ 性既有形而上性，便具有超越性和普遍性，它无所不有，无处不在，而寓于人物之中。作为形而上的性，与理相似，"性无形象、声臭之

---

① 《李氏潪四七新编签目》，《杂著》，《艮斋私稿续编》卷10，《艮斋先生全集》下册，第203下页。
② 《杂著》，《艮斋私稿续编》卷10，《艮斋先生全集》下册，第206下页。
③ 《朱子语类》卷5，中华书局，1986年，第82、97页。

可形容也"(《孟子或问》卷十一)。性具有"寂然至无"的特性。从体用而言，性体是"寂然不动"的，情用是"感而遂通"的。这是朱熹对性的基本规定。

朱熹依据《尚书·大禹谟》的"人心惟危，道心惟微，惟精惟一，允执厥中"，而分道心与人心。"道心者，天理也。""道心者，兼得理在里面。惟精是无杂，惟一是终始不变，乃能允执厥中。"道心全是天理，是四端四德的仁义礼智的善心。"人心者，人欲也；危者，危殆也。""所谓人心者，是气血和合做成。"但朱熹认为，简单地讲"人心，人欲也，此语有病。虽上智不能无此，岂可谓全不是"。上智的也不能无人欲，因此"人欲也未便是不好"。道心与人心的关系，是船与柁的关系。"人心如船，道心如柁。任船之所在，无所向，若执定柁，则去住在我。"① 道心、人心只是一心，并非心外复有一心，理在人心谓之性，性得于天而具于心，理在心中，犹性在心中。

道心与人心的柁与船的关系，是由心性关系推导出的。其一，是太极与阴阳关系。"性犹太极也，心犹阴阳也。太极只在阴阳之中……所谓一而二，二而一也。"太极（性）是一，分阴阳为二，太极不离阴阳，二而一。"舍心则无以见性，舍性又无以见心，故孟子言心性，每每相随说。"其二，虚实辩证关系。"性虽虚，都是实理。心虽是一物，却虚，故能包含万理。"既虚又实，既实又虚。"性本是无，却是实理。心似乎有影象，然其体却虚。"心为一物，似有影象，为一物体，其体又虚，性虚，却是实理，体现其辩证思维。这里所说心其体却虚，是指心的体用的心体而言。其三，动与所以动的关系。"问心之动、性之动。曰：动处是心，动底是性。"心处在运动中，心的所以动是性。"性是理，心是包含该载，敷施发用底。"性理不动，心发用。其四，心性体用关系。"心以性为体，心将性做馅子模样。"性为心的本体，心包含性，犹如心为包子，性是包子里的馅。性是心的所有的理，"盖心之所以具是理者，以有性故也"。性体心用。其五，善恶关系。"心有善恶，性无不善。若论气质之性，亦有不善。"② 尽管性善，性有天命之性与气质之性之分，天命之性是天理，所以善，气质之性是理与气的和合，所以有不善，本心是善的，但后来做了许多不善的事，所以心有善恶。

---

① 《朱子语类》卷78，中华书局，1986年，第2009—2018页。
② 《朱子语类》卷5，中华书局，1986年，第87—89页。

退溪、栗谷发挥朱子学说，退溪继承朱子性即理的思想。他说："性即理也。则彼所谓五行之性，即此元、亨、利、贞之谓也。岂可谓彼无而此有之乎？"① 人物各有其性，而无物无性，退溪在解释周敦颐"各一其性"时说，孔子讲"成之者性"，"各正性命"，孟子讲山性、水性等，性具有普遍性，是既超越又内在的概念。性内在于心中。"惟人也得其秀而最灵者也。灵者，心也。而性具其中，仁义礼智信五者也是。"② 五常之性具于心中。性具心中，是性先动抑或心先动。"心之动即性之所以然也，性之动即心之所以然也。"性心的动不可分先后，"心非性，无因而为动，故不可谓心先动也；性非心，不能以自动，故不可谓性先动也"。③ 心性的动，既互为动因，又互为动的所以然。退溪心性互动、互因是其理气互发说在心性论的贯彻，亦是理论思维逻辑体系完整性的体现。这是对朱子"动处是心，动底是性"的修改，也与栗谷异。

退溪认为心是理气的和合。"夫理与气合而有心之名。"④ 这是从构成论视阈规定心，但理气所具有的不能不影响心的潜质和动能。他又细分心的不同层面："以其本然之善，谓之良心；本有之善，谓之本心；纯一无伪而已，谓之赤子心；纯一无伪而能通达万变，谓之大人心；生于形气，谓之人心；原于性命，谓之道心。"⑤ 此六心各置不同位置，虽属道德意识范围，但是心的虚灵知觉的基础。心是思的器官，具知觉能力。"耳听皆有天则，而主之者心也。"⑥ 耳有听的感觉，由心主使。"知者，心之神明。"⑦ 心的知觉能力，亦可谓之神明，呈现为思维活动能力。此其一。其二，心具万理。"盖人心虚灵不测，万理本具。"⑧ 心若虚灵不测，能动静万变，神化妙用，不失其则，就不会出现偏差，被事物所蔽，私意所囿。其三，心作为神明升降之舍或精神力量，就其本然而言，无所谓善恶。其四，心具有天人合一的普适性。"理气之

---

① 《天命图说后叙》，《增补退溪全书》（二），第322下页。
② 《天命图说后叙》，《增补退溪全书》（二），第324下页。
③ 《答金而精别纸》，《增补退溪全书》（二），第89上页。
④ 《答申启叔别纸》，《陶山全书》（三），第164上页。
⑤ 《答李叔献》，《陶山全书》（一），第404下页。
⑥ 《答郑子中别纸》，《陶山全书》（二），第339下页。
⑦ 《答奇明彦别纸》，《陶山全书》（四），第69上页。
⑧ 《答金惇叙》，《陶山全书》（二），第433上页。

合则为心，故一人之心即天地之心，一己之心即千万人之心，初无内外彼此之有异。"① 内之一人之心，外之天地之心，一己之心与千万人之心，无有分别，通同为一。心具有能动性、贯通性、可入性、普遍性。

朱熹据《尚书·大禹谟》十六字心传，以道心为天理，或性命之正，合乎义理。退溪、栗谷接着朱子说。退溪认为，道心是义理之心，固原于性命，是存天理、灭人欲而获得的。"遏人欲事，当属人心一边；存天理事，当属道心一边可也。"② 道心是一种最高的道德原则或理想境界。退溪重道心、人心之别，栗谷则注意两者联系。他说："人心、道心非二心也。人心、道心既非二心，则四端七情亦非二情也。"③ 两者为一心。进而说："朱子既曰虽上智不能无人心，则圣人亦有人心矣，岂可尽谓之人欲乎？以此观之，则七情即人心、道心善恶之总名也。"④ 既然认为圣人有人心，就不能说人心都是人欲；七情为人心，也不能说七情都是人欲。由此看来，七情是人心、道心善恶的总名或通称。不可以四端是道心、七情是人心，善为道心、恶为人心。七情包含道心，若说只指人心，只说对了一半。肯定人心有善的层面。

道心为义理之心，是至善的，为圣人所具有心，出于性命之正，为四德四端的心，为朱、退、栗所同。至于对道心的追根溯源，及道心范围的规定，退溪的发展异于朱子。栗谷从道心、人心的联系方面，说明七情是道心、人心善恶的总名，与朱子、退溪有异，即朱、退重一而二，栗谷重二而一，即一分一合，使道心、人心之辨以达圆满。

栗谷重道心、人心的二而一，是基于对心性为一路的体认。"若心性分二，则道器可相离也；情意分二，则人心有二本矣，岂不太差乎？须知性心情意只是一路而各有境界，然后可谓不差矣。"⑤ 所谓一心而各有境界，是指心寂然不动时为性的境界，感而遂通是情的境界，因所感而紬绎商量为意的境界。虽心性情意各有境界，但不能分二而为一路。从此思维逻辑出发，认为"气质之性、本然之性决非二性，特就气质上单指其理曰本然之性，合理气而命之曰气

---

① 《答奇明彦论改心统性情图》，《陶山全书》（二），第113上页。
② 《答李平叔》，《增补退溪全书》（二），第259下页。
③ 《答安应休》，《栗谷全书》（一）卷12，第250上页。
④ 《人心道心图说》，《栗谷全书》（一）卷14，第283上页。
⑤ 《杂著·杂记》，《栗谷全书》（二）卷14，第297上页。

质之性耳，性既一，则情岂二源乎？……若如退溪之说，则本然之性在东，气质之性在西，自东而出者谓之道心，自西而出者谓之人心，此岂理耶"①。本然之性与气质之性为一性，而不同意退溪分东西两性，而分出道心与人心。理乘其本然之气而为道心，故理亦乘其所变之气而为人心。"人心道心俱是气发"②，这是其"气发理乘"逻辑思维的贯彻，而与退溪理气互发异趣。

艮斋在心性论上，绍承朱、栗，批评陆九渊、王守仁的心即理说，并以形象的话语阐明性心关系。艮斋认为：其一，"性是理之真体"③。之所以是真体，是因为"性者，人所禀于天以生之理也，浑然至善，未尝有恶，人与尧舜初无少异"④。性是人禀于天理，所以人与尧舜一样无差异。其二，"性是至善之理，不容修。扬雄言修性，是揠苗也"⑤。至善的性不需要修理，因为"人性全善而无些子偏恶"。"性理则始终本末全是善而些恶。"性理全善而无恶。其三，"性是太极浑然之体，心犹阴阳，太极为阴阳之主，而反为阴阳之所运用"。在艮斋的思维逻辑结构中，理与太极同位，性是太极之体即性是理的真体。其四，性为义理之性。"义理之性，性与义理只是一物，非有二体可分。气质之性，性与气质只是一物，非有二物可指也。"性与义理为一物，性之本就具有仁义礼智的义理内涵。"仁义礼智，吾儒之所谓性，而异学之所谓障也。"⑥ 性是伦理道德价值。其五，本然之性与气质之性。艮斋在《气质之性》中开列五条："一，理在气中曰本然之性，而亦曰气质之性。如阴阳太极，形色天性，成之者性。"⑦ 理在气中，是本然之性与气质之性共同的价值根据。"余尝效形色天性，而曰气质本然，此指气上所载之理而言。"⑧ 气上载理，其所载为气质、本然之性，这是其"气发理乘"逻辑思维体系的贯彻。"二，理为气囿曰气质之性。""三，气质之禀，亦曰气质之性。""四，形气之欲，亦曰气

---

① 《答成浩原》第十二书，《栗谷全书》（一）卷10，第210—211下上页。
② 《答成浩原》第十二书，《栗谷全书》（一）卷10，第210上页。
③ 《题晦翁四斋铭后赠孙致诚》，《艮斋私稿续编》卷12，《艮斋先生全集》下册，第245上页。
④ 《海上散笔》，《杂著》，《艮斋私稿》卷36，《艮斋先生全集》上册，第814下页。
⑤ 《修气》，《华岛漫录》，《艮斋私稿》卷37，《艮斋先生全集》上册，第854下页。
⑥ 《海上散笔》，《杂著》，《艮斋私稿》卷35—36，《艮斋先生全集》上册，第789下、814下、812上、832下、801下页。
⑦ 《杂著》，《艮斋私稿》卷32，《艮斋先生全集》上册，第720下页。
⑧ 《海上散笔》，《杂著》，《艮斋私稿》卷36，《艮斋先生全集》上册，第814上页。

质之性。""五，单指躯命，亦曰气质之性。"① 这五种情况，均为气质之性，这是对气质在不同情境下的概括和体认。从气质之性来源说，"气质之性则以理与气杂而言之，合理与气质而命之曰气质之性。按气质之性是形而下之器也，气之局也"。气质之性为形而下者，是栗谷"理通气局"的气局之表现。从本然、气质不离而言，"离了气质更无性"。"天命之性和气质滚说。"② 本然之性离了气质之性就无着落和安顿，气质之性离了本然之性就无根据和指导。此五层面为艮斋对性的规定，由此而可明心性之关系。

艮斋言心，其一，心为气，非理。"心事阴阳之属，无非是气。"③ 接栗谷心为气说，心气之上是至善大全不偏的理，然心非理。"心合乎理，则心非是理，而理为心本明矣。"他屡批陆王"心宗家"心即理说，并认为退溪讲心合理气，"有心即理之意来"。④ 为维护栗谷心为气说："心必待操而后存，则心之非理明矣，此栗翁所谓圣贤只要人检束其气而后复其本性者，所以为儒门尊性之道也。"⑤ 气与心是必须待澄明和操存的，理、天理不须澄明与操存，所以心非理。这是对心的内涵、性质规定理论前提。其二，为天地立心。"人君当以天地生物之心为心，君心正，则天心豫而庆祥集焉，君心不正，则天心不豫而灾害至焉，天人感应昭然可见也。"君心感应天心，君心正与不正，天心即降庆祥或灾害，人应以天地生物之心为心，人为天地立心，使天心依人心而定祸福吉凶。所谓君心正与不正，艮斋说："圣人之仁如天地生物之心，有教无类，仁民爱众……天理人欲不容并立于方寸之中，是以逼人欲而存天理也。"通过遏人欲，存天理，使人心得以正，若陷溺人欲，如"近世功利之说，陷溺人心，故世俗多尚功利"，即为不正，存天理即为正。其三，心为身之主。"心固是一身之主，然其所以主乎一身者，以其静而涵浑然之天，动而循粲然之天，而有妙用耳。"⑥ 心的动静若能涵浑然之天和循粲然之天，便有妙用。心主之能运用是因为"心为主宰，以心之存主运用，必本于性也"。心本于性，才有

---

① 《气质之性》，《杂著》，《艮斋私稿》卷32，《艮斋先生全集》上册，第720下页。
② 《海上散笔》，《杂著》，《艮斋私稿》卷36，《艮斋先生全集》上册，第835下、834上页。
③ 《观语类吕焘录》，《杂著》，《艮斋私稿》卷30，《艮斋先生全集》上册，第689下页。
④ 《杂著》，《艮斋私稿》卷34，《艮斋先生全集》上册，第779上、776上页。
⑤ 《栗尤宗旨》，《杂著》，《艮斋私稿》卷32，《艮斋先生全集》上册，第723下页。
⑥ 《杂著》，《艮斋私稿》卷33，《艮斋先生全集》上册，第745上、747上、747下、742上页。

主宰的功能。其四，心本善。"心之本善，亦以其有觉而知性至善，有力而体性之善也，故谓之本善也。"心之所以说为本善，是因为其有觉有力而能知和体性的善的缘故。若保持其本善之心，就要不断地奋力振作，"大凡人性皆善，人心亦皆灵明，若能奋励振作，今日研精一义，明日勉成一德，日日如是，莫要因循怠缓，一味紧紧做去，不过数月便见奇验"①。本善的心，需要不断修身养性。其五，心统性情辨。"心统性情，统犹兼义。性情皆出于心，故心能统之。统如统兵之统……愚窃谓：善恶者皆出于天性，情皆出于心，故曰天是统善恶的而言曰心统性情者也。若必以将帅统率军兵之实迹拟之，则天何尝统率夫恶而行其号令，恶何尝拥护夫天而从其指麾，心安有指麾夫理而行其节制，理安有退听于心而遵其金鼓也哉。"心统性情的统字，若解为统兵的统，没有将帅统率军兵的实迹。他以天比拟理，心比拟善恶，既然天何尝统率恶，恶也何尝拥护天而听其指挥，那么心哪有指挥理，理哪有听命于心的。艮斋认为应定其"大体"，换言之，应该先确立其思维逻辑体系的宗旨，而来体认其语意，"《朱子语类》季通云：心统性情，不若云：心者，性情之统名"。② 统名与统兵的统，语意内涵异趣。统名是"心统性情是兼包该贯之义，非以尊统卑之谓也"。不是将帅统兵的尊卑关系。"朱子论心性情之分曰：横渠云包性情者也，此说最为稳当，据此则统只见统总之义，非以尊卑之辞也。"③ 这样心统性情是心兼包、统总性情。这就为其"性尊心卑"、"性师心弟"、性体心用、心本性等话题奠定基础和理论前提，也使其理论思维逻辑结构体系的完整性、一致性，不致出现纰漏。

明艮斋心性内涵意蕴的规定，便可论说其心性的关系，艮斋提出了既形象又有创见的性尊心卑、性师心弟、心本性等主张。艮斋对于性尊心卑与性师心弟均有专章论述。其一，性尊心卑。在《性尊心卑的据》④ 中，他从孔子、子思、孟子到二程、朱熹、尤庵找出共九条证据，并加按语："性尊心卑不其明乎！""万古最尊是性。""以尊性为入道之门。""性居尊位，而心从而尊之，则

---

① 《海上散笔》，《杂著》，《艮斋私稿》卷35，《艮斋先生全集》上册，第801上、804上页。
② 《心统性情统字》，《杂著》，《艮斋私稿》卷31，《艮斋先生全集》上册，第857下页。
③ 《海上散笔》，《杂著》，《艮斋私稿》卷35，《艮斋先生全集》上册，第813上页。
④ 《性尊心卑的据》，《杂著》，《艮斋私稿》卷31，《艮斋先生全集》上册，第716下页。

为儒者之学也。心不尊性而自尊焉，则为异端之学矣。"① 又引朱子铭："尊德性，希圣学。心若自尊而不肯尊性者，决是异学规模。"② 心不能自尊而不尊性，这便是异端之学。其二，性师心弟。"性师心弟四字，是仆所创然。'六经'数十万言，无非发明此理，可一以贯之。中夜以思，不觉乐意自生，而有手舞足蹈之神矣。"③ "六经"之言，就是发明性师心弟的道理。"愚于性师心弟，虽未之能焉，而其自信之笃，亦可谓云尔已矣。古有心师、经师语，亦以心之师性，经之载道而言也。"④ 自古以来，心师性，他笃信性师心弟的创见是正确无误的。其三，就心本性言，艮斋著《心本性说》一篇，认为"昔尝与朋友讲论得心本性三字，今以之做骨子"⑤。他用君臣、父子、夫妇的伦理道德关系来证明，心以性为根本、本体。"愚所谓心本性一句……学者苟能以此意善观圣贤经传，则句句是心本性，篇篇是心本性。"⑥ 此三层面，构成艮斋既接着朱子、栗谷心性论讲，与退溪有异，而又有自己独创性的诠释，其譬喻的通俗性，更易为民众所接受。

三、朱、退、栗、艮工夫论的会通

工夫论是为升华理想人格和风范，实现道德情操崇高境界，主体通过修身养性、居敬持志、主一无适、克去私欲的工夫，而完善其理气论、心性论的理论思维逻辑体系。

朱子非常注重居敬穷理的道德修养工夫。他说："学者工夫，唯在居敬、穷理二事。此二事互相发。能穷理，则居敬工夫日益进；能居敬，则穷理工夫日益密。"居敬与穷理工夫不可分离而互发，才能两者日进日密。"持敬是穷理之本；穷得理明，又是养心之助。"两者相资互发。居敬是持己之道，主体内

---

① 《性师心弟独契语》，《杂著》，《艮斋私稿》卷31，《艮斋先生全集》上册，第719下页。
② 《杂著》，《艮斋私稿》卷33，《艮斋先生全集》上册，第740上页。
③ 《杂著》，《艮斋私稿》卷34，《艮斋先生全集》上册，第774下页。
④ 《海上散笔》，《杂著》，《艮斋私稿》卷35，《艮斋先生全集》上册，第791上页。
⑤ 《心本性说》，《杂著》，《艮斋私稿》卷10，《艮斋先生全集》下册，第210下页。
⑥ 《杂著》，《艮斋私稿》卷34，《艮斋先生全集》上册，第771下页。

在涵养工夫；穷理是格致之道，主体外在即物穷理工夫。从内在居敬而言，朱子认为"大凡学者须先理会敬字，敬是立脚去处。程子谓：'涵养须用敬，进学则在致知。'此语最妙"。其妙处就在于"程先生所以有功于后学者，最是敬之一字有力。人之心性，敬则常存，不敬则不存"。心性存与不存，就在于敬。朱子如此规定敬的工夫的内涵及功能：其一，敬乃圣门纲领。"敬之一字，真圣门之纲领，存养之要法。一主乎此，更无内外精粗之间。"敬极其重要，其意义与价值具有圣门的纲领和操存涵养的重要方法的地位，因此讲"敬字工夫，乃圣门第一义，彻头彻尾，不可顷刻间断"。圣门第一义，要彻头彻尾地、不间断地进行敬的修养工夫。其二，敬具万理。"敬则万理具在。"敬能聚德，"敬则德聚，不敬则都散了"。敬能凝聚道德天理，不敬就散了，故"人能存得敬，则吾心湛然，天理粲然，无一分着力处，亦无一分不着力处"。主体人存得敬，吾心清澈澄明，天理显著美好。"敬则天理常明，自然人欲惩窒消治。"[①] 天理明，人欲消，即"存天理，灭人欲"之意。其三，敬为专一谨畏。"敬不是万事休置之谓，只是随事专一，谨畏，不放逸耳。"把心收敛起来，不放逸而"始终一事"，"只敬，则心便一"。心一而谨畏，谨畏而专一，专一"只是内无妄思，外无妄动"。内外无妄思动，做到专一谨畏。其四，敬为克己诚敬。"问持敬与克己工夫。曰：敬是涵养操持不走作；克己则和根打并了，教他尽净。""不走作"意犹不走样，纯一于敬。"和根打并"，如念欲之萌，自作主宰打并克去。才意诚，则自然无此病。诚为诚实、诚信，去许多伪。其五，持敬的表现形式。"持敬之说，不必多言。但熟味整齐严肃，严威俨恪，动容貌，整思虑，正衣冠，尊瞻视，此等数语，而实加工焉，则所谓直内，所谓主一，自然不费安排，而身心肃然，表里如一矣。"外在表现与内在思虑，内外表里如一。其具体表现"坐如尸，立如齐，头容直，目容端，足容重，手容恭，口容止，气容肃，皆敬之目也"。[②] 视听言动的容貌要做尸、齐、直、端、重、恭、止、肃。这是持敬的要求，并把其落实到行为的实践中，这是中华民族之所以成为文明之邦、礼仪之邦的缘由。

朝鲜李朝退、栗、艮均结合其朝鲜民族的传统文化，绍承发展朱熹的持敬

---

① 《朱子语类》卷9，中华书局，1986年，第150、215、210页。
② 《朱子语类》卷12，中华书局，1986年，第210—214页。

涵养工夫。退溪说:"尝论持敬工夫。先生曰:'如某者朝暮之顷,或有神清气定底时节,俨然肃然,心体不待把提而自存,四肢不待羁束而自恭,谨意以为古人气象,好时必是如此。'"① 什么是持敬工夫?在朝暮很短时间内,精神清朗,心绪安定,庄重整肃,心体不等有意而为便自存,四肢不等约束而自恭敬,这便是古人的持敬气象。退溪在《答金惇叙》中认为持敬与格物都不容易:"此与愚见异矣。格物固不易,然持敬亦岂易乎!盖敬者,彻头彻尾,苟能知持敬之方,则理明而心定,以之格物,则物不能逃吾之览,以之应事,则事不能为心之累。"② 若能认知持敬工夫方法,就能理明心定,格物就可明察,应事而不心累。

持敬涵养的内涵与价值。其一,以敬为本而有体用。"夫子尝曰:道千乘之国,敬事而信,节用而爱人,使民以时。夫以敬为本,而有四者之事,岂不是兼该于体用。"③ "本"有根本、本体之义,与四者之事的"用"对言,"静而严肃,敬之体也;动而齐整,敬之用也"④。持敬的动静体用对举,体静为本,用动为本的表现或作用,是对程朱"以居敬穷理两言为万世立大训"⑤ 的发挥。其二,敬则心清气定。"盖怠惰则欲炽情流,而不宴不息,惟能敬则心清气定,而可以安养调息,故人能知宴息,亦以敬而非以怠惰,则可与论敬之理矣。"⑥ 怠惰便会放纵情欲,不能安逸,只有敬使其内心清明,情绪安定,安静地修身养性。其三,主敬专一。"思明思聪等事,合在一时,思一不思二之疑,此则切问也……但所云一事方思,虽有他事不暇思之,此亦心无二用,主一工夫。"主一工夫,就是心无二用。"故朱先生《答吕子约》主一主事不同之问曰:主一只是专一,无事则湛然安静,而不骛于动。有事则随事应变,而不及乎他。是所谓主事者,乃所以为主一者也。若是有所系恋,却是私意。"⑦ 主一是专一,主事是无事有事湛然安静、随事应变。如果不主一主事,便是为私意所牵累,这就与"主一无适"相违反。其四,正衣冠一思虑。李宏仲问:

---

① 《增补退溪全书》(四),第29下页。
② 《答金惇叙》,张立文主编:《退溪书节要》,中国人民大学出版社,1986年,第427页。
③ 《重答黄仲举》,《增补退溪全书》(一),第481下页。
④ 《李子粹语》,《增补退溪全书》(五),第284页。
⑤ 张立文主编:《退溪书节要》,第486页。
⑥ 《答申启叔(癸亥)》,张立文主编:《退溪书节要》,第465页。
⑦ 《答金惇叙(丁巳)》,张立文主编:《退溪书节要》,第433、434页。

"若程夫子所谓敬者,亦不过曰正衣冠,一思虑,庄整齐肃,不欺不慢而已。"退溪说:"盖其曰正衣冠,曰庄整齐肃,是以静言。然而动时,衣冠岂可不整,容止事物岂可不庄整齐肃乎。曰一思虑,曰不欺不慢,是以动言。然而静时,此人尤不可不主于一,本原之地,又岂容有一毫欺慢乎。"① 动静表里,主一无适,正衣冠,一思虑均是敬的内外体现,正衣冠,庄整齐肃,是敬表现一种视听言动方面的自律、自节的方式。一思虑、不欺不慢是敬的精神价值的体现。其五,持敬涵养。在《李子粹语》中特编"《涵养》一节,朱子指出惟平日庄敬涵养,为本领工夫一节,尤为警切"。持敬是讲明心中之理,永保天理;涵养是培养心性本原,养心中之理。退溪说:"是以君子之学,当此心未发之时,必主于敬而加存养工夫。当此心已发之际,亦必主于敬而加省察工夫,此敬学之所以成始成终,而通贯体用者也。"② "省察"是指随时随事体察心中的理,"存养"是对于心性本原的培养,与涵养有相同之义。心未发时,主敬存养工夫,使本体心性达到完善;心已发时,主敬省察工夫,察识物理,纠其偏失,事事中节,反馈即物穷理以明心中之理。

退溪以敬为本、主一无适、心清气定、持敬涵养、正衣冠、一思虑的工夫论,其宗旨是明天理,去私欲。他比喻为磨镜工夫,镜本明,被尘垢所蔽而不明,心中理本明,被私欲所蔽,通过其工夫论,去尘垢(私欲),恢复其明,完善其理想人格,实现道德理想境界。

栗谷在修养工夫论上绍承朱子、退溪。栗谷编纂《圣学辑要》五卷。他在《进札》中说明其价值:"凡帝王为学之本末,为治之先后,明德之实效,新民之实迹,皆粗著其梗概,推微识大因此明彼,则天下之道实出此。"③ 其宗旨是"圣贤之学,不过修己治人而已。今辑《中庸》《大学》首章之说,实相表里,而修己治人之道,无不该尽"④。《圣学辑要》就是围绕其宗旨而把修己、正家、为政之道结合起来,体现其人间性、实践性、生活性。就修己工夫而言,栗谷从立志、收敛、穷理、诚实、矫气质、养气、正心、检身、恢德量、辅德、敦笃、功效等十二个方面加以阐发,可见其致广大而尽精微。栗谷认

---

① 《答宏仲》,《退溪书节要》,第450—451页。
② 《天命图说》,《增补退溪全书》(三),第144下页。
③ 《进札》,《圣学辑要》,《栗谷全书》(一),卷19,第418下页。
④ 《进札》,《圣学辑要》,《栗谷全书》(一),卷27,第426上页。

为，修己工夫，必以"居敬以立其本，穷理以明乎善，力行以践其实，三者终身事业也"①。本立而道生，故从居敬其本讲起：其一，居敬主一。"朱子曰：敬乃圣门第一义，彻头彻尾，不可间断。故此章大要义敬为主焉。"② 要彻头彻尾实现这圣门第一义的敬，就要主一无适。"主一无适，敬之要法；酬酢万变，敬之活法……盖静中主一无适，敬之体也；动中酬酢万变，而不失其主宰者，敬之用也。非敬则不可以止于至善，而于敬之中又有至善焉。静非枯木死灰，动不纷纷扰扰，而动静如一；体用不离者，乃敬之至善也。"③ 朱子曾把株守主一之静，遇事不辨是非、曲直、善恶，称为死法；把主敬时的义，行义便有敬，敬义夹持，内外透彻，称为活法。栗谷称要法和活法。体用不离，动静如一，内外贯通，必须寡欲，"敬，主一之谓，从事于敬，则可以寡欲至于诚矣"④，才能达到至善境界。其二，敬为圣学的始终。"敬者，圣学之始终也。故朱子曰：'持敬是穷理之本，未知者，非敬无以知。'程子曰：'入道莫如敬，未有能致知而不在敬者。'此言敬为学之始也。朱子曰：'已知者，非敬无以守。'程子曰：'敬义立而德不孤，至于圣人亦止如是。'此言敬为学之终也。今取敬之为学之始者，置于穷理之前。"⑤ 圣学的始终都在于敬，持敬是穷理之本与入道之始，非敬无以守已知之理，立敬义，这为圣学之终。其三，敬体义用。"敬体义用，虽分内外，其实敬该夫义，直内之敬，敬义存心也；方外之义，敬以应事也。"⑥ 敬以直内，义以方外，体用一源，直内方外，都是敬，只是存心与应事的差分。之所以都要敬，直内是无纤毫私意，胸中洞然，彻上彻下，表里如一。方外是方方正正，自将去做圣门工夫。敬义夹持，直接上达天德。其四，恒主诚敬。"学者须是恒主于敬，顷刻不忘，遇事主一，各止于当止，无事静坐时，若有念头之发，则必即省觉所念何事，若是恶念，即勇猛断绝，不留毫末苗脉。"⑦ 时刻不忘主敬，不断克去恶念私欲，毫末不留，若是善念，穷理不断，使其明亮，回复本心之善。"诚者，天之实理，心

---

① 《击蒙要诀·持身章》，《栗谷全书》（二），卷27，第84上页。
② 《圣学辑要·正心章》，《栗谷全书》（一），卷21，第472上页。
③ 《上退溪李先生别纸》，《栗谷全书》（一），卷9，第176上下页。
④ 《语录上》，《栗谷全书》（二），卷31，第248下页。
⑤ 《圣学辑要·收敛章》，《栗谷全书》（一），卷20，第431下页。
⑥ 《圣学辑要·正心章》，《栗谷全书》（一），卷21，第478上下页。
⑦ 《圣学辑要·正心章》，《栗谷全书》（一）卷21，第480下页。

之本体。人不能复其本心者，由有私邪为之蔽也，以敬为主，尽去私邪，则本体乃全敬，是用功之要。诚是收功之地，由敬而至诚矣。"① 如何达到诚，由敬的去私欲、邪念的遮蔽，以回复本心的天理。其五，穷理涵养。"居敬为穷理之本。"② 穷理则居敬工夫日益进，居敬则穷理工夫日益密。穷理工夫大要为："凡一物上有一理，须是穷致其理。穷理亦多端：或读书讲明义理，或论古今人物，而别其是非，或应接事物，而处其当否，皆穷理也。"③ 此三项穷理工夫，均是主体向外通过即物、事、人、读书，而穷尽理，体认形而上的理本体。穷理工夫要做到明义理，别是非，处当否，需要极高明的主体内在卓越的素质、水准、判断智慧，这必须通过涵养工夫。"敬守此心，涵养积久，则自当得力，所谓敬以涵养者，亦非他术，只是寂寂不起念虑，惺惺无少昏昧而已。"④ 敬守此心，就是指喜怒哀乐未发时，此心寂静没有一毫思虑，在寂静中知觉清醒不昧，万象森然。只要涵养积久，就能穷理而理明。其六，敬贯知行。问"未有致知而不在敬，此言何谓？曰：敬者通贯知行之间，故涵养致知，皆用敬焉"⑤。涵养致知知行内外、主体客体、知行兼备，通贯如一，以完善理想人格。"用功之至，必有效验，故次之以功效，以尽知行兼备，表里如一，入乎圣域之状。"⑥ 由敬知行，而通达道德价值理想的"圣域"境界，也是其修己工夫所达到的最崇高、最精彩的功效。

艮斋称"某自谓主程、朱、栗"⑦。其工夫论，也继承退溪。其一，敬为圣门工夫，"学者用功，将如何而可以矫治气质，而复还其性，只有敬以就中而已。天下道理只中一字便括尽圣门工夫，只敬一字便说尽"⑧。变化、矫治气质而恢复本然之性，"中也者，天下之大本也"，敬就中，便可括尽圣门工夫，说尽穷理道理。"朱子曰：'圣人只理会一个敬字。'……性以敬知性，以

---

① 《圣学辑要·正心章》，《栗谷全书》（一）卷21，第479—480下页。
② 《圣学辑要·收敛章》，《栗谷全书》（一）卷20，第434上页。
③ 《圣学辑要·穷理章》，《栗谷全书》（一）卷20，第435上页。
④ 《圣学辑要·正心章》，《栗谷全书》（一）卷21，第472下页。
⑤ 《语录上》，《栗谷全书》（二）卷31，第247下页。
⑥ 《圣学辑要·修己功效章》，《栗谷全书》（一）卷22，第495下页。
⑦ 《海上散笔》，《杂著》，《艮斋私稿》卷36，《艮斋先生全集》上册，第839上页。
⑧ 《答庐宪九庐义圭金源学》，《艮斋私稿》卷20，《艮斋先生全集》上册，第470上页。

敬尽，只一敬而已"①。敬之价值与意义，艮斋极其重视。其二，敬功至精至微。"敬功至于无亏阙，无动摇，至精至微，至正至方，时时渊莹，处处圆融，方是尽处。若仅取一番操持，瞥然有主时便谓之敬，恐少间已不可恃矣。"敬的工夫，要做到无缺无动摇，精微方正，渊莹圆融，才是敬工夫的尽处，不是操持一番就可以的，要坚持不懈地去用功。其三，敬为北斗。"敬者，心之所以为主宰也。只言心则只是虚灵精妙之气耳。著个敬字工夫，如舟在大洋中不辨方向，而仰见北斗，始有子午可指。心而无敬便放倒，无复可以承夫理而宰乎身者也。"心为气，心如大洋中的船，它不辨方向，敬如北斗，北斗指示方向，才能使大洋中船到达一定的目的地，敬是心的主宰。"敬字工夫至则此心有事时，洞然外达。无事时，卓然中立。动而不累于物，静而不沦于空，此是敬功至妙至妙处，然极难得力。"②敬工夫至妙的地方，就在于此心有事无事、动静的情境下，都能做到外达和中立，既不累物，又不沦于空，这就是敬如北斗的魅力，"窃观圣人只一心敬，而万务皆叙。我辈学者只一舌敬，而百体皆肆，是所谓言行不相副也"。圣人诚心为敬，万般事务都能澄明，若口头讲敬，放肆行为，便犯言行不副的病症。其四，敬则道凝。"敬则道凝而德成，不敬则道亏而德败，圣人聪明睿智，故自然能敬……今我辈学者，须勉强于敬功，时时处处必靠著敬字以为骨子。"敬作为道德价值的凝聚与亏损，直接关系道德价值的成败，从这个意义说，敬是主心骨。其五，诚敬为万善骨子。"诚敬二字，吾儒以之为万善骨子……朱先生教门人云：学者之心，大凡当以诚敬为主。"批评心宗学者如陆九渊等不以诚敬为主的偏颇。诚敬之所以是万善骨子，是因为"敬以明理，诚以从道，此两句工夫尽时，已是换凡骨以接圣脉"。敬诚的价值在明理从道，此工夫做尽，就能脱凡骨换圣脉的转生。其六，敬贯知行。"学问之道有四，格致、存养、省察、力行，而存养贯始终，此晦翁敬贯知行之说也。""敬皆包得知行在内，不可一时一事不用诚敬也。余每谓有意时诚行焉，无意时诚立矣，格致时敬行焉，诚正时敬立矣。"③人不可须臾离开诚敬，时时事事要用诚敬，格物致知是敬的行为，诚意正心是敬的确立。敬贯

---

① 《海上散笔》，《杂著》，《艮斋私稿》卷35，《艮斋先生全集》上册，第800上页。
② 《杂著》，《艮斋私稿》卷33，《艮斋先生全集》上册，第744上下页。
③ 《海上散笔》，《杂著》，《艮斋私稿》卷35—36，《艮斋先生全集》上册，第793下、793下、806上、818下、800上、800上页。

知行，需通过存养、省察工夫，如"庄敬整齐以自持于言动事为之间"①。"学者工夫，只有操心治气，以顺其性一事而已。"② 以达存天理、去私欲的境界。艮斋工夫论以敬为核心话题，与退溪、栗谷会通，而有所发挥，以敬为北斗，为指针。

四、朱、退、栗、艮思想精神的特质

朱子学双璧退溪和栗谷生活在燕山君与宣祖时代，此时天灾频仍，经济凋敝，人祸迭起，生民涂炭。执政者内部斗争激烈，往往与"士祸"相终始，使诸多性理学家遭受杀身之祸。艮斋生活在民族灾难深重之时，国家为日本侵略者占据，誓与其不共戴天。退、栗、艮以强烈的忧患意识和经世济民的悲愿，以自己终生的忧患去担当忧道、忧国、忧民的大任，以自己民族大义的思想精神感召大众去实现"天理"的人间世。他们的思想精神特质是：

其一，义理精神。性理学家以求理为宗旨，以存天理为目标，以居敬、涵养、知行为工夫，在国家危机、民族灾难之际，为挺立民族脊梁而弘扬义理精神，为忧国忧民、经世济民而担当历史使命，成为退、栗、艮思想精神与实践活动的核心内涵，体现了其民族精神和时代价值。退溪《戊辰六条疏》中第一条就是"重继统以全仁孝"。孝为百行之原，仁为万善之长，一行有亏与一善不备，就不能全仁孝。第三条为"敦圣学以立治本"。帝王和常人都应以"敬以为本，而穷理以致知，反躬以践实"为原则。第四条"明道义以正人心"，也凸显了其义理精神。退溪和栗谷义理精神表现为对四次"士祸"的忧患上，认为其有损国脉，有害社会正义，他们痛心疾首，担心忧患再次发生，因而提倡圣人之学。退溪造《圣学十图》，栗谷编纂《圣学辑要》，从圣学的各个层面，为性理学的义理精神规划了理气观、心性论、工夫论的内涵、性质的方向和实践活动的路径。艮斋在辱权丧国的患难中，坚守民族义理精神和礼仪大义，坚决反对日本侵略者的变服、断发令。他决不"牵制于仇虏之手……窃以

---

① 《杂著》，《艮斋私稿》卷33，《艮斋先生全集》上册，第744上页。
② 《题朱子论性理语后示郑宪泰》，《艮斋私稿续编》卷12，《艮斋先生全集》下册，第245下页。

为中正之道也"①。后决意"入海守道,讲明大义,以扶绵阳于既坠"②。这是弘性理学义理精神,扬民族中正大义精神。

其二,敬诚精神。性理学家道德理想的实践,修身养性的实现,道德情操的提升,理想人格的完善,都需要通过敬诚的多方面不断的培育,以达人生最高境界。退、栗、艮弘扬朱子理体学,"朱熹自少有志于圣道,为其学大抵穷理以致其知,反躬以践其实,而以居敬为主"③。自从经旨不明,道统之传昏暗,朱子竭其精力研究穷尽圣贤的经典古训,他所著的书为学者所宗。退溪以敬为本而有体用,主一无适,持敬涵养,心清气定,反躬践其正衣冠,一思虑,以去私欲明天理。栗谷提倡敬是圣学的始终,主一主事于敬,便可以寡欲而至于诚。恒主诚敬,发扬善念,断绝恶念。居敬以穷理为本,由敬而至于诚,只要涵养积久,就能穷理而理明,存养知行,都需要敬,因为敬贯知行之间,而彰显躬身实践诚敬的功效,而达道德价值理想的"圣域"境界。艮斋以圣门工夫敬可说尽,敬是北斗、指南针,是航行于大洋中不迷失方向的子午。敬至精至微,渊莹圆融,圣人诚心为敬,万般事务澄明,诚敬是人的主心骨,它是万善的骨子,人须臾不离诚敬,从不间断,无所不贯,贯通知行。诚敬为立本的工夫,本立而达存天理、去私欲的道德理想境界。

其三,创新精神。退、栗、艮在义理、诚敬精神的大本大志、大是大非的地基上,建起了其新性理学的大厦,其间创新是新大厦之所以新之所在,是新之所新的生命和灵魂。创新是既继承又超越,不是旧瓶装新酒,而是新瓶装新酒。在理气观上,退溪着眼于朱子理的"三无"说,而化解被曹端所质疑的困境,主张理自会运动说,"濂溪云:'太极动而生阳',是言理动而生气也"④。因而"四端七情"之辨中主理气互发说,这是对理的动静的创新。栗谷的"理气妙合"和"理通气局"说,亦是对朱子理气观的发展和创新。他们既赋予理气观以新生命,也是朱子理气观转生为朝鲜李朝理气观的实现,换言之,退、栗的理气观是转生朝鲜朝朱子学的关键节点。由理气观而推致心性论,退溪认为理气合有心之名,并将心细分六层面,对道心、人心之辨的追根溯源和道心

---

① 《与金骏荣(丙午)》,《秋潭别集》卷2,《艮斋先生全集》下册,第362上页。
② 《庚戌先生七十岁·八月(壬申)丁丑始闻报》,《年谱》,《艮斋先生全集》下册,第723下页。
③ 《宋志》,《续资治通鉴》卷155,中华书局,1964年,第4176页。
④ 《答郑子中别纸》,《增补退溪全书》(二),第18上页。

范围的规定是其发展。栗谷重道心、人心的二而一，圆融无碍。艮斋提出"心本性""性尊心卑""性师心弟"说，是对朱、退、栗心性论的发展和创新。理论思维逻辑的创新是退、栗、艮思想精神价值所在，唯有创新才能生生不息，唯有发展才能完善朝鲜朝性理学的朱子学，使之永垂不朽。

其四，逻辑精神。这里是指其理论思维体系的概念范畴的逻辑结构性，因为任何一个民族的理论思维或一个哲学家的思想体系，都是通过一系列哲学思想概念范畴来表达的，是由诸多相互联系、相互作用的哲学思想概念范畴按逻辑顺序或结合方式构成的，并从整体的逻辑结构上，确定诸概念范畴在整个哲学思想体系中的作用和地位。这就是说哲学思想史作为观念逻辑的演变史，在某种意义说，就是概念范畴发展史。就本文所论之理、气、心、性、敬、诚等概念范畴而言，各哲学家之概念范畴在其哲学思想逻辑结构体系中的作用与地位是不同的，这种不同正说明不同概念范畴在其哲学逻辑结构体系中的差别，如退溪主理，栗谷主气，艮斋讲性尊心卑、性师心弟，为其明证。又如退溪《圣学十图》、栗谷《圣学辑要·目录图》、艮斋《命性图》等，每图都将其最高的核心概念范畴置于图式的最高位置，对整图有统摄意义和价值。他们都曾以图式的形式来表现其理论思维逻辑结构体系，每造一图都是他们探赜索隐、钩深致远的精华所在。退溪《圣学十图》是"或绅绎玩味于夜气清明之时，或体验栽培于日用酬酢之际，其初犹未免或有掣肘矛盾之患，亦时有极辛苦不快活之病。此乃古人所谓将大进之几，亦为好消息之端"①。可体会其为造《圣学十图》的殚精竭虑的心得，是从日夜辛苦中得来。栗谷的《圣学辑要》是"深探广搜，采掇精英，汇分次第，删繁就要，沉潜玩味，反复礨括"②，反复剪裁改写、取其精华而成的，其得来不易。艮斋的《命性图》是与"湖中士友相与虚怀讲究，而解此迷蒙，实平生切愿尔"③ 所完成的。这些图式化的概念范畴逻辑结构，是其概念范畴运动形式以及各概念范畴之间相对稳定的排列顺序或结合方式，是各概念范畴逻辑结构内各个层次、部分之间相互联系作用总和的表现方式和逻辑思维的形式。

---

① 《进圣学十图札》，《退溪书节要》，第 4 页。
② 《圣学辑要序》，《栗谷全书》（一）卷 19，第 421 上页。
③ 《命性图》，《杂著》，《艮斋私稿续编》卷 10，《艮斋先生全集》下册，第 199 下页。

其五，笃行精神。学问思辨，逻辑思维，理气心性，价值观念，都要落实到行上，无笃行，理论思维是空虚、是无生命力的，也不会持久和生生不息。退溪认为，居敬要落实到实际行为之中，如正衣冠、一思虑，庄整齐肃，并落实到家道、家规上。"凡为子孙，当谨守家法。"① 如果任意忘礼，废三世家规，这是很严重的事故。栗谷所规划的修己正家为政之道，把正家落实到孝敬、刑内、教子、亲亲、谨严、节俭上，为政落实到用贤、取善、识务、法先王、谨天戒、立纪纲、安民、明教上②，都是讲日用之学。艮斋认为居敬、涵养、省察不能停留在口头上，要言行一致，在《家规》中规定得很仔细，从孝敬、守家礼到冠婚丧祭礼的实行，以及女子必令读《女诫》《女范》等无所不及。《菁洞书社仪》中规定："就座展卷，端庄肃敬，如对圣贤，从容诵读，仔细究索，不得与人说话，不得无事出入。"③《凤寺山房规约》中规定："读书须整襟端坐，正置册子，专心诵念，勿高声，勿摇身，少顷掩卷思绎，务令指意分明，义理浃洽。"④ 退、栗、艮都是以身作则的言行一致、表里如一的实践家、思想家、哲学家。正是这种笃行精神，使其思想精神在现实中光彩夺目，为人所敬仰，为后世所高山仰止。

（本文原刊于《社会科学战线》2017年第6期）

---

① 《与完任》，《退溪书节要》，第482页。
② 《目录图》，《圣学辑要》，《栗谷全书》（一）卷19，第423上页。
③ 《菁洞书社仪》，《杂著》，《艮斋私稿续编》卷11，《艮斋先生全集》下册，第223下页。
④ 《凤寺山房规约》，《杂著》，《艮斋私稿续编》卷11，《艮斋先生全集》下册，第224上页。

脱亚入欧　同室操戈　和合东亚

王殿卿

（国际儒学联合会顾问、尼山圣源书院名誉院长）

以史为鉴知兴替，是中国古人治国理政、安天下的历史观，而今，它不仅对一国而言，而且对一个地区，乃至对世界的生存与发展，都有意义。反观东亚近代史，如何从"脱亚入欧"之得失，同室操戈引狼入室等刻骨铭心的历史中吸取教训，清醒起来，找回东亚文明之魂，共建新时代的和合东亚，让东亚子孙后代，过上和平幸福的生活，使东亚成为亚洲乃至世界和平发展的辐射源，是一个值得深思的问题。作为有良心的东亚学者，理应并肩协力为此而呼！为此付出心力！

一、"脱亚入欧"之得失

19世纪，是以英国为代表的西方列强，在东亚、东南亚等地大举侵略，争夺与瓜分殖民地的世纪。面对如此现实，各国都在思考对策与出路。19世纪40年代，中国经历了第一次鸦片战争，19世纪60年代，兴起了洋务运动，有了"中学为体，西学为用"的思想，进入19世纪70年代，日本发生了明治维新，有了"脱亚入欧"之国策，二十年后，19世纪90年代末叶，中国发生了戊戌变法，变法虽然短命，但为20世纪初辛亥革命之成功，奠定了思想基础。

日本的"脱亚入欧"思想，传入中国，就是"全盘西化"，在引进西方政治、经济、科学、文化、教育、价值观以加速国家现代化等方面，中日有相似之处。所不同的是，明治维新使日本走上工业化道路，逐渐跻身于世界强国之林，进而比较彻底地抛弃了东方的儒家文化，尤其是将大和民族的"和魂"，变成了"战魂"，日本加入了西方列强对外侵略的行列。

日本之所以如此选择，与"脱亚入欧"主创者福泽谕吉（1835—1901）对当时世界发展形势的误判，不无关系。福泽谕吉生活的时间，大致处在鸦片战争与戊戌变法之间，时代背景与个人学识阅历，使他成为日本近代杰出的思想家，日本近代文明的缔造者之一，他推动和促成了"明治维新"，为日本实行一个多世纪脱亚入欧之国策，奠定了思想理论基础。

他信奉生存竞争、优胜劣汰的哲学。

他认为，西洋文明必将征服世界，东洋各国对它绝对没有抵抗能力，就像东京人无法抵御从长崎传来的麻疹。既然无法抵抗，因此明智的做法应当是"助其蔓延"，使人民"早浴其风气"。

他深信，要实现亚洲的现代化，最好的途径就是战争。他认为战争不但可以给日本一个翻身的机会，还可以使日本借此强大，并让其他亚洲国家早日"警醒"，变革图强。

他写道："依吾之见，以西方文明猛击东方之势，此两国（清国与朝鲜）诚不能存活矣。"

他在明治十六年（1883）9月20日至10月4日连载于《时事新报》的社论"外交论"中，分析当时的国际关系，是"禽兽相斗相食"的关系。食者为文明国，被食者为半开化国、野蛮国。日本的外交前景只有两条道路可供选择：一是加入吞食"不文明国"的"食者"行列，与"文明国"共觅"良饵"；二是与数千年来萎靡不振的亚洲古国为伍，同守古风，被"文明国"人所吞食。因此，日本所应选择的，只能是第一种途径，即成为"东亚一个新的西洋国"。他这番"高论"形象生动地表明，日本脱亚入欧，决心成为"食人吞国"的帝国主义的"路线图"。

此论发表之后，在1895年、1904年，日本分别在甲午战争和日俄战争中得手，成为亚洲一霸；又过二三十年，1931年，日本在中国东北蓄意制造并发动了"九一八"事变，拉开了侵华战争的序幕；第二年，即1932年，日本占领中国东北三省后，立即扶植起一个傀儡"伪满洲国"；紧接着于1937年日本制造了卢沟桥"七七"事变，开始了全面侵华与进攻东南亚的战争。在各国人民拼死抵抗和国际正义声援打击之下，1945年日本在"二战"中战败投降，两三代日本人用血汗和生命，践行了"强国必霸，霸则必亡"的历史逻辑。

孟子总结说"春秋无义战"，主张"王道"，反对"霸道"，追求"天下大同"。他将不义而富，穷兵黩武，"争地以战，杀人盈野；争城以战，杀人盈城"者，判定为"率土地而食人肉，罪不容于死"。看看福泽谕吉所提出的"禽兽相斗相食"的国际关系，与两千多年前孟子之断言，是何等"同理"。其不同之处，是给"食人"者冠以"文明"，给"被食"者，扣上"野蛮"。如此给西方现代文明"定位"，也算是"客观"。

一百多年前，日本"脱亚入欧"的样板是英国，因为两国国情有相似之处，都是岛国、小国，而英国能够成为"日不落帝国"，这对日本不无启示，于是日本从政治制度、经济模式、文化教育全面"英国化"，以小打大，首先侵略中国，近而实现"大东亚共荣圈"，就是"以英为师"的答卷。而今，英国开始"脱欧"，日本何去何从？是"脱欧回亚"，还是"脱欧入美"？这是一个需要以史为鉴的考量。从刻骨铭心的历史教训可知，日本应当摆脱"战魂"，重树"和魂"，放下屠刀、立地成佛，面对人类新时代。

当然，反思百年"脱亚入欧"之得失，不只是日本一个国家的观念变革，也是有关国家摆脱"全盘西化"之路，跟上21世纪时代潮流，所必需的思想解放。

二、同室操戈与狼外婆

自从第二次世界大战结束以来，世界范围内局部战争连绵不断，其中一个特色，就是一国之内"同室操戈"，引来狼外婆。一个家庭尤其是大家庭，同胞兄弟之间，因为种种原因产生矛盾与冲突，以致"同室操戈"，在所难免，近邻远亲出面调停劝和，本是积善之举，但也有人心怀歹意，火上浇油，送上刀枪，加剧骨肉相残，以期借其家败人亡之际，得军火之利，进而企图控制霸占其地，此种人俗称"狼外婆"。20世纪中叶以后，从朝鲜战争、越南战争、两伊战争，到阿富汗、南斯拉夫战乱等等，直至进入21世纪的伊拉克战争，地中海周边的"阿拉伯之春"，再到已经延续多年的叙利亚战争，都有共同之处。经历多年的战争，叙利亚几乎化为焦土，究竟死亡多少人，联合国都放弃了统计。这些都令人深刻体味到两千多年前孟子指责的"争地以战，杀人盈野；争城以战，杀人盈城"和19世纪福泽谕吉指出的"禽兽相斗相食"的国际关系。古今战争不同之处，在于当今战争的高度现代化。面对国破家亡，流离失所、饥寒交迫、在战火硝烟中垂死挣扎的一代青少年，会把这种战争的"恩赐"，融于血液之中，代代相传。人类的良心良知一旦明了，不再"同室操戈"，拒绝"狼外婆"的关照，将会迎来人类文明的新觉醒，人类文明的新时代。

中国古语云，前事不忘，后事之师。但愿当代政治精英，能静下心来，总结历史成败得失，为建构人类命运共同体，作出历史新贡献。

三、共建和合东亚

尚和合，求大同，历来是以儒学为代表的东方文明的天下观，它是在总结数千年人类文明进程中的经验教训的基础上，凝结而成的智慧。其中"和"是东亚文明的"魂"。和与斗，是人性与兽性、文明与野蛮之别。和为贵，和则万事兴。人和、家和、天下和，才能讲信修睦，和平共处，世界大同。和而不同，既可和谐相处，又能推动社会进步。有"和"，才有"合"，合则事成。和则荣，斗则衰；和则两利，斗则俱伤。

习近平主席在2014年纪念孔子诞辰2565周年国际学术研讨会上讲过："从1840年鸦片战争爆发到1949年中华人民共和国成立，中华民族遭受了世所罕见的外族入侵和内部动荡，中国人民遭受了前所未有的苦难，一度到了濒临亡国灭种的危险境地。仅在中国人民抗日战争中，中华民族就付出了3500万人伤亡的沉重代价。近代以后经历了长期苦难的中国人民最懂得和平的宝贵，最懂得发展的重要。中国人民深知，和平对人类就像阳光和空气一样重要，没有阳光和空气，万物就不能生存生长。"

他讲道："中华民族历来是一个爱好和平的民族，爱好和平在儒家思想中也有很深的渊源。中国人自古就推崇'协和万邦'、'亲仁善邻，国之宝也'、'四海之内皆兄弟也'、'远亲不如近邻'、'亲望亲好，邻望邻好'、'国虽大，好战必亡'等和平思想。爱好和平的思想深深嵌入了中华民族的精神世界，今天依然是中国处理国际关系的基本理念。"

求大同，是中华民族世世代代的向往与追求。习近平主席提出：讲仁爱、重民本、守诚信、崇正义、尚和合、求大同，这是当代海内外华人共同的"王道"价值观。他从2014年北京怀柔的雁栖湖，到2016年浙江杭州的西湖，到2017年福建厦门，反复讲多彩、平等、包容、互鉴的人类文明新图景，讲创新、活力、联动、包容的世界经济新秩序，讲和平发展、合作共赢、反战反霸的国际政治新格局，讲人类生存的前景是"建构人类命运共同体"，穿过"一带一路"，通向世界大同。

和平发展、合作共赢、"一带一路"、人类命运共同体，可以概括为"和合一体"天下观，亦应是和合东亚的天下观。

但愿，倡王道、反霸道、求大同的儒家思想、中华民族智慧，成为东亚人民在21世纪生存、发展、平安、幸福的共同价值观。

但愿，东亚不再是同室操戈、相互残杀的疆场，不再重演类似伊拉克、叙利亚等国的历史悲剧，让和合东亚成为我们共同的追求与行动的指南，给我们子孙后代，留下一个繁荣幸福的天下。

20世纪，在中国无锡，有一位双目失明的民间艺人，人称"瞎子阿炳"，他自创自演了一首二胡名曲《二泉映月》，倾诉战乱给人民带来的痛苦，后来有人又据此创作出一首歌，其最后的几句唱词是：

　　　　天地悠悠
　　　　唯情最长久
　　　　共祝愿

> 五洲四海烽烟收
>
> 家家笙歌奏
>
> 年年岁岁乐无忧

这是歌曲创作者的心愿，也是中国乃至世界人民的共同心愿。

前主体性诠释：主体性诠释的解构
——评"东亚儒学"的经典诠释模式

黄玉顺

（山东大学儒学高等研究院教授）

本文是对"东亚儒学"经典诠释模式的评论，意在通过对黄俊杰[①]教授的论文《东亚儒家经典诠释史中的三个理论问题》[②]（以下简称"黄文"）的讨论，提出一种新的诠释模式。黄教授是我所尊敬的学者，笔者曾于2011年1月在台湾大学人文社会高等研究院担任客座教授，其间与黄教授有所交往，他长期以来不仅自己努力从事，而且积极组织推动"东亚儒学"研究，这项研究不仅具有关于"儒学"发展的重要学术价值，而且具有关于"东亚"前途的重大现实意义。不过，我感觉，目前"东亚儒学"经典诠释的研究方法不无可以讨论的余地，特别是其诠释模式值得商榷。

一、"东亚儒学"的经典诠释模式：主体性诠释

黄文提出了"三个理论问题"。笔者发现，这些问题之间具有一种结构，从而呈现了一种诠释模式。

[①] 黄俊杰：男，1946年生，中国台湾人，现任台湾大学历史学系特聘教授、人文社会高等研究院特约研究员兼"东亚经典与文化"研究计划总主持人，"中研院"中国文哲研究所合聘研究员。

[②] 黄俊杰：《东亚儒家经典诠释史中的三个理论问题》，未刊。以下凡引此文，不再注明出处。

(一)原创者及其经典、诠释者及其诠释:"主客"架构

黄文提出的第一个问题是"思想原创者的所有权问题":"相对于后代的诠释者而言,思想的原创者对他自己的思想是否拥有所有权以及对他人诠释之正确与否的'终审权'?"

对此问题,黄文给出了明确的回答:"这个问题的答案是否定的。"也就是说,经典的原创者对他所创作的经典,既没有思想的所有权,也没有解释的终审权。或许黄文的"所有权"这个措辞不太准确。例如黄文讨论的主要经典之一《孟子》,原创者是孟轲;该经典的思想命题例如"仁者爱人"(《孟子·离娄下》),原创者当然也是孟轲。因此,我们恐怕不能说孟轲对其书《孟子》及其"仁者爱人"思想命题没有所有权。当然,这只是措辞上的问题,无关宏旨。

黄文之所以给出否定性的回答,其根据是:"任何思想概念或命题,一经原创者……提出之后,就取得自主性,恍似具有独立的生命……在经典与读者的对话之中,读者从经典中开发新的问题,也提出新的解释。"这是从两个方面——经典及其思想方面和读者即诠释者方面——的独立性来进行分析的,黄文称之为"自主性":

1. 关于经典之思想的独立自主性问题

黄文认为:"思想命题一旦提出之后,就取得自主性";例如,"当孔子提出'克己复礼为仁'(《论语·颜渊》)这项命题时,这项命题就脱离原创者而成为天壤之间独立自主的存在,成为后人可以印证、推衍、争论或质疑的命题,等待后人赋予新生命"。

这看起来是有道理的:孔子的言说成为一个客观的命题,主体的创作成果成为一个客观的对象。主体创造了一个对象,这个对象就是一个"不以人的意识为转移"的客观存在、客体。例如,"当孔子提出'克己复礼为仁'说之后,'克己复礼为仁'这项命题就脱离了孔子,而取得了独立自主的生命"。

黄文的这种陈述,我们听起来是如此熟悉,因为这是中国大陆几代人学习的哲学教科书的常识。这种哲学常识来自一个更大的哲学背景,就是自笛卡尔(René Descartes,1596—1650)以来的"认识论转向"(the epistemological turn)或曰"主体性转向"(the subjective turn)导致的一个基本的思维架构:

"主—客"架构。这里不仅存在着黄文所说的"作为主体的解释者与作为客体的经典文本"之间的主客关系,而且首先存在着作为主体的经典原创者与作为客体的经典及其思想命题之间的主客关系。

但是,这种"主—客"架构正是20世纪以来的思想前沿所要解构(deconstruct)的东西。"解构"(deconstruction)原是一个文学批评术语,意在否定作品的固定不变的含义,强调阅读活动对于作品意义的创造;进而成为一个哲学术语(海德格尔用"zerstörung"对应于英文"destruction"),意在追问诸如主体、客体这样的存在者(Seiendes / beings)是何以可能的,从而"还原"到前存在者(pre-beings)的存在(Sein / Being),进而"重建"存在者。

对于经典诠释来说,要追问的是:作为主体的原创者、诠释者,其主体性本身是何以可能的?而作为客体的经典、诠释结果,其客观性本身又是何以可能的?例如,对于经典《论语》所载孔子命题"克己复礼为仁"、朱熹《论语集注》的诠释来说,孔子的主体性是何以可能的?朱熹的主体性是何以可能的?《论语》及其命题"克己复礼为仁"的客观性是何以可能的?朱熹的诠释的客观性是何以可能的?这些都是黄文未能触及的深层问题。关于这类问题,孟子是有回答的,即他关于由"论世"而"知人"、方能"颂其诗,读其书"(《孟子·万章下》)的论断,这是下文将要详论的问题。

黄文举过一个很好的例子:"朱子将伦理学建立在宇宙论与形上学的基础之上的这一套以'理'学为基础的'仁'学大论述,与日本实学思想风土格格不入,所以,德川时代日本儒者莫不致力于解构朱子学中的形上学基础,并将'仁'学论述从天下①拉回人间,将朱子'仁'学论述中的形上学与宇宙论转化为政治经济学与社会学,提出各种多元多样的以实学思想为基础的'仁'学论述。"这个例子可以说很典型地体现了"解构—还原—重建"的过程。

2. 关于诠释者的独立自主性问题

为此,黄文提出两点:一是"解释即是创造":"儒家经典解释者每一次所提出的新解释,都是一次的再创造";二是"解释者比文本更重要":"比'文本的开放性'更重要的是文本的解读者的角色","经典研读最重要的目

---

① 这里的"天下"似应是"天上"之笔误。

的，并不是在于经典文义的解明，而是在于经典阅读者受到经典的感召，而将经典中的价值理念含纳入自己的身心之中，并使自己的精神与生命境界获得提升"。

这当然是不无道理的。在某种意义上，诠释者乃是另外一个原创者，他的诠释是另外一个独立自主的文本。但是，在这里，原创者及其经典的地位何在？黄文引证了伽达默尔（Hans-Georg Gadamer，1900—2002）的说法：

> 所有的再现首先都是解释（Auslegung），而且要作为这样的解释，再现才是正确的。在这个意义上，再现也就是"理解"。①

但这恰恰不能支持黄文的论点，因为显而易见，伽达默尔在这里所强调的是：无论如何，理解毕竟是对原创者之经典的理解，解释毕竟是对原创者之经典的解释，再现毕竟是对原创者之经典的再现；也就是说，原创者及其经典是无法抛开的。

更重要的问题是：这里仍然是"主—客"架构的思维方式，即主体性诠释模式，只不过原来的"原创者—经典"架构现在变成了"解释者—解释"架构；那么，解释者这样的主体性本身又是何以可能的？其解释的客观性、正当性、真理性又是何以可能的？这些都是黄文未能触及的深层问题。

(二) 诠释者的自由度：主体的语境约束条件

黄文提出的第二个问题是"思想交流中的'脉络性转换'与解释者的自由度问题"。

所谓"脉络性转换"，黄文注明英文为"contextual turn"②；因此，笔者以为，译为"文脉转换"或"语境转换"或许更便于汉语读者理解。黄文这样界定"语境转换"："所谓'脉络性转换'指将思想或命题从其原生的脉络逸脱而出（'去脉络化'），再流入新的脉络（'再脉络化'）之后，必然产生的转变。"这无疑是一种颇为新颖的讲法，下文将对这个"语境转换"问题专门加

---

① 伽达默尔：《真理与方法：补充和索引》，洪汉鼎等译，台北时报文化出版公司，1999 年，第二版序言，第 487—488 页。
② 参见 Chun-chieh Huang, *East Asian Confucianisms: Texts in Contexts*, Göttingen and Taipei: V&R unipress and National Taiwan University, 2015, chap. 2, pp. 41-56.

以讨论。

关于解释者的自由度问题，黄文提出："在何种程度之内，在什么意义之下，解释者是自由的？"而黄文的回答是："解释的自由度恐怕仍是很有限的，因为他们的解释至少受到以下两个因素的制约：（1）时代氛围的浸润……（2）原典文本之印可……"这样的回答，包括两个制约因素的揭示，尤其是主体的语境约束条件的提出，在一定程度上回应了笔者刚才提出的问题：主体性是何以可能的？

但是，黄文将这个问题结为"解释者的自由度"问题，这是值得讨论的。黄文"自由度"所说的"自由"，当然不是政治哲学的"自由"概念，亦非形而上的绝对主体性概念；但无论如何，它总是一个形而下的（sub-metaphysic）相对主体性概念。①于是，这就仍然面临着"主体性是何以可能的"问题，即这个解释者本身何以可能的问题。

黄文谈到"'解释的权威'下的抉择"问题：诠释者将遇到历史上对经典的权威解释，当这些解释的权威互相抵牾时，诠释者通常是采取两种抉择："以解释者自己所认同的'权威'为最终判准"；"诠释者经过抉择后，决定以自己的思想立场批驳'诠释的权威'"。这两种抉择其实是一回事：解释者之所以认同某个权威，他所根据的正是他自己的思想立场，"是通过自己思想体系的网络的筛选而完成的"。这当然体现了诠释者的自由。但是，解释者为什么会认同这个权威？这体现了他的怎样的主体性？这样的主体性本身是何以可能的？这些也是黄文未能触及的深层问题。

（三）诠释的"无政府主义"：多元的主体性

黄文提出的第三个问题是"诠释的无政府主义问题"："儒家经典超越时空而召唤东亚各国读者的心灵，起而与经典对话，解说纷纷，家自为书，人各为说，是否会出现经典诠释的无政府主义？"黄文分析了两种含义的"无政府主义"，并给出了否定性的回答：

---

① 参见黄玉顺《评"自由儒学"的创构——读郭萍〈自由儒学的先声〉》，郭萍《自由儒学的先声——张君劢自由观研究》代序，齐鲁书社，2017年；另刊于《当代儒学》第12辑，广西师范大学出版社，2017年。

1."多"对"一"的无政府主义:"如果经典文本中的命题是'一',那么,异代异域的解释者所提出的众说纷纭的解释就可被当作'多'……就被视为'诠释的无政府主义'";但是,"这个意义下的'诠释的无政府主义'……是不能成立的",因为"这种意义下的'多'不但不减损'一',反而使'一'的内涵更加丰富,而'多'的流注使'一'的生命更加绵延壮大"。

2."异"对"同"的无政府主义:"所谓'诠释的无政府主义'之说,也常常在'同一'与'歧异'相对的脉络之中提出,认为与'正统'(orthodoxy)不同的就是'异端'(heterodoxy),诸多'异端'遂构成'诠释的无政府主义'之乱象";但是,这也是不能成立的,因为"实际上,在形式上诠释的多样性之下,它们都分享儒家的共同价值","因此,在表面的'歧异'之下,潜藏着深厚的'同一'"。

简言之,在黄文看来,所谓"诠释的无政府主义"是一个伪问题。黄文的根据,本质上是主体的多元性或多元的主体性。黄文强调:"每一位解读者的学思历程生命体验各不相同,所以,他们所开发的经典新诠亦多元多样,但我们并不能说他们就是'异端',是'诠释的无政府主义'。"这就是说,每一个诠释者都是一个独立自主的主体。

但是,诠释者的主体性本身何以可能?为什么竟会出现这样的主体的多元性或多元的主体性?这仍然是黄文未能触及的深层问题。

综合本节的以上分析,我们就可以归纳出黄文的诠释模式,如下:

$$\begin{array}{c} \qquad\qquad\qquad\nearrow 诠释者_1 \leftarrow 诠释脉络_1 \\ 创作脉络 \rightarrow 原创者 \rightarrow 经典 \leftarrow 诠释者_2 \leftarrow 诠释脉络_2 \\ \qquad\qquad\qquad\nwarrow 诠释者_3 \leftarrow 诠释脉络_3 \end{array}$$

这种诠释模式,显然是"主—客"架构之下的一种主体性诠释,因为:不论是经典的原创者,还是经典的诠释者,都是一种主体性的存在者;相应地,经典、对经典之诠释,作为文本,则是与之相对的客体,即是对象性的存在者。那么,黄文始终面临着这样的追问:作为主体的原创者、诠释者的主体性是何以可能的?作为客体的经典、诠释结果的客观性是何以可能的?

二、主体性诠释模式存在的问题：本源的遮蔽

实际上，黄文的全部论说都基于这样的"主—客"架构：

原创者（主体）→ 经典（客体）← 诠释者（主体）

但问题是：正如上文已经指出的，这种"主—客"架构、主体性、客观性的观念，在 20 世纪的思想前沿中已经遭遇了解构。

（一）主体性诠释的认识论困境

就学理讲，上述主体性诠释模式必然遭遇"认识论困境"（epistemological dilemma）。近代哲学"认识论转向"以来，哲学的基本问题被认为是主体与客体之间的关系问题，一切哲学思维都以主体为出发点，于是，一个真正的问题就是"认识论困境"。这个问题蕴含在"主—客"架构之中：主体怎么可能确证、通达客体？内在的主体意识如何可能确证并且通达外在的客观实在？

这个问题催生了两条路线，即经验论的解决方案和先验论的解决方案，但仍然没有真正彻底地解决这个问题，于是才产生了现象学。胡塞尔（Edmund Husserl，1859—1938）最明确地意识到了认识论困境，他通过"还原"到内在的纯粹先验意识而"悬搁"了客观实在；但海德格尔指出，这不过是还原到了更加纯粹的主体性，即仍然未能真正彻底解决这个问题，因为这并不能回答"主体何以可能"的问题，即"存在者何以可能"的问题。下文将会讨论：海德格尔（Martin Heidegger，1889—1976）其实同样未能真正彻底解决这个问题，因为他诉诸此在（Da-sein）的生存（existence），然而此在尽管是一种特殊存在者，但毕竟仍然是存在者，而且仍然是某种意义的主体性存在者。因此，由海德格尔现象学导出的伽达默尔诠释学，仍然未能真正彻底地解决问题。

黄文采纳了伽达默尔的诠释学，而正如上文所分析的，这仍然是一种主体性诠释模式。黄文最终提出了"两点结论性的看法"，所蕴含的却是预设性的"主—客"观念：

第一，东亚儒家经典诠释学中最根本的问题是：读者的身心如何受经

典精神之感召而自我转化？所以，中日韩各国儒者都以个人生命之体验与经典相印证。我们可以说，东亚儒家经典诠释学，在很大的程度上就是一种"实践诠释学"（praxis hermeneutics），读经的目的在于行经，读经不是"概念的游戏"，也不是纯粹理论的推衍。简言之，东亚儒家在经典诠释中读入个人生命之体验、体会与体知，所以，他们对同一个命题常常能提出多元的诠释，也从中赋与经典以崭新的生命力。

这里涉及的仍是主客之间的问题：一方是作为主体的读者、解释者，另一方是作为客体的经典。按现象学关于认识论困境的意识，这里首先面临的问题乃是：读者或诠释者的主观意识如何可能确证经典的客观存在？又如何可能通达其客观意义？

第二，东亚儒家在诉诸个人生命体验的"自由"，必须与"诠释的权威"相印证的"秩序"之中，进行创造性的诠释。他们也在经典中的普遍命题与地域特性的互动之中，完成经典意义的再创新。

这里涉及的是主体之间的问题：一方是过去的"诠释的权威"（主体$_1$）及其"权威的诠释"（客体），另一方是后来的诠释者（主体$_2$），这里就出现了两种主体之间如何沟通的问题。这其实是胡塞尔发明的"主体间性"（inter-subjectivity）（或译"交互主体性"）的问题。笔者对此曾有评论：

> 胡塞尔"交互主体性"概念的根基其实仍然是传统的先验主体性，换句话说，他提出"交互主体性"并不意味着他放弃了自己的先验意识现象学；而我们知道，这种现象学植根于德国先验理性主义传统，正属于海德格尔所批评的主体性哲学。其实，这个道理是很简单的：对话，尽管是"交互主体性"范式的对话，仍然是主体间的对话；换言之，某种主体性总是先行存在的。这就是说，摆脱了独白主义（monologism）并不意味着摆脱了主体主义（subjectivism）。

所以，海德格尔并不采取"交互主体性"进路，而是采取"以此在（Dasein）为专题的存在论"进路，即"先行对主体之主体性进行存在论分析"[①]；

---

① 海德格尔：《存在与时间》：陈嘉映、王庆节译，三联书店，1999年，第28页。

这就是他的"基础存在论",是为主体性包括交互主体性奠基的。所谓"先行对主体之主体性进行存在论分析"意味着这样一种发问:主体性是何以可能的?如果对话总是主体间的对话,那么,这种主体本身是何以可能的?这样一来,就把我们带向了一种崭新的视域:"生存"(existence)或"存在"(Sein)。

但遗憾的是,海德格尔所谓"生存"乃是"此在"的生存,这里,此在乃是先行的,然而所谓"此在"作为对"人"的一种称谓,尽管强调了"人是可能性"的意味,但其实仍然还是一种主体性存在者。在海德格尔的存在论里,原初自身所予的(the primordial self-given)并不是存在,甚至也不是生存,而是此在,即一种"特殊的存在者"——极端个体化、单子化的主体性。换言之,他的"生存"概念并没有真正通达存在,他的"基础存在论"并不是真正透彻的存在论。在这个意义上,海德格尔的"此在"概念并没有真正超越胡塞尔的"交互主体性"概念。①

(二) 主体性诠释对本源的遮蔽

黄文有一个判断:"解释者比文本更重要。"按照这个观点,例如《论语》的解释,是不是可以说"朱熹比《论语》更重要"?朱熹还是"解释的权威",朱熹之外的解释者就太多了,今天从大学到民间都有许多《论语》解释者,是不是可以说他们都比《论语》更重要?

其实问题不在这里。稍加分析,不难看出:解释者是一个主体,文本则是一个客体;因此,黄文的判断等于是说"主体比客体更重要"。这其实是西方哲学的一个传统观念,唯其如此,海德格尔才把传统的哲学、形而上学、存在论归结为需要进行解构的主体性的事情。②

黄文以及西方哲学传统的这种主体先行的观念,实在值得商榷。其实,主体与客体是相对而言的,没有客体,就无所谓主体。事实上,"主—客"架构中的主体与客体双方是同时生成的:唯有当我们把某种事物对象化的时候,我

---

① 黄玉顺:《前主体性对话:对话与人的解放问题——评哈贝马斯"对话伦理学"》,《江苏行政学院学报》,2014年第5期。
② 海德格尔:《哲学的终结和思的任务》,见《面向思的事情》,陈小文、孙周兴译,商务印书馆,1999年,第76页。

们自己才成为主体，才作为主体而存在。

其实，真正透彻的问题乃是：不论是主体，还是客体，都是存在者，那么，我们应当追问：存在者何以可能？或者说：存在者是怎样生成的？这才是真正彻底解决"认识论困境"问题的出路。既然我们问的是"存在者何以可能"，那么，答案就不能是任何一种存在者，甚至也不能是"此在"那样的"特殊存在者"。答案何在？存在。

这样的先于任何存在者、给出一切存在者的存在，谓之"本源"。"本源"这个词语可以有两种不同的理解：一种理解是"本与源"（the Root and the Source），其所谓"本"乃是中国哲学"本末"范畴之"本"，即哲学上所谓"本体"，实指形而上的存在者；另一种理解是"本之源"（the Source of the Root），其意在"源"，不仅是形而上存在者之源，而且是一切存在者之源，即是存在。[①]存在是一切存在者之源，当然也是主体性存在者之源。

主体性诠释模式所存在的根本问题，就是对"源"的遮蔽：原创者及其经典、诠释者及其诠释结果，这些主体性存在者、对象性存在者，其源何在？他们、它们何以如此这般？

（三）关于诠释语境"脉络"的分析

笔者认为，黄文最值得注意的一个措辞其实是"脉络"（context）。上文谈到过，这个词语的更恰当的译法应当是"语境"或"背景"。笔者同时还注意到，黄文用汉语来表达的"脉络"，其实并不是同一个概念。黄文至少在两种不同含义下使用了"脉络"这个词语：

> 所谓"脉络性转换"指将思想或命题从其原生的脉络逸脱而出（"去脉络化"），再流入新的脉络（"再脉络化"）之后，必然产生的转变。这种所谓"脉络性转换"，又可区分为两种类型：（1）思想脉络的转换；（2）空间（locality）脉络的转换。

---

① 参见黄玉顺《"生活儒学"导论》，原载《原道》第十辑，北京大学出版社，2005年，见《面向生活本身的儒学——黄玉顺"生活儒学"自选集》，四川大学出版社，2006年，第30—34页；黄玉顺《儒学之"本"与"源"——评安靖如"进步儒学"的思想方法》，《烟台大学学报》，2014年第1期。

这里涉及黄文所说的"异代异域"两个方面："异代"方面的"思想脉络"（思想语境）是指的原创者或诠释者在其所秉承的学术传统方面的背景，而"异域"方面的"空间脉络"（地域语境）则是指的他们在生活区域（region）方面的背景；对于原创者或诠释者的主体性的生成来说，两者具有截然不同的意义。

1. 思想脉络：思想背景

黄文所谓"思想脉络"（ideological context），其实就是原创者和诠释者各自的"思想语境"或"思想背景"的意思。黄文举例说：

> 拙著①第5章探讨中日韩各国佛门人士采取"由佛显儒"与"在佛摄儒"之解释策略，对儒家仁学所提出的新诠。佛门中人以"慈""戒定慧""此心之性真"等佛教思想重新解释儒家"仁"学之涵义，达到移花接木、偷龙转凤之诠释效应，这是在不同的思想脉络中的转换。

这种"思想脉络"——思想背景，其实是指的某种思想学术传统。"由佛显儒"或"在佛摄儒"所涉及的是儒学与佛学这样两大思想学术传统。实际上，自唐代以来，儒学的诠释，包括宋明理学，无不具有佛学的背景。而近代以来的儒学，例如现代新儒学，则无不具有西方学术的背景。20世纪以来的所谓"东亚儒学"亦然，例如黄文的思路，基本上就是伽达默尔"哲学诠释学"（die philosophische Hermeneutik）的路数。

要注意的是，这里所谈的不同学术传统之间的转换，就其实质而论，并非空间上的横向差异，而是时间上的纵向差异。与下文的横向的"空间脉络"不同，这里的"思想脉络"主要是纵向的时间维度上的转换。这就是黄文所讲的对"先前的"权威的批判或挑战：

> 东亚儒家经典解释者，对于先前的"诠释的权威"的批判或挑战，常常是通过自己思想体系的网络的筛选而完成的。在这种筛选过程中，自己的意见常自成段落，朱子就常以"愚按"起首表述己见。18世纪朝鲜丁茶山（1762—1836）在《论语古今注》中对朱注提出批判。我过去的研究曾指出：丁茶山对"克己复礼为仁"一语的解释，对朱子学既因袭而又创新。

---

① 黄俊杰：《东亚儒家仁学史论》，台湾大学出版中心，2017年。

在"己"与"心"之二分以及"道心"之优位性,以及"克己"即为"复礼"这两项命题之上,完全循朱子之思路。但是,丁茶山在社会脉络与伦理脉络中掌握朱子的仁学,则与朱子特重"仁"之本体论意涵极不相同。

这里所谓"自己思想体系的网络",所谓"社会脉络""伦理脉络",其实皆属所谓"思想脉络"——思想背景。这里提到的朱熹"表述己见"、朝鲜丁茶山"对朱注提出批判",乃至黄文还谈到的"'一'与'多'的脉络""'同'与'异'的脉络",都是纵向的时间维度上的"脉络性转换"。这里显然存在着这样一种决定关系:

思想背景→诠释者→新诠释

在笔者看来,这里最值得注意的是"脉络的转换",即语境的转换,或曰思想背景的转换。然而问题在于:思想背景为什么会发生转换?这是黄文未能涉及的思考层次。其实,上述关于纵向的时间维度的分析已经表明:所谓"思想脉络"——思想背景的转换,学术传统的转换,本质上是时代的转换(the change of the times)。

黄文自己也曾提及"时代背景":"当孔子提出'克己复礼为仁'说之后……中国古代儒家学者各自怀抱着自己的思想立场与时代背景,面对'克己复礼为仁'这项命题进行解释。"黄文自己也注意到"解释至少受到以下两个因素的制约",其中首先就是"时代氛围的浸润"。确实,一部儒学诠释史的背景,乃是一部社会发展史。这是目前的"东亚儒学"研究中所存在的一个薄弱环节,乃至于是一个盲点。我们来看下面这个图表:

社会时代		历史时代	儒学典型形态	生活方式
王权社会		商周	原典儒学(六经)	宗族生活方式
第一次社会大转型		春秋战国	孔孟儒学	生活方式转换
皇权社会	帝国前期	自秦朝至唐朝	汉唐儒学	家族生活方式
	帝国后期	自宋朝至清朝	宋明儒学	
第二次社会大转型		近代以来	近代以来的儒学	生活方式转换
民权社会				个体生活方式

这个图表大致表明了思想背景转换与社会形态转换特别是生活方式转换之

间的关系。有怎样的生活方式，就会有怎样的社会形态，也就会有怎样的学术形态，从而也就会有怎样的一种作为主体性存在者的原创者、诠释者，也就会有怎样的一种作为对象性存在者的经典、诠释。

目前为止的所谓"东亚儒学"，当其指研究的对象——儒学诠释史的时候，主要与表中的"宋明儒学"和"近代以来的儒学"这两种儒学形态相对应；而当其指研究的模式——诠释学模式的时候，则基本上属于"近代以来的儒学"形态。

2. 空间脉络：地域背景

上述纵向的时间维度的背景转换，却会体现在横向的空间维度的背景转换上，因为社会的发展、时代的转换在不同地域间的呈现是有先后差异的。上文谈到现代儒学的西方学术背景，表面上看来是"中—西"的关系，而实质上却是"古—今"的关系。所谓"西学东渐"的缘由，不外乎是因为在"走向现代性"这个问题上，西方走在了东方的前面。今日中国大陆儒学界的许多思想混乱，都是由于将"古—今"问题错看作"中—西"问题了，甚至是"以'中西之异'来掩盖'古今之变'，以抗拒'西方'的名义来抗拒现代文明价值"①。

黄文所谓"空间脉络"（local context），更确当的译法应当是"地域语境"甚或"地域背景"。黄文举例说：

> 朱子《仁说》东传日韩之后，深深浸润在实学精神的日韩异域儒者，解构朱子学的形上学与宇宙论之基础，而在日用常行或政经措施中赋朱子仁学以新义。日韩儒者也在"功效伦理学"脉络中重新解释中国儒家"仁政"之意涵。这是在不同的空间脉络中的转换。

这里谈到的在空间地域意义上的韩国和日本对中国儒学的诠释，本质上仍然是时间维度的体现：大致来说，在中国的帝国时代，中国的文明程度比韩国和日本的文明程度更高，日、韩是在学习中国。当然，近代以来，这种状况逐渐发生了转变。例如，日本明治维新的成功使得日本在文明程度上走在了中国的前面，于是中国出现了大量的留日学生，现代汉语中大量的词汇都是经由日本而输入中国的。所以，东亚儒学可以分为两段：帝国时代的东亚儒学；现代

---

① 黄玉顺：《大陆新儒家政治哲学的现状与前景》，《衡水学院学报》，2017年第2期。

的东亚儒学。

黄文谈道:"儒家经典及其价值理念原生于中国文化的土壤之中,深具中国文化之特质,一旦传播到异域,异时异地的解读者,必须'读入'具有'时间特色'(time-specific)与'空间特色'(site-specific)的社会文化因素,才能使经典中的价值理念融入并'风土化'于传入地。"但据笔者的上述分析,这里的"空间特色"本质上仍然主要是"时间特色"。"异地""异域"的韩国、日本,其所在的社会历史的时代与时期与中国是不同的;这种"异时"的生活方式所产生的韩国儒者、日本儒者,也是与中国的儒者不同的。儒家经典的中国原创者,与韩国、日本的诠释者,他们之间之所以不同,主要是由于他们所处的社会时代或历史时期的不同,而表现为生活方式的不同。这是属于下文所要分析的生活儒学的诠释观念的问题。

三、生活儒学的诠释观念:前主体性诠释

上文分析了"东亚儒学"主体性诠释模式所存在的问题。现在我们尝试提出一种"前主体性诠释"(pre-subjective interpretation)。

(一) 海德格尔与伽达默尔的诠释学思想

在此,我们应当讨论一下"语境"(context)这个词语的用法。"语境"本义是指由若干陈述所组成的文本(text)环境,这是狭义的"诠释"(interpretation)或"诠释学"(hermeneutics)的对象;但自海德格尔、伽达默尔以来,"语境"获得了"存在"(Sein)的意义,具有了存在论上的(ontological)、存在者层次上的(ontic)优先地位。[1]伽达默尔发挥海德格尔的思想,建立了他的哲学诠释学。黄文完全接受了伽达默尔的诠释观念,认为:"伽达默尔所说的完全可以在儒家'仁'学诠释史上获得证实。"

这里涉及的最重要的思想背景乃是海德格尔所提出的"存在论区分"(der

---

[1] Martin Heidegger, *Being And Time*, Translated by Joan Stambaugh, Albany: State University of New York Press, 1996, pp. 7-12.

ontologische Unterschied），即对"存在"（Sein ／ Being）与"存在者"（Seiendes ／ beings）的区分；同时还涉及"存在"与"生存"（Existenz ／ existence）的关系、"生存"与"此在"（Da-sein）的关系。这是海德格尔前期代表作《存在与时间》的基本思想，我曾做出过大致的评析：

> 海德格尔在这个基本问题上其实是自相矛盾的：一方面，存在是先行于任何存在者的，"存在与存在的结构超出一切存在者之外，超出存在者的一切存在者状态上的可能规定性之外"，那么，存在当然也是先行于此在的，因为"此在是一种存在者"；但另一方面，探索存在却必须通过此在这种特殊存在者，即唯有"通过对某种存在者即此在特加阐释这样一条途径突入存在概念"，"我们在此在中将能赢获领会存在和可能解释存在的视野"。如果这仅仅是在区分"存在概念的普遍性"和我们"探索""领会""解释"存在概念的"特殊性"，那还谈不上自相矛盾；但当他说"存在总是某种存在者的存在"，那就是十足的自相矛盾了，因为此时存在已不再是先行于任何存在者的了。①

具体到海德格尔、伽达默尔的诠释学思想，我做出过这样的评析：

> 海德格尔所说的"此在的生存"，即人的存在，这是一种存在论现象；此在的这种生存活动带有一种"先结构"，它使"此在"即人的诠释活动带有一种"前判断"或者"先见""偏见"，这就意味着"此在的有限性"，乃是诠释活动的存在论基础。……"前结构"或"先见""偏见"会在诠释活动中被暴露出来而被反思，使我们意识到其局限性，进而使之与实际生活境况相调适，最终达至"视域融合"而生成一种作为诠释结果的新的意义。因此，诠释活动并非一个单向的线性序列，而是一个双向的调适过程。这样的诠释观念不仅在认识论的层面上解释了作为诠释结果的意义生成何以可能，而且在存在论的层面上解释了作为"能在"的此在"去存在"的可能性何以可能。……
>
> 但是，在我看来，海德格尔无法回答一个问题：此在的可能性之展开，意味着已经"溢出"了、"超越"了原来既定的那种"被抛"的"所

---

① 黄玉顺：《生活儒学关键词语之诠释与翻译》，《现代哲学》，2012年第1期。

是",也就意味着不仅已经超出了此在原来的那个"前判断",而且已经超出了此在原来的生存及其"前结构",即已经超出了诠释活动的生存论基础;那么,这一切是何以可能的?换言之,这个"溢出"的部分是从哪里来的?哲学诠释学将此解释为"视域融合",即理解为此在的生存与生存之外的存在之间的一种融合。正因为如此,海德格尔才严格区分"生存"与"存在"。然而这样一来,存在是在生存之外的事情,犹如天堂是在生活世界的彼岸,那么,此在又如何能超出自己的生存而去追寻存在?①

大致来说,从海德格尔到伽达默尔的诠释学,确实是人类诠释观念的一次巨大飞跃,突破了轴心时期以来的许多基本观念;但与此同时,我们必须认识到,这种诠释观念仍然还是不够透彻的,其对轴心时期观念的突破还是有限的。

(二)生活儒学的诠释观念

今天的哲学思想前沿,首先是要追问:主体性本身何以可能?进而,因为主体不过是一种存在者,所以我们就要追问:存在者何以可能?所谓"解构"并非简单的否定、抛弃,而是将主体性存在者"还原"到存在,从而理解、解释、"重建"主体性存在者。

生活儒学②正是这种前沿观念的儒家表达,意在突破两千年来传统哲学的"形上—形下"观念架构,揭示作为一切存在者之本源的存在——生活。生活儒学所讲的"生活"即是存在(Being),但不是只能通过"此在"之"生存"才能通达的"存在"。唯有如此,才能给出新的存在者,包括形上的存在者、形下的存在者,也包括"此在"那样的存在者;唯有如此,才能重建形上学、形下学(sub-metaphysics),使儒学能真正有效地切入现代社会生活。

---

① 黄玉顺:《"直"与"法":情感与正义——与王庆节教授商榷"父子相隐"问题》,《社会科学研究》,2017年第6期。
② 关于"生活儒学",参见黄玉顺《面向生活本身的儒学——黄玉顺"生活儒学"自选集》(文集),四川大学出版社2006年版;《爱与思——生活儒学的观念》(专著),四川大学出版社2006年版及四川人民出版社2017年增补本;《儒家思想与当代生活——"生活儒学"论集》(文集),光明日报出版社2009年版;《儒学与生活——"生活儒学"论稿》(文集),四川大学出版社2009年版;《生活儒学讲录》(文集),安徽人民出版社2012年版;《从"生活儒学"到"中国正义论"》(文集),中国社会科学出版社2017年版。

哲学只不过是将生活中的生活感悟加以形而上学化，诚如黄文所说："例如朱子的《仁说》将先秦孔门所揭橥的以'爱人'的'仁'之义，提升到作为'爱之存在的存在性'①（用牟宗三先生之语）的'爱之理'，从而将'仁'提升到宇宙论与本体论的高度。"前哲学的生活感悟的哲学化，是一个无休止的过程，因为作为生活的显现样式的生活方式的发展转换是一个无休止的过程，由此而有哲学史，包括儒家哲学史。

就诠释学问题而论，经典的原创者、诠释者是主体性存在者，经典、经典的诠释是对象性存在者，即都是存在者，而不是作为本源的存在。存在即生活；而一切存在者，包括经典的原创者、经典、诠释者、经典的诠释，都是由生活给出的。这里的生活包括诠释活动；或者说，诠释活动是生活的一种显现样式。按照生活儒学的观念，不是作为主体的诠释者通过对作为客观对象的经典的诠释而生成了诠释结果，恰恰相反，是作为存在或生活的诠释活动生成了诠释者（新的主体）、经典（新的客体）及其诠释结果（客体）。这样一种诠释观念，下文还将更进一步展开。

黄文引过王阳明的一段话：

> 平生于朱子之说，如神明蓍龟，一旦与之背驰，心诚有所未忍，故不得已而为此。……盖不忍抵牾朱子者，其本心也；不得已而与之抵牾者，道固如是，不直则道不见也。执事所谓决与朱子异者，仆敢自欺其心哉？夫道，天下之公道也；学，天下之公学也：非朱子可得而私也，非孔子可得而私也。天下之公也，公言之而已矣。故言之而是，虽异于己，乃益于己也；言之而非，虽同于己，适损于己也。益于己者，己必喜之；损于己者，己必恶之。然则某今日之论，虽或于朱子异，未必非其所喜也。……某虽不肖，固不敢以小人之心事朱子也。②

其实，王阳明所秉持的"道"或"天下之公道"，不过就是那个时代的人们在共同生活中的某种共通的生活感悟被形而上学化。王阳明所谓"龙场悟道"，所悟即在于此。唯因生活方式的转换，乃有生活感悟的转换，于是才有

---

① 牟宗三：《心体与性体》，台北正中书局，1971年，第3册，第244页。
② 王守仁：《传习录中》，见《王阳明全集》，吴光等编校，上海古籍出版社，1992年。

对"道"的历代不同的言说,才有所谓儒学史、儒家经典诠释史。

黄文写道:"解释者在不同的程度上都是时代思想氛围的产物,他们对经典中的核心价值提出新解时,他们都不能随心所欲地创造,都不免时时受到他们身处的时代思想氛围的影响。……思想家在他们所身处的时代氛围以及先行思想中进行创新。"所谓"时代思想氛围的影响",其实就是生活对主体——诠释者的决定作用;诠释者的主体性乃是这种"时代思想氛围"的产物。

黄文引用过程颐的一句话:"如读《论语》,未读时是此等人,读了后又只是此等人,便是不曾读。"①对此,黄文的理解是:"经典研读最重要的目的,并不是在于经典文义的解明,而是在于经典阅读者受到经典的感召,而将经典中的价值理念含纳入自己的身心之中,并使自己的精神与生命境界获得提升。"其实,程颐是在说读者、诠释者应当在阅读活动、诠释活动中获得新的主体性,从而成为一个新人。那么,对于这个新的主体性存在者的生成来说,这种阅读活动、诠释活动就是前主体性的本源存在。

黄文举过一个例子:"朱子《仁说》东传日韩之后,深深浸润在实学精神的日韩异域儒者,解构朱子学的形上学与宇宙论之基础,而在日用常行或政经措施中赋朱子仁学以新义。"黄文是以此论证诠释者的自由,但在笔者看来,如果说自由意味着主体性,那么,这种"自由"首先源于其"不自由",因为诠释的"新义"固然来自诠释者的主体性,但最终却来自他们的"日用常行或政经措施",即他们的生活实践及其生活感悟。

笔者注意到黄文的"解释者个人的生命体验"的说法:"儒家经典解释者每一次所提出的新解释,都是一次的再创造,而且这种再创造是通过解释者个人的思想系统或生命体验而完成的";他们"通过他们各自的思想体系或生命体验而对'克己复礼为仁'说提出解释,也可以说,他们都是通过自我理解而理解孔子"。"儒家读经不仅读之以口耳,更读之以身心,他们将个人的生命体验读入经典之中,并取经典中的价值理念与命题而与自己的生命历程相印证。因为每一位解读者的学思历程与生命体验各不相同,所以,他们所开发的经典新诠亦多元多样。"这其实还是一种主体性陈述:似乎先有一个既成的作为主体性存在者的解释者的存在,然后他获得自己的生命体验,再根据这种体验来

---

① 转引自朱熹《论语序说》,收入《四书章句集注》,中华书局,1983年,第43页。

诠释经典。这仍然是主体先行的思维模式。生活儒学的观念有别于此,而是认为:所谓"生命体验",其实就是"在生活"之中的"生活感悟";这种生活感悟使得旧的主体性变为一种新的主体性、新的自我。对于诠释活动来说,诠释者通过诠释活动而获得新的感悟、新的主体性、新的自我;同时,经典也通过诠释活动而获得新的意义、新的对象性。

(三) 前主体性诠释的观念

以上讨论,实际上已提出了生活儒学的诠释模式:前主体性诠释。

黄文将诠释过程理解为一种对话过程:"经典诠释活动是经典中的普世价值与时间/空间特性的互动之过程,更是一种作为主体的解释者与作为客体的经典文本的对话过程。"笔者也曾撰文讨论过对话模式问题。黄文的主体性诠释模式,类似哈贝马斯(Jürgen Habermas,1929—)的主体性对话模式(subjective paradigm of discussion),两者本质上是一致的。笔者在评论哈贝马斯"对话伦理学"①(ethics of discussion)(亦译"商谈伦理学")的时候,曾经提出:必须超越主体性范式,甚至超越主体间性范式,达到前主体性范式(pre-subjective paradigm)。②

黄文提到孟子所讲的"以意逆志"(《孟子·万章上》):"孟子说解读《诗经》应'以意逆志,是为得之',朱子解释'以意逆志'的'逆'字说:'逆者,等待之谓也'③,或不免稍嫌消极。19世纪日本儒者西岛兰溪(1780—1852)说:'心无古今,志在作者,而意在后人,由百世下,迎溯百世曰逆,非谓听彼自至也'④,其所较贴近孟子'以意逆志'之原意。"

这样理解是不准确的。赵岐《孟子注》已明确指出:"志,诗人志所欲之事;意,学者之心意也。……人情不远,以己之意逆诗人之志,是为得其实

---

① 哈贝马斯:《对话伦理学与真理的问题》,沈清楷译,中国人民大学出版社,2005年。(L'Éthique de la Discussion et la Question de la Vérité. Éditions Grasset & Fasquelle, 2003.)
② 黄玉顺:《前主体性对话:对话与人的解放问题——评哈贝马斯"对话伦理学"》,《江苏行政学院学报》,2014年第5期。
③ 《朱子语类》,黎靖德编,收入《朱子全书》,上海古籍出版社,2002年,第14册,卷十一,第336页。
④ 西岛兰溪:《读孟丛钞》,收入关仪一郎编《日本名家四书注释全书》,东京凤出版,1973年,第十三卷,第354页。

矣。""志"指诗人的情志，这是诗学的常识，如毛亨《诗大序》所说："诗者，志之所之也：在心为志，发言为诗；情动于中，而形于言。"①所谓"逆"，孙奭解释为"求"或"逆求"（迎求）："以己之心意而逆求知诗人之志"；"以己之意而求诗人志之所在"。（《孟子注疏·万章上》）由此可见，所谓"以意逆志"是说：读者或诠释者通过读诗，以自己的心意去求取诗人的情志。

显然，这并不是"六经注我"的态度，是一种"我注六经"的客观主义表达。由此可见，"以意逆志"并非孟子关于诠释的最深刻的论说。

孟子关于诠释的代表性论说如下：

> 孟子谓万章曰："一乡之善士，斯友一乡之善士；一国之善士，斯友一国之善士；天下之善士，斯友天下之善士。以友天下之善士为未足，又尚论古之人。颂其诗，读其书，不知其人，可乎？是以论其世也。是尚友也。"（《孟子·万章下》）

这里的"尚友"，其实就是主体间性的问题：孟子先讲的是共时性的（synchronic）主体间性，即尚友同时代人；然后再讲的是历时性的（diachronic）主体间性，即尚友古人。后者直接涉及诠释——对经典的理解与解释的问题，给出了这样一个过程：

论其世→知其人→颂其诗，读其书

所谓"颂其诗，读其书"，就是阅读、诠释；而要理解和解释作为客体的诗书，前提是要理解作为创作主体的作者，即"知其人"；而要理解作者这个主体，前提则是要理解他的生世、生活，即"论其世"，因为"其人"是由"其世"生成的：

世（生活）→ 人（作者）→ 诗书（经典）

这里还只涉及经典的原创者的主体性何以可能的问题，此外还有经典的诠释者的主体性何以可能的问题。笔者曾专文讨论过这个问题，将孟子的诠释思想归纳为：既非"我注六经"，亦非"六经注我"（陆九渊语），而是"注生我经"——正是作为存在或生活的诠释活动"注"，同时生成了作为主体的诠释

---

① 《毛诗正义·关雎·序》，《十三经注疏》本，中华书局，1980年。

者"我"、作为客体的经典"六经"。①

"我注六经"是一种经验论的诠释观念,"我"是主体,"六经"是客观对象,"注"是一种经验活动;而"六经注我"则是一种先验论的诠释观念,"六经"的客观性被解构了,被纳入先验主体性的"我"之中,恰如胡塞尔悬搁了外在的客观实在,将其纳入内在的纯粹先验意识之中。这两种传统观念的共同之点,就是主体性的优先地位。而"注生我经"则解构这种主体性,还原到作为存在或生活的一种显现样式的注释活动,由此重建主体性——建构新的主体性。在"注"的活动中,诠释者作为一个新的"我"、新的主体生成了;同时,经典的新义作为一个新的"经"、新的客体生成了。对于新的主体性来说,"注"是在先的存在活动,这就是"前主体性"的意谓。

总而言之,"东亚儒学"的经典诠释,尽管接受了海德格尔和伽达默尔的诠释学,但仍然没有超越传统的主体性诠释模式。在这种模式下,不论是原创者与其经典,还是诠释者与其诠释,都是"主—客"关系。这种主体性诠释模式必然面临"认识论困境",导致存在本源的遮蔽,因为它不能回答"存在者何以可能""主体性何以可能"的问题,即不能真正理解和解释原创者本身及其经典、诠释者本身及其诠释的生成。值得注意的是"诠释脉络"的概念,它已经接近于本源的观念。一切存在者的本源,就是存在或生活。因此,可以提出一种"前主体性诠释"模式,即把诠释活动视为前主体性、前存在者的存在,正是这种活动给出了新的主体与对象,即诠释者及其诠释。这种模式基于生活儒学关于存在即生活的本源观念,由此真正彻底地回答原创者及其经典、诠释者及其诠释何以可能的问题。

(本文原刊于《哲学研究》2019 年第 1 期)

---

① 黄玉顺:《注生我经:论文本的理解与解释的生活渊源——孟子"论世知人"思想阐释》,《中国社会科学院研究生院学报》,2008 年第 3 期。

普遍伦理与东亚文化

彭永捷

（中国人民大学哲学院教授）

自从 1993 年世界宗教大会发布《走向全球伦理宣言》以来，全球伦理、世界伦理、普遍伦理或普世伦理的问题得到了国际社会的广泛关注，其影响并不限于宗教界。本文将试图探讨普遍伦理成立的前提、普遍伦理与非西方文化（在此尤其关注东亚文化）的关系、普遍伦理与孔子恕道之间的关系三个问题。

一、普遍伦理成立的前提

"天下同归而殊途，一致而百虑。天下何思何虑？"这句出自《易传》的古老格言，似乎也可以用作对当今的普遍伦理的讨论和制定的准确描述。现实世界中文化与价值的存在形态无疑是"殊途"和"百虑"，而我们坚信似乎可以从丰富多彩的价值与信念形态中，通过对话、沟通与归纳，找到一个可以"同归"和"一致"的价值与规范，从而实现"道通为一"的价值预期。1993 年由联合国教科文组织（UN-ESCO）"世界伦理计划"（universal ethics project）讨论并着手起草并在芝加哥举行的世界宗教大会（Parliament of the World's Religions）上提出的《走向全球伦理宣言》（"Declaration toward a Global Ethic"），对"世界伦理"作了如下界定："所谓世界伦理'，我们并不是指一个世界性的意识形态，或者一个'单一的统一宗教'超越所有现存的诸宗教，更不是指其中一个宗教宰制所有其他宗教。我们心目中的世界伦理是指，有约束力的价值、不可取消的标准，以及个人态度的基础共识'。没有这样的对于世界伦理的基础共识，迟早每个社团会被混乱或专制所威胁，而个人也会绝望。"然而，上述预设的观念也并非不可置疑：即使我们不必从世界观（对世界本来状况的力求客观的描述）和价值论（多样性中应该具有终极的统一性）上怀疑在"分殊"的多样性中存在"理一"的统一性，我们有必要去寻找和制定出一个作为指导人类的最低限度共识的普遍的伦理价值和规范吗？在一个国家、民族、种族等团体内部，尚且因为种种因素导致价值的差异甚或冲突，我们有足够的理由和把握要求整个人类作为一个统一的主体来认同和遵循一些共同的价值和信念吗？人类当然不是一个个孤立生活的个体，但人类在交往中所形成的一些共同的价值观念以及各种价值观念的融合，大体上是延续一种自发的过程（或以各自发展，或以平缓渗透，或以激烈冲突的方式融合），在我们当今的时代，我们把这一过程变成一个自觉的（有意识地交流、讨论和制定）的过程，其根据又焉在？这一自觉过程是人类文明或进步的一种表现吗？以上种种疑问，都在质疑着普遍伦理成立的前提是什么。

对于普遍伦理成立的前提，学术界的朋友们多从普遍伦理成立的可能性方面加以讨论，理由大体上可以归结为三个方面。一是人际交往的全球化。自从14、15世纪开始的地理大发现把地球上的几块大陆联系在一起开始，地球上的各个文明就不再是平行地独立发展，而是处于一个相互联系和影响的过程之中。随着交通的便利、信息社会的来临，地球村逐渐形成，人类日益形成一个统一的整体。二是经济的全球化。交通、信息技术和设施的飞速发展为全球化提供了物质手段，经济和贸易则为全球化提供了巨大的需要和推动。三是资本与文化扩张的全球化。伴随着资本扩张，西方发达国家的文化和价值观也作为成功和文明的典范而向全球进行扩张。

这些关于普遍伦理何以可能的讨论，并不能给普遍伦理提供一个具有说服力的前提。人际交往的全球化和经济的全球化，虽然可以促进全球文明的接触、交流、对话、融合，但并不能使这一全球价值观的变迁过程由自发走向自为。伴随着资本扩张而来的文化扩张，更使普遍伦理的成立面临着挑战，在西方文化中心主义主导下的普遍伦理更引起是"谁之普遍伦理"的诘问。如果仅仅从全球化方面来考虑，普遍伦理本身显得可有可无而并不非常必要，普遍伦理的意义也将模糊不清。

到底是什么使得普遍伦理成为必要？或者说，是什么因素使得以国家、种族、民族、宗教、语言等划分开来的人群有必要制定并尊奉一种作为多元文化必要补充的价值和规范？这种情况的发生有赖于存在着一个所有人群所共同面对的对立的方面。生活在多元文化中的人群，处于一个文化体系与其他多个文化体系的对待之中，亦即处于一元与多个一元之中，唯有与所有诸多一元文化共同对待的事物才有可能使我们把诸多一元结合在一起来做统一的考察。在当今时代，"献其否以成其可"的对待方面，是我们取得引以为荣的巨大科技与经济成就的伴生品——全球性问题。人类在经济全球化、交往全球化的同时，也在制造着全球性问题，这些问题不仅在范围上超出了原来的区域性质，而且在深度上已经严重威胁到了人类的生存，并且至今仍有加重的趋势。这些问题的解决，大都依赖于全球各方的普遍参与，同时也产生了普遍性的伦理约束的需要（当然，伦理约束只是一个方面，问题的解决更有赖于更有约束力的国际公约）。不仅如此，还应该看到，虽然性善论的理论假设有助于道德可能性之成立，但在现实世界里，人类在应对全球性问题的种种表现足以使人类自身难堪。早在几十年前，全球性问题所带来的威胁与危机刚露苗头之时，有识之士就已郑重警告全球人类，但是人类在演进过程中建立起来的根深蒂固的进步观念、科技霸权、无限索取财富的欲望，使人们要么回避正在迫近的危险，要么置若罔闻。所有这些"可能"在几十年后变成令人恐怖的现实，人类正面临着毁灭自身的真实威胁时，人类才开始正视这些问题。然而时至今日，我们所做的努力还远远不够。

在对普遍伦理成立的前提有了清醒的认识之后，我们依据这一前提，有针对性地检讨普遍伦理所要处理的问题和方向。可以说，普遍伦理的讨论之所以受到世人的关注，一个重要的原因就在于其普世性能够满足对治全球性问题的要求。普遍伦理并不是要漫无目的地建立普世价值，而是时刻带着回应、化解全球性危机的问题意识而展开的。普遍伦理的讨论和制定不应该只是简单地去寻找全球各个文明或文化系统中都存在并被参与这种讨论的对话者所肯定的共同价值，而是从全球文化中寻找资源，并通过广泛的参与而共享资源，共同求解并通过行动来化解日益加重的全球性问题，引导人类走出困境。由此，我们再对普遍伦理的普世性加以重新理解，普世的含义不局限于普遍的认同（作为文化传统在过去的认同和作为现代文化的构成部分为当代所认同），而是在于对治普遍性问题的规则与方法的普遍性。正如许多中国学者所强调的，它应起到"底线伦理"的作用。

　　基于上述考虑，普遍伦理的内容应该包含三个方面。一是建立对话机制所必须遵循的原则（例如平等、宽容、有效）。认同问题同样至关重要，没有平等的对话就没有广泛的参与，没有广泛的参与和普遍的认同，普遍伦理就失去了其普遍性品格。二是向全球各方文化系统中寻找有益的资源。这些资源未必是普遍具有的或同样受到各个文化系统所重视的。三是在前两者的基础上，还要有新构思、新见解、新解释、新创造。普遍伦理不能只是对已有文明成果的综合，它本身也应当是对已有文明成果的一种超越。可以说，普遍伦理是人类运用共同的智慧来对人类所创造的文明进行自我治疗，对于一些缺少这些文明要素的文化体系来说，它必须是带有伦理的强制性的。

二、普遍伦理与东亚文化

　　在普遍伦理的讨论与制定过程中，以何种价值和理念作为普遍伦理的内容，是一个并不容易解决的问题。人类文明本身的病症在普遍伦理的形成过程中，同样起着病态的制约作用。近代以来世界文化格局中形成的西方中心主义，在普遍伦理的重要讨论中都引起非西方文化界的反驳。然而，近代以来，西方文化凭借着西方工业化和现代化的领先地位，在某种意义上一直扮演着全球范围内的普世文化的角色。现代化，在很长时间里被习惯性地理解为西方化，至今这种理解仍有相当影响。西方文化，在当今世界的文化格局中，仍然作为强势文化而发挥着作用。在此种情况下，包括东亚文化在内的非西方文化，如何在普遍伦理的制定中发挥作用，其发挥作用的理据又何在，东亚文化有无参与的理由与机会？这些问题无论是对于东亚文化，还是对于普遍伦理，都是极有意义的。

　　东亚文化参与普遍伦理的形成，不能无视西方文化属于强势文化这一事实。西方社会由于其发展的领先性，使得西方国家在人类发展的路途中居于

"领头羊"的地位。可以说，西方发达国家所思考的问题，既是西方国家自身的问题，同样也是人类共同的问题，这些问题在后发展国家的发展过程中早晚都会遇到。后发展国家所思考的问题，则不具有此种普遍性，它只是相对于该国自身或处于同一发展阶段的国家或发展更为落后的国家才有一定的普遍意义。西方文化也具有类似的性质。全球性问题的出现，却提供了历史机遇，将使这一状况有可能从根本上加以改观。

首先，这里所遇到的问题是全球性的，不论是发达国家还是发展中国家，都面临着共同的问题，都必须对此问题作出回应，都必须思考问题的化解之道。

其次，当前的全球性问题，正是近代以来西方文化所引发的严重后果之一，可以说，西方文化作为"领头羊"，它所带领的道路存在着问题，这只"领头羊"成了"迷途的羔羊"。历史是无法改变的，人类不可能再退回去重新选择。但人类还有机会再次选择。人类向哪里去，如何才能走出困境，哪里才是光明之域，人们仍在求索之中。由此产生的对于单一发展模式以及单一文化价值的怀疑是必然的。人们现在不得不把眼光放得更加宽广、更加长远。共同的问题，使得全球各方不得不居于同一起跑线上，首次平等地探讨求解的良方。在全球性问题面前，全球化趋势不仅不能取消各个民族文化存在的根据，而且还恰恰凸显了文化多元主义的意义。丰富多彩的各种文化不仅提供了丰富的文化资源，而且还可以避免单一价值与单一发展模式造成的缺少参照而积重难返的弊病。

东亚各国先后经历或者正在经历一个从传统到现代转型的过程，东亚的经济成就对世界经济的发展作出了贡献，我们期望，东亚的文化也能够为世界作出贡献。东亚是人类文明的重要发祥地之一，具有古老的文明和悠久的历史传统。东亚曾经创造了世界上最辉煌的文明成果。东亚的古人曾经为人类文化作出了了不起的贡献，现代的东亚人也应当发挥文化创造活力，为人类作出更多的贡献。

为世界文化作贡献，既是能力的问题，同时也是机遇的问题。近代以来的东亚社会就没有这样的机会。在近代化和现代化的转型过程中，东亚所解决的问题对于世界来说并不具备普遍意义。全球性问题的解决，为东亚提供了这样一个参与机会。这个机会是难得的，也是易逝的。面临日益严重的生存危机和发展危机，西方文化也在进行自身的反思，并借鉴其他文化资源，求索化解之道。西方文化一旦完成它的转型和调适，由于它仍然保持着的强势地位，它不会再给西方以外的文化以任何机会。

对于非西方文化来说，这个机会意味着什么？它的意义在于促进人类顺利化解全球性问题所带来的生存和发展困境，在于为人类在现在和未来的发展奠定良好的基础，做出健康、合理的选择，更在于使非西方文化由世界文化的边缘参与到世界文化体系中去，并有可能超出价值批判的范围而从全球文化生态上改变西方文化中心主义的片面状况。

三、普遍伦理与和立、和达原理

东亚能为普遍伦理提供什么？在诸多讨论中，东亚文化强调和谐的思想得到了广泛重视。东亚文化有着重"和"的深厚传统，如儒家、道教的"天人合一"观念，朝鲜半岛传统文化中的"风流精神"。

在普遍伦理的讨论中，佛教的基本戒律、孔子的"己所不欲，勿施于人"，都被当作普遍伦理的基本原则或基本内容。在最近的讨论中，孔子的"忠恕之道"与普遍伦理的关系，也受到了高度的重视。

何谓"忠恕之道"？在学术理解上存在着分歧。一种观点是将"己欲立而立人，己欲达而达人"作为"忠"，将"己所不欲，勿施于人"当作"恕"。另一种观点是将二者皆理解为"恕道"。我本人赞同后一种观点。因为"忠"是"尽己"，"恕"为"推己"，而上述两句均是推己。前者是推己及人，后者是推己自返。如何理解忠恕，并不是最为根本的问题。问题的紧要处在于，"己欲立而立人，己欲达而达人"，能否像"己所不欲，勿施于人"这条道德金律一样，作为普遍伦理的原则之一。有的学者认为"忠恕之道"（在第一种理解的意义上）是普遍适用的道德准则，有的学者则对"己所欲，要施于人"表示了审慎的态度。

无论是赞成还是反对，都注意到了"立人"与"达人"在实践上可能的后果。前者把孟子的"爱人者，人恒爱之"作为普遍真理，期望"立人""达人"

与自立、自达之间的良性互动。后者的担忧也不无道理,"立人""达人"背后涉及价值观的问题,在差异的价值观中,"立人""达人"带给他人的可能恰恰是损害,而且还容易为"强加于人"制造冠冕堂皇的借口。

这里恰好有一个与普遍伦理相关的例子可作注脚。在制定普遍伦理的讨论中,基督教希望与人分享上帝之爱,伊斯兰教希望与人分享真主之爱,所导致的价值观冲突尖锐。那么,在同一价值观内,"立人""达人"是否可以成立呢?这里还存在着个人意愿的问题。比如"博施济众",不可不谓之"立人""达人",但近代著名学者严复的反对理由仍然值得我们注意:"尝谓济人之道,莫贵于使之自立……""立人""达人"应当以不妨碍人之"自立"为前提,亦即需要以"己所不欲,勿施于人"作为约束性原则,才不会"强加于人",不妨碍他人的自由。

如何在消极限制之中发挥其积极意义,张立文教授的"和合学"对此有一新的富有创造性的解释,即把"己欲立而立人,己欲达而达人"解释为"己欲立而让人立,己欲达而让人达",反对在"己立""己达"时否定他人"立""达"的权利。这一建立在多元主义基础上的解释,对于化解人类面临的五大冲突是有积极意义的。

在探讨上述原则与普遍伦理的关系时,我们应注意到普遍伦理成立的前提。普遍伦理是针对全球性问题而成为必要的,它的主要任务是促进全球性问题的解决,并帮助人类从此困境中走出。那么"立人""达人"作为道德原则,其是否可作为普遍原理,与此息息相关。一方面,我们看到在此原则下,少数文化和价值观片面扩张以及在国际政治中的滥用所造成的许多严重后果。另一方面,对于促进全球性问题的解决而言,仅从消极限制的方面入手又是远远不够的。我们并不能肯定,现有文明成果中已经拥有了解决问题所需要的内容,因而并非仅仅找出这些存在于每个文化体系中的普遍原则和普遍内容就足够了。我们也不能肯定,那些并不普遍存在于所有文化体系中的合理内容不能普遍化,况且多元化的世界文化本身就为各个文化系统之间相互补充提供着可能。此外,由于价值观的差异以及个人偏好的差异,"己所欲"未必就是值得肯定的、积极的事物,"己所不欲"也未必就是值得否定、消极的事物。更为重要的是,"立人""达人"的原则,和"己所不欲,勿施于人"一样,在适用于公共事务时都有其局限性,二者适用于"私德"领域,而不完全适用于"公德"领域。"人人独善其身者谓之私德,人人相善其群者谓之公德,二者皆人生不可缺之具也。"(梁启超语)在私德领域,我们可以用"将心比心"的方法,从"己所欲"与"己所不欲"出发作出推度来帮助我们进行道德的选择。由于全球性问题所造成的危害是全球性的,全球性问题属于公德的论域,它排斥以个人偏好为出发点,这也就意味着,每个人相对于针对全球性问题而制定的必要的普遍伦理而言,无论是我们"所欲"还是"所不欲",都必须遵循普遍伦理的原则和规范,否则我们便是不道德的,因为相反的行为必须损害他人的生存和发展,而谁都没有这个权利。

(本文原刊于《伦理学研究》2004年第3期)

东亚价值及其世界意义

郭 沂

(韩国首尔大学哲学系教授)

近几个世纪以来,随着西方文明向世界各地的扩张和传播,民主、自由、平等、博爱等观念逐渐为不同文化圈的人们所接受。难道只有这些西方价值才具有世界意义吗?世界各大文明系统,不论是西方文明,还是其他文明,都是在漫长的历史中形成和壮大的,都有自己独特的风格、深厚的底蕴,都在不同文化领域揭示了人类价值。凭借率先实现现代化的优势,西方价值亦率先进入全球视野,而其他文明的世界价值仅仅初露端倪,还有待于进一步挖掘。因而,和其他文明一样,在全球化和现代化过程中,东亚文明也一定会为世界贡献具有世界意义的价值观。

中国传统文化是东亚文明的母体。我相信,在博大精深的中国传统文化中,具有世界意义的价值观不胜枚举,但要想从中选出若干最有代表性者,却并非易事,难免见仁见智。我认为,对最能反映东亚价值的思想文化体系加以提炼,是一条稳妥的途径。

我们常说五千年中华文明。从文化形态上,可以把这五千年一分为二。儒道释三足鼎立只是近两千年来的情况。在这之前的三千年中,《周易》传统则是中国人思想意识的代表。不仅如此,它还深刻影响着近两千年来中国人的思想世界。毫不夸张地说,对于中国人来说,《周易》实乃大道之源、文明之本。

这样,最能反映东亚价值的思想文化体系有四个,即易、道、儒、释。无疑,其中任何一个思想体系都博大精深,蕴含着丰富的价值理念,这就需要我们从中提炼出各自的核心价值。我个人的意见是，这四个思想文化体系的核心价值分别为：太和、自然、仁义、慈悲。这只是就四家的宗旨而言的，事实上这四种价值观也不同程度上为各家所共同拥有。

一、太和

"和"的本义是唱和之和。和者呼应唱者，已经包含着二者思想感情相协调一致的意味，很容易引申出应允和协作的意思，而由应允和协作，则自然可以引申为和谐。

"太和"则将和提升为宇宙法则，语出《周易》乾卦《象》传："乾道变化，各正性命。保合大和，乃利贞。首出庶物，万国咸宁。""大"，一本作"太"，二字相通。朱子《周易本义》曰："太和，阴阳会合冲和之气也。"阴阳为宇宙的两种基本性质和力量，因而太和是就宇宙法则而言的。在古代文献中，"和"有"会合"之义，尤其就阴阳二气的关系而言。如《礼记·郊特牲》"阴阳和而万物得"孔颖达疏："和，犹合也。""冲和"一语来自今本《老子》第四十二章："道生一，一生二，二生三，三生万物。万物负阴而抱阳，冲气以为和。"《说文》："冲，涌䍃也。"段玉裁注："䍃、摇，古今字。涌，上涌也；摇，旁摇也。"不同事物经过涌摇，则调和为一。这样一来，从朱子的解释看，太和包含两层含义：一是阴阳二气的会合、合一，二是阴阳二气的和谐、调和。因而，作为《周易》的核心价值，太和也相应地拥有两个基本内容：一是万物合一，包括天人合一、人神合一、物我合一、主客合一等等；二是万物和谐，包括人与自然的和谐、人与人之间的和谐、人内心的和谐等等。

众所周知，对立统一规律是西方辩证法的根本规律，认为任何事物以及不同事物之间都包含矛盾性，而矛盾双方既对立斗争又统一推动事物的运动、变化和发展。但从《周易》阴阳八卦观念所反映的中国辩证法看，任何事物以及不同事物之间都包含阴阳两种性质和力量，阴阳二气既和谐又统一推动事物的运动、变化和发展，所以这种辩证法可以称为"和谐统一规律"。

作为一种价值观，太和又承载着"和"字本身的内涵。首先是适中、恰到好处。《广韵·戈韵》："和，不坚不柔也。"《周礼·春官·大司乐》"以乐德教国子：中、和、祗、庸、孝、友"郑玄注："和，刚柔适也。"这个意义上的"和"后来被儒家称为"中节"，如今本《中庸》："喜怒哀乐之未发，谓之中；发而皆中节，谓之和。中也者，天下之大本也；和也者，天下之达道也。致中和，天地位焉，万物育焉。"

其次是不同事物相调适、协调，与之相对的概念是"同"。"和""同"之辨是春秋时期的热门话题，为学者广泛注意的是史伯和晏婴的说法。史伯之语见于《国语·郑语》："夫和实生物，同则不继。以他平他谓之和，故能丰长而物归之；若以同裨同，尽乃弃矣。"据《左传》昭公二十年载，晏婴以烹调喻君臣关系："和如羹焉……若以水济水，谁能食之？若琴瑟之专一，谁能听之？同之不可也如是。"他们都认为，"和"即不同事物和美整合，"同"是同一事物简单积累。后来，孔子进而将"和""同"引申为道德范畴："君子和而不同，小人同而不和。"（《论语·子路》）

二、自然

老子的最高概念是道，但道是以"自然"为法则的。他说："有状混成，先天地生，寂寥，独立，不改，可以为天下母。未知其名，字之曰道，吾强为之名曰大。……人法地，地法天，天法道，道法自然。"（郭店楚简本《老子》，本文以下所引《老子》皆见此本）这意味着"自然"代表道家的核心价值观。

"自然"一词，早已融入日常语言，但人们未必了解老子本义。朱骏声《说文通训定声》云："自，鼻也。……自之通训当为始，即本义之转注。"另外，《韩非子·心度》云："故法者，王之本也；刑者，爱之自也。"亦将"自"与"本"作为同义词。这就是说，"自"字由本义转注为本始、本初。"然"，王引之《经传释词》曰"状事之词也"，相当于今语"……的样子"。因此"自然"的本义为初始的样子、本来的样子、本然。老子之所以用"赤子""朴""素"等来形容"自然"，那是因为"赤子"乃人之初，"朴"为未加工成器的木材，"素"为尚未染色的白布。

老子主张，世间万物，包括人、地、天、道，都应"法自然"，即依其本性而存在。就人的精神状态而言，要保持虚静质朴。如《老子》说："致虚，恒也；守中，笃也"；"视素保朴"。就社会道德而言，要弃绝人为、谋虑等背离道、背离自然的因素，这样人民才能复归孝慈等传统道德："绝知弃辩，民利百倍；绝巧弃利，盗贼无有；绝伪弃虑，民复孝慈。"就政治而言，要无为而治："是以圣人居无为之事，行不言之教。万物作而弗始也，为而弗恃也，成而弗居。夫唯弗居也，是以弗去也。"圣人担当"无为"的事业，实施"不言"的教化。让万物自己兴起而不替它开始，有所作为而不自恃，有所成功而不自居。正因为他不自居，所以他的功名永存。如此，"太上下（不）知有之，其次亲誉之，其次畏之，其次侮之。信不足，安有不信？犹乎其贵言也。成事遂功，而百姓曰我自然也"。最好的政治，人民仅仅知道君主的存在而已；其次的政治，人民亲近并称誉他；再次的社会，人民惧怕他；更次的政治，人民轻侮他。怎么会有臣民不信任君主的事情发生？那是君主诚信不足的缘故。好的君主遇事前思后量，珍视诺言。事业成功了，而百姓们说，这就是我们本来的样子。在最好的社会里，人民之所以仅仅知道君主的存在而已，那是因为君主是依自然方式来治国的。如果百姓们说"我自然"，那么，这就是君主的成功。由此可见，不管君主，还是百姓，皆一如其本来的样子，这便是老子的政治理想。

后来，庄子在老子"自然"的基础上，特别突出精神的"自然"状态。这是一种比西方的个体自由更加根本的自由形式，即超绝的精神自由、生命自由。《庄子·应帝王》借无名人之口曰："予方将与造物者为人，厌，则又乘夫莽眇之鸟，以出六极之外，而游无何有之乡，以处圹垠之野"，"游心于淡，合气于漠，顺物自然而无容私焉，而天下治矣"。试想，乘上轻虚之鸟，飞出感官世界之外，游于任何东西都不存在的地方，处在毫无滞碍的天地，还有比这更自由的吗？在庄子看来，人之所以能够达到这种绝对自由的境界，是因为这种人能够游心于恬淡之域，合气于寂寞之乡，一切都顺其自然而无一点私心。"游心于淡"的"心"，一字道破这种自由是一种精神的自由、生命的自由。庄子用特殊的概念来表达这种绝对精神自由的观念。他有时称之为"无待"，有时称之为"彷徨"和"逍遥"，而更多的时候称之为"游"，这也是《庄子》首篇被命名为"逍遥游"的缘由之所在。

总之，作为一种价值观，"自然"表现为精神上的虚静、自由，道德上的纯真、纯朴，政治上的无为而治。

三、仁义

儒家的核心价值观，早在西汉时期董仲舒已经将之归结为仁义礼智信五常，但如若从中再加提炼的话，我以为非"仁义"二字莫属，《汉书·艺文志》"儒家者流……游文于六经之中，留意于仁义之际"的判断，十分确当。

孔孟都将"仁"解释为"爱人"。所谓"爱人"，即是对生命的热爱、珍惜与尊重。无疑，这是一种内心体验，所以孟子又说："仁，人心也。"（《孟子·告子上》）。

儒家强调爱有差等、推己及人。具体地说，仁包括三个由内及外的层面。一是对自我生命的珍惜与尊重，"志士仁人，无求生以害仁，有杀身以成仁"（《论语·卫灵公》）。贪生怕死看起来是保护生命，实际上是舍本逐末，是对生命的践踏与侮辱。因为生命的本质不在于躯体，而在于精神。因此，在必要的时候献上自己的躯体，才是对生命的真正珍惜与尊重，才是对仁的成全。二是对父母兄弟的热爱，"孝弟也者，其为仁之本与！"（《论语·学而》）三是对芸芸众生的热爱。"子贡曰：'如有博施于民而能济众，何如？可谓仁乎？'子曰：'何事于仁，必也圣乎！'"（《论语·雍也》）

如何才能为仁呢？在孔子看来，为仁之方就是以己度人、将心比心的心理过程。从积极的方面看："夫仁者，己欲立而立人，己欲达而达人。能近取譬，可谓仁之方也已。"（《论语·雍也》）从消极的方面看："仲弓问仁。子曰：'出门如见大宾，使民如承大祭。己所不欲，勿施于人。在邦无怨，在家无怨。'"（《论语·颜渊》）

仁政思想是儒家仁学的重要组成部分。孔子认为，推行孝悌教化也是为政的一种方式："《书》云：'孝乎惟孝，友于兄弟，施于有政。'是亦为政，奚其为为政？"（《论语·为政》）我们知道，有子曾经说过："孝弟也者，其为仁之本与！"据此，将孝悌用于政治，可谓之仁政。不过，这种萌芽状态的仁政只是孔子政治思想中的一个侧面,其政治主张的基本倾向,可以用"德治"二字来表达。孔子虽然不否定刑罚,但他认为,德治更加根本:"道之以政,齐之以刑,民免而无耻。道之以德,齐之以礼,有耻且格。"(《论语·为政》)统治者如果能够实行德治,则会得到天下人的拥戴:"为政以德,譬如北辰,居其所而众星共之。"(《论语·为政》)

后来,孟子明确地提出仁政思想,这是对孔子德治思想的继承和发展。什么叫仁政呢?孟子解释道:"人皆有不忍人之心。先王有不忍人之心,斯有不忍人之政矣。以不忍人之心,行不忍人之政,治天下可运之掌上。"(《孟子·公孙丑上》)这就完全将政治直接建筑在仁的基础上了。不仅如此,孟子还第一次提出了"仁政"这个概念。

仁政的实质是重民、以民为本。在中国,民本主义有悠久的历史,《尚书》即多有体现,如"天聪明自我民聪明,天明畏自我民明威"(《尚书·皋陶谟》),"天视自我民视,天听自我民听"(《尚书·泰誓中》),"民之所欲,天必从之"(《尚书·泰誓上》)等等。春秋时期随季梁说:"夫民,神之主也,是以圣王先成民而后致力于神。"(《左传》桓公六年)虢史嚣说:"吾闻之:国将兴,听于民;将亡,听于神。神,聪明正直而壹者也,依人而行。"(《左传》庄公三十二年)可见以民为本是一个传统,孔孟只不过是以其德治、仁政思想对民本主义做进一步论证而已。

义是儒家的另一个核心价值。《中庸》说:"义者,宜也。"义就是适宜、应当、正当。由这种含义,可引申出正义、公平的意思。《释文·释典艺》:"义,正也。"《管子·水地》:"唯无不流,至平而止,义也。"这个意义上的"义",与西方的正义概念相当,但更加丰富、灵活、亲切。什么是判断事情是否适宜、应当、正当、正义和公平的标准呢?是"道",所以儒家经常将"道义"并称。

如果说仁是一种内心欲求的话,那么义则更多的是出自外在因素,因为作为其标准的道是外在的。《中庸》说"率性之谓道",意思是引导出来的性即成为道。这就是说,道虽然来自本性,但其本身已然为外在之物了。

孔子十分重视义,甚至将其作为天下万事的标准,他说:"君子之于天下也,无适也,无莫也,义之与比。"(《论语·里仁》)他主张,只要是符合义的事情,就要勇往直前:"见义不为,无勇也。"(《论语·为政》)在孔子看来,导致人们偏离乃至违背义的因素主要是物质利益,所以要"见利思义"(《论语·宪问》),"见得思义"(《论语·子张》《论语·季氏》)。只有这样才可称得上君子:"君子喻于义,小人喻于利。"(《论语·里仁》)孔子对这种理念是身体力行的:"饭疏食饮水,曲肱而枕之,乐亦在其中矣。不义而富且贵,于我如浮云。"(《论语·述而》)

作为一对相辅相成的核心概念,仁、义在早期儒家经典中常相对出现。如《中庸》:"仁者,人也,亲亲为大;义者,宜也,尊贤为大。"至迟在孟子时,这对概念已经连称,形成一个复合词:"王何必曰利?亦有仁义而已矣。"(《孟子·梁惠王上》)

历代儒家虽然对儒家核心价值有不同的表达方式,但仁义却始终居最核心的地位。以孟子为例,他虽然提出仁义礼智四德作为常道,但又特别强调:"仁之实,事亲是也;义之实,从兄是也;智之实,知斯二者弗去是也;礼之实,节文斯二者是也;乐之实,乐斯二者,乐则生矣。"(《孟子·离娄上》)可见,礼、智是从属于仁、义的。

总之,作为一种价值观,仁义含有仁爱、仁政、民本、正义、公正等丰富的含义。

四、慈悲

佛教和其他宗教的最大不同,是主张不通过外在的神灵,而依靠自身的智慧来得到解脱。人们常说的"般若波罗密多",意思就是以内心广大无边的智慧,来超脱世俗困苦,到达彼岸,所以这个过程,被称为智慧度或智度。按照佛教教义,不但要自度,还要度人,让众生得到解脱,颇有儒家"己欲立而立人,己欲达而达人""诚者,非自成己而已也,所以成物也"的情怀。在佛教的话语中,这就是慈悲。

《观无量寿佛经》中说:"佛心者,大慈悲是。"《大智度论》则明确指出:"慈悲是佛道之根本。"据此,如果我们把慈悲作为佛教的核心价值,大概是可靠的。

具体言之，慈和悲的含义是不同的，正如《大智度论》卷二十七所说："大慈，与一切众生乐；大悲，拔一切众生苦。大慈，以喜乐因缘与众生；大悲，以离苦因缘与众生。"慈是慈爱众生并给予他们快乐，悲是悲悯众生并拔除其苦难。看来，就像儒家的仁、义一样，佛教的慈、悲是一对相辅相成的价值理念。

慈悲有三种，即众生缘、法缘、无缘。对此，《大智度论》《涅槃经》等佛经多有诠释。丁福保的《佛学大辞典》是这样总结的："一众生缘慈悲，以一慈悲心视十方五道众生，如父、如母、如兄、弟、姊、妹、子、侄，缘之而常思与乐拔苦之心，名众生缘慈悲心。此多在凡夫或有学人之未断烦恼者而起。二法缘慈悲心，既断烦恼之三乘圣人达于法空，破吾我之相，破一异之相，灭一异之相之人，但怜众生不知是法空，一心欲拔苦得乐，随其意而拔苦与乐，名法缘慈悲心。三无缘慈悲，此慈悲惟在诸佛，盖诸佛之心，不住于有为、无为性之中，不住于过去、现在、未来世之中，知诸缘不实，颠倒虚妄，故心无所缘，但佛以众生不知诸法实相，往来五道，心着诸法，取舍分别，故心无众生缘，使一切众生自然获拔苦与乐之益，名无缘慈悲心。"看来，三种慈悲是三种境界，所以《往生论注》卷上说："慈悲有三缘，一者众生缘是小悲，二者法缘是中悲，三者无缘是大悲。"

佛教的慈悲精神，不限于人类，也遍及花草树木在内的一切生命，乃至无生命的山水土石，这和儒家的民胞物与观念相得益彰，对于我们今天生态和环境保护来说，也很有意义。

五、东亚价值的世界意义

作为东亚核心价值的太和、自然、仁义、慈悲是否具有世界意义呢？我们可以把它们分为两类，太和与自然为一类，如上所述，二者所体现的是宇宙法则，其普遍性自不待言；仁义与慈悲为另一类，所反映的是人性，其普遍价值当然也毋庸置疑。为什么说仁义反映了人性呢？孟子以"四端"为人性，而作为"仁之端"的"恻隐之心"事实上就是人生而即有的同情心，作为"义之端"的"羞恶之心"则是人人具备的羞耻心，二者都属于情感范畴，这至少说明情是人性的核心内容之一。事实上，以与乐拔苦为宗旨的慈悲，也是以人类感情的同情心和怜悯心为基础的。换言之，正是出于对芸芸众生苦难的同情和悲悯，才会产生与乐拔苦的慈悲心。如果说仁义是人性的反映的话，慈悲同样闪耀着人性的光辉。

值得强调的是，这些来自东亚文明的世界价值，正好可以补充和纠正那些来自西方文明的世界价值的不足。

首先，二者属于不同的价值类型。价值可以笼统地分为终极价值和一般价值两大类型。简而言之，终极价值为终极信仰所蕴含的价值。信仰是人们对其所持人生真谛的坚信与景仰，是生活意义的源泉，也是行为准则的根据。我们可以按照层次的不同，将信仰分为终极信仰和一般信仰两大类。前者是对生命根本意义的坚信与景仰，由此可以获得心灵的最高自由、最高自在、最高快乐、最高满足、最高安顿。我把这种状态称为生命巅峰状态或巅峰体验。可以说，它体现了生命的终极关怀，是人类最终的、真正的精神家园。根据获得终极信仰的途径，我们可以把信仰分为人文信仰和终极信仰两种形式。后者指对某种主义、学说和事物的坚信与景仰，由此可以在一定程度上得到心灵满足。在价值系统里，那些并非直接关涉终极关怀的价值，诸如一般信仰所蕴含的价值以及伦理价值、社会价值、政治价值等等，可统统归之于一般价值。显而易见，太和、自然、仁义、慈悲等东亚价值分别来自不同的信仰体系（道、儒为人文信仰，佛为宗教信仰，易兼人文、宗教两种信仰），属于终极价值，而自由、平等、民主、人权等西方价值则大致可以归为社会价值、政治价值等一般价值。

其次，从文化优势看，如果可以把文化分为精神文化、制度文化和物质文化三个层面的话，那么我以为东亚传统文化的优势在于精神文明，而西方现代文化的优势在于物质文化，至于制度文化领域，则中西文明或可分庭抗礼。

东亚古代精神文化之繁荣昌盛，是世界上其他地方所望尘莫及的，这里所讨论的东亚价值便是其中的核心部分。同样，西方物质文化之发达丰富，其他文明也难望其项背，这主要得益于科学技术的进步和市场经济的发展。

人们或许会问：现代西方制度文化难道不是其优势之所在吗？在目前忽略中国传统制度文化的情况下，当然可以这么说。但如果抛弃偏见，深入挖掘东亚传统制度文化的宝藏，就会发现，东西文明在这个方面不但可以并驾齐驱，而且存在优势互补的关系。如果说现代西方的政治性质为民主政治的话，那么东亚传统政治则可以称为贤能政治或精英政治。

那么，在全球化时代，我们能不能创构出一种比民主更好的政治制度呢？笔者的设想是：在制度框架方面，要在综合西方的民主政治和东亚传统的贤能政治的基础上，创造性地建构一种新的政治体制。在这个过程中，中国传统的阳儒阴法的制度建构和德本刑末的观念尤其值得重视。在从政者修养方面，要更多采用儒家内圣外王的政治理念，如孔子说的"政者，正也。子帅以正，孰敢不正"，"苟正其身矣，于从政乎何有？不能正其身，如正人何"，"君子之德风，小人之德草，草上之风，必偃"，"君子笃于亲，则民兴于仁"等。在政治技巧方面，要重视取法道家思想，特别是其无为而治的政治理念。

这是否就是一种比民主更好的政治制度呢？且待方家评说。

六、东亚文明的重建

值得强调的是，东亚价值是我们今天重建东亚文明的基础。

已故美国学者亨廷顿教授认为，冷战结束以后的多极的世界新秩序主要由七个或八个文明构成，它们是中华文明、日本文明、印度文明、伊斯兰文明、西方文明、拉丁美洲文明和可能存在的非洲文明。[1] 尽管如此划分世界文明是否合适还有待商榷，我也不同意将世界新秩序的主要特征归结为文明的冲突的观点，但是亨廷顿教授把文明作为世界新秩序基本单位的见解，的确是极有眼力的，当今的世界秩序，正在以文明为单位进行重建。

我以为在亨氏所列的几个文明中，只有西方文明、中华文明、印度文明和伊斯兰文明四个是最基本的，其他文明都可并入这四个文明中。其中，中华文明可以用东亚文明这个涵盖性更强的概念来替代，它包括中国、韩国、日本、越南等地的文明，也就是人们常说的儒家文化圈。

---

[1] 塞缪尔·亨廷顿：《文明的冲突与世界秩序的重建》，新华出版社，1998年，第29—33页。

以东亚价值为核心的东亚文明是东亚地区各国人民共同创造和发展的，在整个世界文明中占有重要地位。然而，由于历史的原因，近代以来，东亚各国都在不同程度上脱离了其本位，向西化的方向发展。早在明治维新时期，日本就提出"脱亚入欧"的口号，五四新文化运动时期，"全盘西化"更成了中国的时代最强音，所以在过去的一百多年中，两国的传统文化受到了极其严重的破坏和摧残。幸运的是，韩国虽然也难免西化的大趋势，但由于没有经历类似的运动，所以在实现现代化的同时较好地保存了东亚文明，尤其是传统礼仪。我在韩国生活数年，体会尤深。

　　随着现代化的发展，西方文明的弊病和缺陷显露无遗，而东亚文明却越来越彰显其独特的价值和魅力。所以，在世界秩序重建和未来人类文明的展望中，东亚文明被寄予厚望。这要求东亚各国回归传统，重振以至重建东亚文明，使之以崭新的面貌迎接人类的未来！

　　东亚文明以及世界秩序的重建，都会涉及国际关系重新定位的问题。就韩国而言，如何定位与中国和美国的关系，是其外交事务的重要问题。据韩国《东亚日报》2013年2月22日报道，韩国官方对韩美关系的定位是基于相同的市场经济及自由民主主义理念之上的"价值同盟"，而韩中关系的定位是基于历史、文化、哲学等方面相容相通的"人文同盟"。不过，在朴槿惠总统访问中国前后，韩国政府用"人文纽带"替代"人文同盟"来表述新时代的韩中关系。笔者认为，这些概念仍有可以讨论的余地。

　　首先，"价值"和"人文"不但不是对等的范畴，而且存在包含与被包含的关系。我们可以大致地说，文明的主体是人文，而人文的核心是价值。所以用"价值同盟"和"人文同盟"或"人文纽带"来定位韩美和韩中关系，会带来概念上的混乱。

　　其次，从上文看，价值分为终极价值和一般价值两大类型，前者是价值的高级层面，后者是其低级层面。据此，如果我们要用价值来定位国与国之间的关系，应该依据终极价值，而非一般价值。然而，在价值领域，韩中之间所共同拥有的东亚价值属于终极价值，而韩美之间所共同拥有的则是市场经济、民主政治等一般价值。可见，用"价值同盟"来定位韩美关系是很勉强的。

　　另外，在汉语语境中，早在春秋战国时期，国与国之间的合作就用"立盟""盟约""同盟"等概念来表示，它们含有全面、紧密合作的意思。而"纽带"向人们所表达的则是一种"线"或"点"的联系,含有局部合作的意味,所以不太适合国与国之间合作的关系,尤其不适合像目前中韩两国之间这种全面而紧密的关系。

综之,愚以为,韩美之间为"政治同盟",韩中之间才是真正的"价值同盟"。

回归与反思

——以日本的年号与大禹信仰为例

王 敏

（日本政法大学名誉教授）

本文仅举现存当代日本社会的大禹信仰案例与平成年号的相关关系，考察解析该文化现象对当代价值取向所发挥的正面作用，探讨其对于中日关系健康发展的可行性借鉴，以期为世界和平与汉字文化圈的当代价值研究领域的深耕拓展奉献点滴参考。

一、日本年号的起源、定义以及相关法规

根据日本的皇室典范《皇室事典》（皇室事典编集委员会编集、角川学艺出版，2009 年）的相关条例的内容，日本的年号与律令制度和佛教、儒学一样，均通过中国的汉字文献传入日本，并为日本所采用，传承至今。因此，《皇室事典》中的"年号"条文明确指出，年号本是汉字文化的一部分。

自汉武帝即位后使用始创年号"建元"以来，年号就一直象征着皇帝从时间上对领土和民众所进行的统治。也就是说，皇帝的职能跨越时空，全方位地发挥其至高无上的功能。同时，中央王朝亦向周边国家颁历，使其使用中国的年号，将其纳入先进的中华文明的历史框架。对此，《皇室事典》坦率直言，周边国家使用中国年号意味着服从于中国的中央王朝，在当时的格局之下，各

国很难自行建元。

日本的年号制度形成于7世纪。据《日本书纪》记载，乙巳之变（645年）中大兄皇子制定年号"大化"，这是日本最早的正式年号。

以唐朝律令为模式的《大宝令》颁布于701年，是日本有史以来的第一部囊括了律和令的正式律令。其中律六卷，令十一卷，共十七卷。正是这部律令明文规定，公文文件必须记入年号。而后，在公文文件和私人文件上记载年号的习惯才逐渐固定下来。

近代以前，日本年号的设定比较随意，改元的原因也有多种。天皇即位之后新建年号为"代始改元"，是改元的基本前提。而天皇在位期间所出现的祥瑞、灾异、谶纬等都可能成为改元的原因。因此，平均每代天皇都要改元二至三次，每个年号使用年限为五到六年。改元程序大致如下：

1. 天皇召集大臣研究并筛选年号用汉字；
2. 选出候选方案即"年号勘文"，上呈天皇；
3. 召开公卿会议，选出两到三个候选方案上呈天皇；
4. 天皇从上呈方案中选择一个年号出来，或者要求公卿重新讨论方案；
5. 天皇"敕定"新年号；
6. 完成改元诏书，并转发中央及地方机构。

不过，日本江户时代的年号按照惯例由幕府拍板决定。

然而，中国从明清时期起基本采用代始改元。日本明治政府也随之效仿，决定借维新之机实行一世一元制。于是，明治天皇开始实施，从上奏的三种方案中抽签决定了年号：明治。

"明治"年号出典为《周易》，"圣人南面而听天下，向明而治"。据此，二十二年之后制定的《皇室典范》第十二条规定，即位之后所定年号按照明治元年的惯例不得更改。近代以来的一世一元制就此形成。

继明治之后的"大正"时代，年号同样出自《周易》，"大亨以正，天之道也"。这个年号由议案审查委员会选定，经枢密院会议通过，最后上奏天皇获准。

其后的"昭和"年号出自《尚书》，"百姓昭明，协和万邦"。这个年号是在枢密顾问会议上确定之后，上奏天皇得以通过的。

昭和五十四年（1979），日本制定了《元号法》，规定年号的制定由内阁负责实施，坚持代始改元的原则。政府随后制定了具体程序并面向公众发表了"选定元号的程序"。

二、参与制定"平成"年号者的今昔

1989年1月7日，日本在举行新天皇践祚式之后立刻进入了改元程序。选定用于年号的汉字必须具备以下条件：与国民理想相符合，有积极向上的含义，只能选用两个汉字，易写易读，之前没有在年号中使用过，没有俗用等。据说候选年号包括"修文""正化"等，最终选定的方案便是"平成"。"平成"是日本自"大化"以来第247个年号，"平"在之前的年号中出现过十一次，"成"尚没有被采用过。

朝日新闻中文网2019年2月18日登载了"平成"年号制定经过的部分内容。① 报道的标题是《平成更改年号候选方案超二十之多最终方案提议人的手记被发现》，撰文记者叫大久保贵裕。综合其内容如下：

1989年制定新年号"平成"之际，预选方案二十有余。不久前所发现的新年号候选方案的手记出自九州大学中国文学名誉教授目加田之手。现已判明他曾经提出过"普德""敬治"等方案。这是首份显示除"平成"以外，还有哪些新年号候选方案的史料。

更新年号时，政府从汇集了专家学者意见的多份材料中选出三案，即"平成""修文""正化"，并在专家委员会上进行了讨论研究。当时的内阁内政审议室长兼事务负责人叫的场顺三，他在卸任的2015年以后，曾发表了以下证言："平成"是东京大学东洋史名誉教授山本达郎提出的方案，"修文"是目加田提出的，"正化"则是东京大学中国哲学名誉教授宇野精一提出的。然而，上述三人均已离世，且没有公开任何史料。

---

① 报道原载《朝日新闻》2019年2月16日朝刊头版，原题为"幻の元号、20案超平成改元時に最終案出した教授メモ、発見"。

此次发现的笔记用便签和草稿用纸写成，一共有九张。目加田在生前曾表明向政府提出过"修文""天昌""靖和"等方案。而手记中也涵盖了上述三个方案，连同其他共记载有二十几个方案。除此以外，还发现了疑似年号方案的速记草体，其内容尚难以解读。

目加田于1994年逝世。上述手记从其生前居住地福冈县大野城市的市政府所保存的遗物之中发现。《朝日新闻》通过大野城市政府，在获得遗属许可的情况下对手记进行了确认。并在目加田的朋友、九州大学中国文学名誉教授竹村则行的协助之下，与市政府共同核实了笔迹及内容。

日本政府目前尚未公开有关委托学者、新年号方案的详细内容、数量及上述三个方案的甄选过程等内容。

三、"平成"的出处

选定"平成"年号时的依据是中国古典所载"地平天成""内平外成"等文字，主要出自《史记》和《尚书·大禹谟》。

帝曰："俞！地平天成，六府三事允治，万世永赖，时乃功。"

《大禹谟》今天已经判明实际上是一篇伪作，是对先秦至魏晋年间流传古书所称引原本《尚书》的再组合。《大禹谟》虽然是伪作，但由于其中吸收了先秦百篇本《尚书》的一些文本，有助于我们了解其部分原貌。《大禹谟》长期流传于中国及周边地区，对东亚精神世界的长期影响不容怀疑。

先秦文本中出现"地平天成"的还有《左传·文公十八年》："高辛氏有才子八人，伯奋、仲堪、叔献、季仲、伯虎、仲熊、叔豹、季狸，忠、肃、共、懿、宣、慈、惠、和，天下之民谓之八元。此十六族也，世济其美，不陨其名。以至于尧，尧不能举。舜臣尧，举八恺，使主后土，以揆百事，莫不时序，地平天成。举八元，使布五教于四方，父义、母慈、兄友、弟共、子孝，内平外成。"

"内平外成"，《皇室事典》还提到这四字出于《史记》。但司马迁作《史记》时应当参照了《左传》等更早文本，故在此同时列出《左传》及《史记》

的文本。

《史记·五帝本纪》说:"昔高阳氏有才子八人,世得其利,谓之'八恺'。高辛氏有才子八人,世谓之'八元'。此十六族者,世济其美,不陨其名。至于尧,尧未能举。舜举八恺,使主后土,以揆百事,莫不时序。举八元,使布五教于四方,父义,母慈,兄友,弟恭,子孝,内平外成。"

鉴于小文主旨不在求索文本出典,故对"平成"的出处仅止于此。接下来让我们继续关注日本"平成"年号的相关效果。地平天成是中国远古的理想和目标,抵达此目的的领袖是大禹,治水平天下是其使民众丰衣足食的途径。日本的"大禹"信仰隐形于"平成"年号之中达三十一年之久。

四、"平成"唤醒日本的大禹信仰

(一) 考察日本大禹信仰的缘起

许多对中国史感兴趣的日本人都知道古代中国三圣君"尧、舜、禹"的名字,"禹"被视为历代王朝中第一个王朝"夏"的创始者,是成功治理黄河水患的治水领袖和科学家。由于他治理了中华文明的母亲河黄河,备受世人敬仰。同时,日本近年来基本尊重中国古代史的新成果,认为曾经定位为神话人物的大禹可以接受为历史人物。

详细介绍古代中国史的冈村秀典的《夏王朝——王权诞生的考古学》(讲谈社,2003年)中的权威观点认为,夏王朝开始于公元前2070年,夏商交替发生于公元前1600年。夏的中心城市河南二里头遗址得到了精心发掘,夏王朝的存在逐渐不容怀疑。与此同时,作为夏王朝的创建者的禹自然受到关注。

日本的义务教育阶段的教科书有所记载:尧、舜之时洪水泛滥,大地荒芜。禹之父鲧受命治水,未能成功,其子禹继承了治水的工作。记载视禹为理想的仁德之王,赞誉"禹八年于外,三过其门而不入"。还评价禹遍行治水,发展农业,致力于使民众生活富足,自身的生活却极为朴素,谢绝美酒佳肴。

在日本,保存着大量尊禹为治水神并进行祭祀的遗迹和文物。神奈川县地方史研究组织"足柄历史再发现俱乐部"是启动对大禹信仰调查的源动力。该俱乐部由几位退休老人自发组建。因为他们的家乡神奈川县南足柄地区有座建于1726年的《文命碑》。《史记》等记载，文命是大禹的别名。于是，热爱家乡风土的几位老人以此碑作为第一例调查对象，发现石碑由因治水功绩而为世人所知的田中丘隅（1662—1730）所立，碑文由日本公认的大儒家荻生徂徕[①]润色完成。

为了更加深入地开展考察工作，2007年，该俱乐部成员专程造访了笔者，表达了希望共同研究的心愿。于是，笔者便自然走入了考察和研究日本大禹信仰的领域，受其触动。

笔者自2007年起，在朝日新闻、东京新闻、日经新闻等主要媒体撰文介绍日本的大禹信仰及其相关活动，在2008年7月28日发行的《文艺春秋》第28号上呼吁日本全国读者共同参加各地的大禹相关史迹考察，并与该俱乐部主要成员一起，于2013年成立了治水神禹王研究会（会长大胁良夫），逐渐向全日本推进考察和研究活动。

比如，以足柄地区的市民研究团队为中心，在当地政府的支持下，展开了全国性的调查。我们发现，日本的禹文化是经过日本人自主移植和选择，为适应各个地方的风土和生活，在不断的交融演变过程中而自然形成的。因此，它既保留了中日两国混合文化的特色，又逐渐转换身份，完成了在日本的土地上扎根生长的治水神定位。基于此特征，2010年11月，日本民间禹王研究者汇聚神奈川县开成町，召开了第一届日本全国禹王峰会。此后，第二届于2012年10月在群马县片品村[②]召开，第三届于2013年7月在高松市[③]召开，并成立了治水神禹王研究会。第四届原定于2014年10月17日至18日在广岛市[④]召开，但受到暴雨和泥石流灾害的影响未能实现，仅以网上会议的形式得以举

[①] 荻生徂徕（1666—1728），日本江户中期儒学家、思想家。他是德川幕府第五代将军纲吉的知己。通过当地地方史研究会"足柄历史再发现俱乐部"的调查，部分阐明了他同《文命碑》之间的关系。
[②] 片品村位于群马县东北部，邻近尾濑国立公园。在片品川边有立于1874年的《大禹皇帝碑》。
[③] 高松市是四国地区香川县县厅所在地，是四国的政治经济中心。栗林公园中有立于1637年的《大禹谟》碑。
[④] 广岛市位于日本的中国地方（日本的中国地方位于本州岛西部，包括鸟取县、岛根县、冈山县、广岛县和山口县），当地的宫岛和广岛原爆遗址已经列入世界遗产名录。太田川边有立于1972年的《大禹谟》碑。

行。第五届于2015年9月在大分市臼杵市①召开。该市拥有日本唯一一块将大禹同源自中国的农业神后稷进行合祀的《大禹后稷合祀石碑》（1740年立）。第六届于2017年10月召开，举办地点是山梨县富士川。第七届即将在2018年10月于岐阜县海津市召开。

2015年成立了鉴定审查大禹相关历史遗址和文物的审委会。在治水神禹王研究会的推动下，截至2017年11月，经鉴定确认日本各地有关大禹信仰的史迹和文物已达142处，几乎遍布全国所有都道府县。

在大禹文化所滋育的连绵基础之上，其成果惠及异邦的古今。比如，足柄地区三百年来从未间断连年祭祀大禹，学校、水道、桥梁都已以大禹命名，无一不在讲述大禹与彼方风土的共生共融，同时为人们提供了分析日本混合文化之现代价值的宝贵实证考查资料。

笔者编辑的论文集《共同研究的参考：国际日本学研究》（2013年3月，法政大学国际日本研究所发行）的封面采用当地文命东堤碑的碑文拓片，其间的"神禹"二字清晰可见。

日本群马县片品村的大禹皇帝碑。该碑的字体与中国长沙岳麓山和武汉、绍兴会稽山的大禹碑的碑文（篆书体）极为相似。

2015年5月9日—11日，在神奈川县开成町成功举办了第七届东亚文化交涉学国际学术会议，来自七个国家的三百多名研究人员和市民参加了会议。

---

① 臼杵市位于日本九州地区大分县东海岸，以国宝臼杵大佛和酱油而闻名。有《大禹后稷合祀之碑》。

会议成果以中、日、韩文和英文版的形式向世界各地传送，并获得了天皇夫妇的赞扬。

2014年10月18日—19日，日本第四届大禹文化节原定在大禹谟碑邻近的世界和平城市广岛市和平纪念公园内的国际会场举行，文化节的开幕式将在日本治水神禹王研究会会长代表与会者向和平纪念碑献花仪式后开启，笔者应邀赴会做演讲，题目是"大禹文化所疏通的东亚和平"。然而，由于受当地突发的恶性泥石流灾害影响，会议不得已改为网上举行。

（二）日本大禹信仰考察资料简述

在整理部分日本大禹信仰研究成果时，笔者从史学角度梳理了已知"最早"的相关文物和记录。

1. 日本最早的禹王庙

1228年京都鸭川禹王庙，今已不存。多份文献中出现"夏禹王庙"的记载，可知京都四条、五条之间的禹王庙一直延续至江户时代前期。日本《新修京都丛书（第十卷）》（黑川道祐撰，临川书店，1968）书中记载有夏禹王庙文。

夏禹王庙文

2. 日本现存最早的禹王碑和像

1637 年香川县高松市《大禹谟》碑

1630 年铸造禹王金像。高约 80 厘米，现存于名古屋德川美术馆

3. 日本最早的文献记录

720 年成书的《日本书纪》中亦有关于禹王的记载。

4. 日本最早的禹祭

据禹王研究会的调查研究，1228 年京都鸭川所建夏禹王庙应举行过某种形式的祭祀，但这一点仍需深入考证。

治水神禹王研究会的调查表明，日本各地现存的举行过禹祭的地方有以下几处：

1708 年建立的琦玉县的文命圣庙；

1719 年建立的大阪府岛本町的夏大禹圣王庙；

1726 年修建的神奈川县酒匂川流域的文命东堤碑和西堤碑；

1740 年修建的大分县白杵市的禹稷合祀坛；

1838 年设立的岐阜县揖斐川流域的禹王灯笼；

1919 年修建的群马县沼田市的禹王碑；

2012 年修建的兵库县姬路市的鱼吹八幡宫；

2013 年修建的广岛市的大禹谟碑。

在此，仅择 2014 年 5 月所举办的两项禹王祭祀活动加以简介。

岐阜县海津市的禹王祭。当地居民每年都在 5 月 14 日黄昏，聚集在街头的祠堂，面向祠堂正中所供奉的禹王挂轴顶礼膜拜，感谢他除灾祛病，保佑这一方土地五谷丰登，人兽平安。据当地居民介绍，这一祭祀活动至少已经持续了一百六十年之久。

神奈川县西部酒匂川流域足柄地区的文命祭祀。据神奈川县立公文书馆所收藏的 1879 年的《神社明细账》记载，始建于 1724 年的福泽神社原名取自大禹的别名"文命"，其祭神为"夏禹王"。1841 年《新编相模国风土记稿》第一集班目村、川村岸之项中也提及了文命神社，明确记载有其祭神"禹"的史实。因此，足柄地区有很多设施以文命命名，如文命中学、文命隧道、文命用水、文命桥等等。自三百年前起，当地每年都在 5 月 5 日于神社举办丰富多彩的文命祭祀活动。

五、日本皇室与大禹

（一）皇室是引进并传承汉字文明的核心

综合《皇室事典》等内容，近代以前日本的帝王教育主要由下述内容组成。

1. 以中国传来的帝王学典籍为主。
2. 重视儒学经典和汉诗文集。
3. 大宝令及书纪。因这些古籍广泛并深入地接受了约 5 世纪传入日本的《论语》和《千字文》的影响。
4. 清和天皇的侍读大江音人曾为唐太宗所编的《帝范》作注释并进讲。
5. 宇多天皇令幼帝诵习魏徵编《群书治要》。

6. 平安中期，文章博士经常进讲《贞观政要》。明治天皇和大正天皇也接受过相关教育。

天皇还亲自编写备忘和教育子孙的教科书。比如，顺德天皇编撰了《禁秘抄》以及《日中行事》《建武年中行事》《当时年中行事》等多部记载宫中行事之书。

宇多天皇编写了《宽平御遗诫》（897年），规定天皇每日早晨整装洗面，拜神。处理政事应当慎重，认真听取下属的意见。多读六经，公平公正，禁大喜大悲，保持情不外露。花园天皇在《诫太子书》中指出，愚人会导致政治紊乱，君主如非圣贤必导致日后之动乱。应当勤学，认识儒教的奥义，养成德义。花园天皇对《帝范》《论语》《尚书》等著作的钻研造诣匪浅。

接下来让我们了解一下日本近现代的帝王教育。

明治天皇自幼学习四书五经及《禁秘抄》《建武年中行事》《史记》《神皇正统记》《资治通鉴》等。同时还兼学日本与西方的经典。

大正天皇自幼在御学问所接受个别指导，后进入学习院学习。尤其受汉学家三岛中洲影响甚深，创作了两千多首汉诗，据历代皇室成员之首。

昭和天皇所受的教育范围更加广泛。除了传统的源自汉字文明方面的内容之外，大量增加了综合性领域和近代的内容，如世界人物、时事、社会现象、自然现象、名言警句等。

结合本文的重点，可以说，从5世纪汉字与汉籍传入日本，大禹作为中国"三皇五帝"的继任者和儒学所推崇的德治模范，成为日本建国治世之鉴。自古以来，日本天皇就主张引进和推广汉文化，皇室在不断加深对大禹的认同中折射出他们自身的政治理想。最早记述大禹的日本文献是编纂于712年的《古事记》。其中将元明天皇的功绩同禹进行比较，这是将大禹视为地区发展参照标准的重要佐证。其文大意是："时元明天皇之名高于夏之文命，德优于殷之汤王。"日本女帝元明天皇在位时间是707年至715年。

720年成书的《日本书纪》在孝德天皇（645—654年在位）条中征引大禹之德，以此赞美孝德天皇，其中明确体现了对于大禹的深刻认识。

日本皇室的日常规诫中也基本上以中国文化中的君王和圣人的言行为参考。如《禁秘抄》是顺德天皇（1210—1221年在位）撰写的一本研究古代典章制度的书籍，里面记录了作为天皇应该铭记的典章制度。这本书同时还被看作是天皇必须遵守的准则手册，也被视作天皇的家训。《禁秘抄》中说，天皇治学的目的，是要通晓历代天皇治理国家的方法，从而更加有的放矢地为政，维系天下太平。这本书以帝王学教科书《贞观政要》中的内容为标准编写而成。由此可见，中国的伦理道德自古以来早已融入日本皇室的教化深层，并发挥着行为指南的作用。因此，直至今日，内含中国因素的传统伦理道德更贴近日本皇室所传承的价值体系，更容易被其理解和接受。

日本平成天皇同大禹的关系更为密切。"平成"的年号源于《尚书·大禹谟》中的"地平天成"。土地安定为"平"，万物丰收为"成"，这短短四字昭示了中国古代贤王为政的目标和理想。大禹是勇于担当责任、以实际行动改善现状的实干家，这大概就是后人崇信他的要因。

1992年10月26日，平成天皇夫妇初次访华，到访西安碑林博物馆，亲眼看到了《开成石经》，找到了"平成"二字的位置。此时正值中日邦交正常化二十周年。

《开成石经》被称为是"世界上最大、最重的书"，共有114方石刻，总计约65万字，于唐文宗开成二年（837）刻成，收录了《周易》《尚书》等十二部经典，《尚书·大禹谟》也在其中。

总体上看，大约在汉籍传入日本之时，日本皇室就在很大程度上了解了大禹。大禹进入日本，依托帝王学、帝王图鉴的传播得到广泛扩散。随着时间的积累，作为有信誉的治水神，大禹的这一专长得以发挥，不知不觉间使他转身成为日本的信仰对象，逐渐在日本扎下根来。

治水神禹王信仰虽然成为日本文化的一部分，但其深层中坚实地融入了"混成文化"的因素。"混成"一词出自老子《道德经》第二十五章："有物混成，先天地生。"青木保先生从文化人类学的视角指出日本文化的奥义，那就是"混成文化"（《异文化理解》，岩波书店）。他还提取出其当代价值，希望能够成为中日相互"参照"的参考。

"混成性"应该从日本皇室主动积极地吸收中国文化就开始逐步凝聚，形成日本文化的特征。与西方宗教与宗教观不同，日本吸收了多元的东亚宗教和信仰的元素，丰富了混成的信仰文化。大禹信仰及相关仪式、祭祀、习俗就是其成果之一。

在民间信仰领域，还可看到以中日韩为主的汉字文化圈内持续相互渗透的其他案例和史实。这些都可以理解为大禹信仰生成的背景。从这个角度进行深耕，或许可以期待汉字文化圈内各国的自我认识与彼此间的相互认知的深化，助力相互理解的延伸。

（二）京都御所《大禹戒酒防微图》与对中国古典的借鉴

京都御所位于京都市中心的上京区，原本是作为天皇的第二宫殿而建造的，自1331年至1868年间用于天皇日常起居。不过，随着幕府没落、王政复古，江户改名东京，明治天皇移居此处。

《大禹戒酒防微图》原样保留在京都御所的御常御殿。这是一幅表现酒祖仪狄向大禹献酒的华丽内隔扇画。在京都御所生活的天皇从后醍醐天皇起，到明治天皇止，共二十八代。也就是说，1331年至1868年的五百三十七年间，日本历代天皇都与《大禹戒酒防微图》共同生活过。

京都御所现在所展示的作品是幕末时期御用画师、狩野派画家鹤泽探真（1834—1893）于1855年所绘。他继承了同为狩野派的父亲鹤泽探龙之技法，曾画有《雨中鹭荷图》等。狩野派是日本绘画史上最大的画派，其繁盛期自室町时代中期（15世纪）至幕末（19世纪），长达四百年。狩野派最大的特色是重视源自中国的伦理道德体系，并将其与日本特色技法和观赏习惯相结合，受到各阶层的好评。京都御所内隔扇画中描绘中国古代帝王的狩野派作品，还有《高宗梦赉良弼图》和《尧任贤图治图》两件。它们分别出于座田重就和狩野永岳之手，与《大禹戒酒防微图》合称御常御殿的内隔扇画三图。

此处放置《大禹戒酒防微图》的目的极为明确，可以推测，那就是以大禹为模范，继承其自重、自尊、自诫、自勉、不懈向上的传统精神，成为声望与德行兼备的君主。这是来源于日本用中国古典中圣王之仁德规范日常行为的传统。根据《古事记》和《日本书纪》，5世纪初五经博士王仁从百济来到日本，担任皇太子菟道稚郎子的老师。当时其所用教科书《论语》中多次提及了禹的行为。下面是《论语·泰伯》中相关的一则文字的原文和译文。

原文：

> 子曰："禹，吾无间然矣。菲饮食而致孝乎鬼神，恶衣服而致美乎黻冕，卑宫室而尽力乎沟洫。禹，吾无间然矣。"

译文：

> 孔子说："禹这个人，我找不到非议他的地方。他自己饮食菲薄，而对鬼神享祀丰洁。自己衣服褴褛，而祭服华美。自己住房低湿，而尽力为民修治沟洫水道。禹这个人，我找不到非议他的地方。"

现在京都御所御常御殿的隔扇画《大禹戒酒防微图》以宽永十八年（1641）作品为底本。如前文所言，狩野派御用画师于幕末完成，而且借鉴了中国明朝后期1573年刊行的《帝鉴图说》。《帝鉴图说》为明代内阁首辅张居正所编，是用来对年仅十岁的幼年皇帝神宗（万历皇帝）朱翊钧进行帝王教育的启蒙书。隆庆六年（1572）成书后，根据唐太宗所言"以古为鉴"而命名为《帝鉴图说》。文中有一百一十七幅插图，受到小皇帝喜爱。

《帝鉴图说》分为上下两篇。上篇题为《圣哲芳规》，收录自尧、舜至唐宋二十三位古代帝王"其善可为法者"事迹八十一则。下篇题为《狂愚覆辙》，收录夏商周三代以下二十位帝王"恶可为戒者"恶行三十六则。"戒酒防微"的故事是《圣哲芳规》的第六则，该书所用《大禹戒酒防微》插图与京都御所御常御殿的隔扇画场景极为相似。

此书原本今藏台北故宫博物院，在大陆陆续影印出版。日本国立国会图书馆收藏了此书。其中与《大禹戒酒防微图》有关的插图共有《揭器求言》《戒酒防微》和《下车泣罪》三幅。

由于具有简洁易懂的崭新表现形式，明刻插图本能够向周边传播，广受欢迎。日本对其进行了全方位吸收，仿照中国版《三才图会》编撰《和汉三才图会》的过程就体现了这一情况。

《三才图会》原是明人王圻同其子王思义所编百科全书式的类书，含有多幅插图。此书成书于万历年间，共一百零八卷，《帝王图鉴》部分内容被收录于人物卷中。日本在此基础上新编辑《和汉三才图会》，于1712年刊行。其中第十五卷设"中国帝王图鉴"一栏，介绍了日本关于大禹的碑文。下图是寺岛良安著、远藤镇雄编《日本庶民生活史料集成》第二十八、二十九卷《和汉三才图会》卷十五（三一书房，1980年，第296页）所录大禹碑文。若是展开联想，那么过去日本应当有很多地方进行过像模像样的大禹信仰祭祀。

大禹碑铭

承帝曰咨翼辅佐卿州渚奥登鸟兽之門参身洪流而明
發雨與入旅忘家宿嶽麓庭省營彤祈心罔弗辰往來平
定華岳泰衡宗疏事泉勞餘伸禋鬱塞昏徙南瀆衍亨永
制食備萬國其寧鼠舞求奔

（三）天皇与治水

日本由天皇亲自主导的最早的治水工程始于1500年前。在今天的富井县有一条名为九头龙川的大河。由于河水经年泛滥，当地长期处于沼泽之中，民不聊生。于是，幼年丧父、从小便随母生活在母方故乡的男大迹王便开始统领治水的巨大工程。工程告一段落后，他还教授原住民男耕女织，养蚕务农，开拓了相对稳定的农耕文明。鉴于他原本就是应神天皇系统的第五代后人，治水功绩浩大，五十八岁时被拥戴为第二十六代天皇继位，史称继体天皇。

根据古籍记载，"继体"主要有两种含义。其一指嫡子继承帝位。《史记·外戚世家》说："自古受命帝王及继体守文之君，非独内德茂也，盖亦有外戚之助焉。"司马贞索隐道："继体谓非创业之主，而是嫡子继先帝之正体而立者也。"

其二泛指继位。《汉书·师丹传》言："先帝暴弃天下而陛下继体，四海安宁，百姓不惧。"《续资治通鉴·宋英宗治平元年》曰："仁宗继体保成，致天下于大安者四十二年，功德可谓极矣。"

日本的"继体天皇"大概取自其一，"陛下继体"之义的语意和时代都与日本继体天皇的处境相吻。当然，关于继体天皇的人生记录和抗洪史实尚有待于今后的发掘。不过，据目前现有的古典记载可以发现，该天皇任职期间与汉字文明传入日本的史实密切关联。就此，本文仅以接受五经博士赴日传授四书五经为例加以说明。

继体天皇七年（513）六月，迎来百济的五经博士段杨尔。尽管此背景为日本割让任那四县给百济后，百济出自对日本的还礼才派遣五经博士赴日之史实，却足以证明具有顶尖智慧的五经博士价值连城的时代背景。

继体天皇十年（516）九月，来自百济的段杨尔与新任五经博士、汉人高安茂郑重地进行了工作交接。百济还对日本赠授了感谢状。

钦明天皇十五年（554）二月，百济再次派遣马丁安前来进行五经博士的交接，并为此专派王柳贵访日以做准备。同时，百济还提出了希望日本派遣援军的请求。

以上三次派遣均为正史所提及的五经博士赴日传教的记录。之后五经博士的派遣依然不间断地进行，但周期性并不明显。不难理解，由于派遣五经博士的事业的继续，儒学建筑了主导日本的教养框架，汉字与汉文即古汉语融入日本精英的血液，造就了日本精英的价值体系并延续至今。

六、"平成"年号的当代价值和意义

（一）日本自然风土需要大禹信仰

日本被称作灾害博物馆，经常遭遇天灾人祸。特别是河流涨水引发的水灾和山体滑坡，每年都有不少人因此失去宝贵的生命。当代仍灾害频发，故不难想象，古时列岛上的人们会更频繁遭灾。因此人们自然会注意到来自中国的古籍所揭示的内容，以及在中国大地上成功治水的人，也一定会认真钻研《尚书》和《史记》中所记述的大禹事迹。因此，即便在江户时代结束之后，日本开始全方位推进西化，在纪念大阪淀川治水、广岛市太田川治水、爱知县木曾川治水的纪念碑上，依然刻写进了大禹治水的榜样的力量。

例如，位于太田川右岸的广岛市安佐南区佐东町的《大禹谟》碑，就是一例。其反面刻着以下碑文：

> 蕴藏人生悲欢的太田川清澈的流水极大地滋养了我们町的政治、经济、文化，给我们和父祖的生活带来富裕和安宁。但是长年的浊流创造了人们与水斗争的苦难史。元和、宽永、承应、嘉永、明治七年、明治十七年、大正八年、大正十二年、大正十五年、昭和十八年、昭和二十年的水祸严重，特别是在承应二年（1653）的洪水中有五百余人丧生。昭和十八年（1943）的大洪水距今不久，八木村、川内村、绿井村决堤，浊水流入全村，夺走了许多宝贵的生命，带来了严重的财产损失，其悲惨状况难以用语言形容。居民深苦于水患。当时以三村的财政力量，无法建设基础性的治水设施。幸运的是，通过居民的努力，自昭和七年起获得国家经费进行翻修，经过四十年辛苦劳动，投入三十余亿日元，终于完成了太田川中游部分的改修，又于昭和四十四年三月实现了人们迫切期盼的旧河截流，近来还建成了高濑堰。父祖的努力和我们的愿望历经多年终于结出硕果，成就伟业，全町欢喜，正如夏禹王之远略，立《大禹谟》，思太田川之历史，称颂治水大业。昭和四十七年五月二十日佐东町长池田早人。

此碑立于1972年，相对较新，但其背负的治水历史则极为深重，即从江户时代以来就是一部受灾史、受难史。改善生存环境的愿望通常会成为对治水成果的期待。遍布日本全境的大禹崇拜史迹展现了民众同大禹的相互依存关系，使我们得以一窥建构了治水信仰民俗土壤的风土。

应对这一物理性的现状，大禹信仰在精神层面上起到了作用。如果改变视角，可以看到江户时代中日之间的文化关系，即开发共有"知识"的历史积累，将大禹信仰的作用投射到应对灾害的政策中。

2013年冬天，根据平成天皇生日讲话制作的日本广播协会（NHK）电视节目①中，天皇谈到日本遭受自然灾害时的感受，令人难以忘怀。日本广播协会还同时制作了介绍"平成"词源的纪录片。2014年4月21日，当时的皇太子、现德仁天皇到访千叶县佐仓市的国立历史民俗博物馆，参观了介绍日本从古至今地震灾害的专题展览《历史中的震灾》。

（二）汉字文明的互动

信仰的主体是民众。民众所规定的精神方向性经常同皇室、统治阶层进行联动，这是日本的特征。之所以这么说，是因为史实表明，以皇室为首的统治阶级一直牵引着精神文明的启蒙和推进。16世纪以来西方文化传入之前，以皇室为中心的主流社会教养基本上建立在中国古典汉文的基础之上。可以说，由于中日之间具有这样一种特殊的文化关系，中华文明得以在江户时代有效推动了日本的发展，德川政权在精神方面发扬了其精华。其成果体现于各种政策中，并促进了藩校的兴盛。日本全国各地都隆重地举行极为相似的儒学相关祭祀。由于长期以来这方面的研究层出不穷，本文在此略去不谈。

与江户的时代精神相合，各地都进行禹王祭祀。目前可推知日本最早举行禹王祭祀的是1228年在京都鸭川岸边所建"夏禹王庙"。其详细情况可参见大胁良夫和植村善博的《寻访治水神禹王之旅》（2013年，人文书院）。现在虽然尚未发现相关遗迹，但既然它是以庙的形式存在，那么就应当以某种形式进行过祭祀，有必要进行考证。

---

① 电视节目《天皇诞生日迎来伞寿》于2013年12月23日播出，时长45分钟，结合对相关人员的采访，介绍了平成天皇相关经历、支援受灾地区的活动以及对于和平的感想等。

形成大禹祭祀和信仰的原因之一，是和刻"帝王图鉴"中采用的人物并非日本本国的天皇或将军，而是诸如《大禹戒酒防微图》中所见中国圣君。与《论语》等经典相同，日本人对古代中国的贤人政治怀有憧憬。而且比起抽象的圣人，他们更多地接受了有"治水"之功的"禹王"，将其奉为身边的"神"。从北海道到冲绳，大禹相关的史迹遍布各地，这表明日本民众创造出了与大禹共存的生活文化土壤。同时代日本人所作"帝王图鉴"不胜枚举。它们全都是江户时代的精神结晶。

这种现象与当时儒学渗透及民众需求有关。特别是对帝王图鉴或圣贤图的需求，同江户时代以尊王思想和儒学为中心发展出来的价值观以及为了统一内政而竭尽全力建立的官学结构是相互重叠的。自不必说，日本人并非只在这类经典中遇到禹。这是因为江户时代的精神滋养了这个时期的文明。过去的日本人拥有中华文明式的教养，其程度之高今天甚至难以想象。可以说直到不久以前，日本人与汉文、大禹的关系还出乎意料地紧密。

在日本，虽然大禹的流传和信仰早已经获得共识，并演化为生活中的默契价值，但由于其流于日常并分解于各个地区，人们从而忽视了对大禹文化体系的整理和分析，更没有在日本、中国及亚洲开展相关交流和传递。不过，这种状况自2006年以来发生了根本性的变化。如本文所述，日本大禹信仰研究的发展、相关地区的市民联动，启动了挖掘日本大禹信仰文化圈的新局面。一些地区还将结合对中国等地的大禹文化的考察成果，与地方志、地方史研究挂钩，选其中的内容纳入本地区义务教育的辅助教材，自发地参与以大禹为切入点的东方文明建设。

由此看来，日本的年号与大禹信仰和汉字文明，并非只是一个知识考古的话题，而有其现实应用的意义。当今东北亚局势复杂，国家之间急需相互理解和交流共识，其间也不乏相互误读。毋庸讳言，误读本就是"混成文化"的副产品，但是如果放置不问，那么各文化之间只能渐行渐远。而汉字，作为联结各国的纽带，却是可以为亚洲和平乃至世界和平作出贡献的。有理由相信，与此相关的研究成果，可以在对中日文化关系的分析等学术领域作出重要的贡献。特别是从作为东亚知识结构的基础、汉字文明的象征的角度来审视日本年号和大禹信仰，我们将更能体会在2013年的中日韩三国政府会议上，由福田康夫元首相主导提出的推广808个共同汉字使用的三国协议与2016年由国际儒联牵头举办的亚洲文明互鉴北京国际学术研讨会、2019年5月15日中国主办的亚洲文明对话大会的深远意义。

2017年，由国际儒联主导、人民出版社发行的《十国前政要论"全球公共伦理"》中，各国前政要一致公认并提倡全球公共伦理的"金律"，这就是"己所不欲，勿施于人"，它来源于汉字文化的经典代表——《论语》。这就意味着，从日本年号与大禹信仰到全球公共伦理，都可归结于同一源泉。这反证了汉字文明之生命力，以及其现实的感召力，由此可知其服务于人类命运共同体的和平之道。

（三）和平的正能量是安全保障的基础

在日本现存大禹遗迹统计表中，有十八处建于甲午战争以来直到1972年中日邦交正常化期间，即在1894至1972年的七十八年之间，大禹的形象突破国与国之间的战火重围，源远流长于日本民间，根植于风土民情深层的历史文化血脉中经久不衰。这一事实明显地证明了国与国/国与民/民与民/文化与政治军事诸种关系之间的走向规律与特点。它提示我们，在中日交流的长河中，和平、正面的选项可以跨越政治障碍，人文交流和朴素的民俗学的魅力可以链接人心所向，前人的智慧与方策令今人深思、反思、引以为鉴。

（四）了解日本中国观的一扇窗口

近代以来日本的国家价值观在实现富国强兵的过程中趋向脱亚称霸，以西方合理主义和实用主义为核心标准，尽管致力于战败后的和平建设以及1972年中日邦交正常化以来的调整改善，但16世纪前以中国伦理道德为参照的观念也发生了根本性的转型，其结果也导致了国民关注重点的移位，与中国相关的各方面的知识都被淡化，中国观的内涵也随之逐渐发生了演变。因此，提到"中华"二字，当今日本人最先联想到的大概就是"中华料理"了，而昔日日本人所关心和热衷的中国的文史哲方面的知识框架已成为古董，即已非参照方向。居住在全方位改装成西式装修客房里的主人必然无意识地被调整、被改造。

但是，一经追宗求源、以史为鉴的文化清理，当代人大都应运而悟，敏感呼应。本文所述内容便充分反映了这一倾向。这是认识当今日本对华意识之一角。它不可能笼括整体，也不是天方夜谭。把握时代的变化与时代精神的流向以及生活在不同时代的生活者的价值取向，大概有助于读解日本。而具有对日本的调查研究以及生活体验的积累的人都有所自觉：读解日本，同时也是读解中国，这一"双向"过程是一种自发的"对应的相互探讨"。

期待对境外中华文明的流程的考察和研究将对中日当代的战略性互惠关系的发展提供参考，为东亚和平作出独特的贡献。

（五）启动重新定位东亚文明的内外联动

在日本，虽然年号和大禹信仰早已经获得共识，并演化为生活中的默契价值，但由于其流于日常并分解于各个地区，从而使人们忽视了对年号与大禹信仰文化体系的整理和分析，更没有在日本、中国和亚洲开展相关交流和传递。不过，这种状况自2006年以来发生了根本性的变化。如本文所述，日本大禹信仰研究的发展、相关地区的市民联动，启动了挖掘日本大禹信仰文化圈的新局面，一些地区还将结合对中国等地的大禹文化的考察成果，与地方志、地方史研究挂钩，选其中的内容纳入本地区义务教育的辅助教材，自发地参与以大禹为切入点的东方文明建设。

结语

毫无疑问，21世纪是东亚的时代。如果东亚各国在各领域都不断加强合作，那么发展势头将会越发迅猛。对于今后进一步的合作，我们应当发挥怎样的作用？笔者认为，历史文化方面的携手并进将先行于其他领域。日本的年号与大禹文化便是有力的证明。

古代中国史上的先民领袖大禹信仰远渡日本后，在这片土地上被拥戴千年之久，以至今天。这个事实可以说明东亚文化间的和平交往不仅在历史上，而且在当代也具有极高的价值。尔后，日本运用大禹文化受惠千年的实践，互联互通扩展到整个东亚。这个事实可以说明东亚间的历史文化交往不仅存在于过去，而且仍然"活在"当代，与现代人息息相关。日本的大禹信仰文化完全出自日本人的主动移植和自觉选择，并逐渐融入日本的风土和民众的生活，在不断的交融演变过程中立足生成。因此，日本的年号与大禹信仰具有中日两国混合文化的显著特征。从这一特征入手，将可以展望到另一幅历史画卷，那就是东亚间的多元交流历经相互接触、渗透、演变、融合，在历史文化的时空纵横延伸，在深入发展的过程中，循序渐进，共同堆建起具有浓郁的东亚特色的原生态。而今，在年号和大禹信仰所滋育的基础之上，其成果也润泽着现代人的日常生活。比如，日本的祭祀日、地名以及多种多样的文物都有对其内涵的体现，无一不在诉说年号和大禹文化与彼方风土的共生共存，来自年号和大禹信仰的恩惠也为广泛的区域和民众所共享。

在东亚共享的日本年号与大禹信仰底层，贯穿着互联互通的智慧循环。而动态地把握其间的多维视角参照，势必能汲取正能量的启示，捕捉到健康发展的方向。因此，日本年号与大禹信仰研究将成为一种参考、一种借鉴，推动国内各项研究的建设性发展。与此同时，也会反哺日本，不断推进互学互惠，内外联手共进。让我们走近日本的年号与大禹信仰，共同探索汉字文明的智慧，共同打造多彩平等融合互惠的世界。

当代东亚儒学界在朱子学视域的互动
——以张立文的学术交流经历为例

李勇强

(中国人民大学孔子研究院研究员)

随着东亚地区经济和政治力量的崛起,东亚意识越来越多地成为学术界关注和讨论的范畴,并在诸多方面影响东亚社会。早在1991年,张立文先生参加新加坡国立大学中文系举办的"儒学与宋明理学学术讨论会"时,提交了论文《儒学的人文精神与现代社会》,关注儒学在现代社会建设中的价值。1997年的会议,张立文先生提供了论文《和合与东亚意识》,此后在国内发表论文题为《东亚意识与和合精神》,如此定义东亚意识:"所谓'东亚意识',是指中国、日本、韩国等东亚地区,以儒学为核心的文化意识,指儒学对这个地区的社会结构、典章制度、伦理道德、风俗习惯、心理结构、行为模式以及价值观念都有极其重要的影响,并在这种影响下形成以东亚地区为主体的一种意识。它同时也是建立在该地区经济实力不断增长基础上的东亚人要求改变世界不均衡、不公正、不平等状况的一种意识。'东亚意识'是东亚地区人民自我觉醒的意识,它意蕴着主体意识(或曰独立自主意识)、忧患意识、危机意识、经世意识、批判意识和反省意识。面对世纪之交的世界多元文化意识的复杂局面,'东亚意识'以其固有的特质而显现其社会功能和效应。"[①]

在当年出版的《李退溪思想研究》自序中,张立文先生再次提到了东亚意

---

① 张立文:《东亚意识与和合精神》,《学术月刊》,1998年第1期。

识："所谓东亚意识，是中国、日本、朝鲜半岛等东亚地区的以儒学为核心的文化意识。这里所说的儒学是指孔、孟、荀的原典儒学，汉唐经学儒学以及宋明新儒学（理学儒学）。就东亚而言，包括朝鲜的性理学（主理派、主气派、折中派、实学派），日本的朱子学、阳明学和古学派等。"[1]

东亚意识既以儒学为核心，作为儒学重要组成部分的朱子学，自然是其中的重心之一。而且，朱子及其后学所形成的朱子学思想体系，自宋元以降远播至朝鲜、日本，形成了中国朱子学、韩国朱子学、日本朱子学的空间形态。更重要的是，朱子学在中国、朝鲜半岛乃至日本，深刻地影响了意识形态、社会制度乃至人与人交往的礼仪形式。朱子思想相当长时间成为中国、朝鲜、日本的国家主流意识形态。郑梦周（字达可，号圃隐，1337—1392）开启朝鲜性理学先声后，朝鲜李朝时代把朱子学奉为正统，并出现了本土化形态的朱子学：退溪学。在日本，朱子学发展到江户时代，德川幕府也把朱子学奉为国家意识形态。朱子学对近代日本近代化也贡献甚著，不容忽视。1890 年日本天皇颁布的《教育敕语》，将朱子学思想融入其中。在现实生活中，韩国人至今将《朱子家礼》奉作生活行为准则。近世以来，朱子学通过书院教育、科举制度、朱子家礼、宗族规约等形式落实到东亚地区上至国家制度，下到百姓人伦日用的生活中，是带来真正广泛社会影响的学问，并以此成为东亚地区人们的共同意识。

当代儒学界对朱子学以学术会议、互访、讲学、私人交往等诸多方式，展开了多层次多形态的交流互动，不仅维系了朱子学在东亚意识中的主导地位，还相互激荡创生了新思想，使得朱子学在当代社会进一步产生积极影响。

本文试图从张立文先生近四十年来的海内外学术交流活动经历，来管窥当代儒学界对朱子学展开的多维度研究与讨论。

一、朱熹思想研究的不断拓展与深入

1981 年 9 月，张立文所著《朱熹思想研究》由中国社会科学出版社出版。

---

[1] 张立文：《学术生命与生命学术：张立文学术自述》，中国人民大学出版社，2016 年，第 244 页。

这是"文革"后第一部研究朱熹的专著。出版前,张立文将书稿送给张岱年、任继愈和石峻审阅,张岱年教授还专门为本书写了推荐信,高度肯定了本书的朱熹思想研究成果。

值得一提的是,《朱熹思想研究》在东亚儒学界恰如一石激水,张立文先生进而走上了朱熹研究的国际舞台。

张立文先生回忆:"最早看到《朱熹思想研究》三校样的是日本学者深泽助雄教授,他在1981年8月31日的来函中说:'我以为大作可算是近三十年来最高学术书之一,而几乎可以和侯外庐教授所著《中国思想通史》媲美……我们已有李约瑟教授对宋学、朱子学的理解,我国安田先生、岛田先生、山田教授等阐明朱子学本体论,而今加之以大著,三者即将成鼎足之势。'"①

在随后的10月15日—21日,中国哲学史学会和浙江省社会科学研究所联合主办的"第一次全国宋明理学讨论会"在杭州召开,除了论文,会议还收到三部专著,其中一部就是《朱熹思想研究》。这是一次高规格、全球性、至今影响颇深的国际性研讨会,与会者大家云集,冯友兰、贺麟、张岱年、任继愈、石峻、王明、邱汉生等大陆学者,狄百瑞、山井涌、陈荣捷、秦家懿等海外学者,及香港学者刘述先等亲临会议。张立文将《周易思想研究》与《朱熹思想研究》两书赠予陈荣捷,陈荣捷作为"国际朱熹学术研讨会"的主席,当场邀请张立文参加次年的学术会,并建议他撰写《朱熹的易学思想》。

因此机缘,1982年7月,张立文先生抵达夏威夷檀香山参加"国际朱熹学术研讨会",这是他第一次到美国。陈荣捷、狄百瑞、葛瑞汉、柳存仁、罗光、冯友兰、邱汉生、任继愈、史华慈、岛田虔次、冈田武彦、山井涌、友枝龙太郎、佐藤仁、尹丝淳、高明、韦政通、蔡仁厚、刘述先、傅伟勋、杜维明、成中英、余英时、秦家懿、黄俊杰、田浩等中日韩及海外儒学研究专家出席,梁漱溟、钱穆、徐复观、牟宗三也提交了论文。7月10号,张立文在会上宣读《朱熹易学思想辨析》,岛田虔次评论很高。

会议期间,经傅伟勋、杜维明、成中英努力,促成两岸学者的聚会交流。"两岸学者虽断绝往来三十多年,但一旦相聚在一起,虽有很多疑惑,却没有

---

① 《学术生命与生命学术:张立文学术自述》,第129页。

一点生疏感、隔阂感,很是融洽。"① 因为朱子学,两岸学者相互砥砺、相互交流,开了一个好头,从此在朱子学乃至儒学的诸多领域,两岸学者打破政治隔阂,形成了畅通无阻的学术讨论氛围。张立文先生回忆说:

> 这次"国际朱熹学术研讨会"被安乐哲、姜允明等评为在当代哲学界"将树立一道新的里程碑",杜维明认为:"从规模、人数、学术水准,这次大会是中国学术思想界破天荒的第一个大会……论文杰出者:葛瑞汉哲学性很高,山井湧颇有启发作用,邓艾民有深刻的作用,冈田武彦提供一个新方向,余英时有精到的见解,佐藤仁十分平实,史华慈十分欣赏韦政通,蔡仁厚简介牟宗三,任继愈有代表性,尹丝淳研究另一层面而常为人所忽略,张立文讲易,高明讨论礼。"②

这次会议对朱子学当代研究推动的首功,是不言而喻的。

大陆的朱熹研究国际会议也随之展开。1990年10月20日—25日,福建省武夷山朱熹研究中心召开"纪念朱熹诞辰860周年国际学术会议",陈荣捷、蔡尚思、刘述先、李楠永等出席,张立文先生带着学生难波征男、蔡方鹿、方国根等参会,这三位学生日后也成为东亚儒学研究领域的骨干力量。张立文演讲了论文《理学的演变和重建》。

让张立文印象深刻的是,在朱子学研究的学术交流活动中,陈荣捷教授不仅深入研究,撰写了大量的朱子学专著,还是国际学术交流的积极推动者。在武夷山,已经是第七次见到陈荣捷。"第七次与陈荣捷教授会面,我非常高兴。之前的六次会面分别是:1981年,陈荣捷教授第一次回大陆参加杭州'宋明理学国际学术会议';1982年,我和其他中国大陆学者受邀参加朱熹在福建、江西、浙江的遗址;1987年,陈荣捷教授回大陆参加孔子基金会与新加坡东亚研究所联合举办的'国际儒学研讨会';1987年12月,陈荣捷教授参加厦门大学召开的'国际朱子学学术会议';1989年10月,陈荣捷教授参加中国孔子基金会召开的'纪念孔子2540年诞辰国际学术讨论会'。同时见到的与会学者还有美国的狄百瑞教授,日本的高桥进教授,荒木见悟教授和夫人。此

---

① 《学术生命与生命学术:张立文学术自述》,第135页。
② 《学术生命与生命学术:张立文学术自述》,第138页。

年,陈荣捷教授已八十九岁高龄,但他的身体很健康,与我们一起参观朱熹遗址、朱子墓等,步态稳健,我与朱荣贵先生、李弘祺教授均赞叹陈教授养生有道。陈教授默默伫立在朱子墓前,眼里含着泪花,然后缓缓跪下,以表对朱子的敬仰之情,这令我很感动。"①

1987年12月2日—5日,厦门大学、福建师范大学、福建省社会科学院、中国哲学史学会等九家单位联合举办"国际朱子学学术会议",来自美国的陈荣捷、狄百瑞、成中英,来自日本的冈田武彦、高桥进、佐藤仁、沟口雄三、小岛毅等参加了会议,张立文宣读了论文《朱熹美学思想探析》,还提交了《朱熹的自然科学》一文。

2000年10月12日,张立文先生再次赴武夷山出席"朱子学与21世纪国际学术研讨会",演讲论文《度越与创新——20世纪朱子学的回顾与创新》。同月,参加了上海华东师范大学召开的"纪念朱熹诞辰870周年逝世800周年国际研讨会"。

自1982年"国际朱熹学术研讨会"首开海内外朱子学研究风气,此后形成了中国大陆、中国港澳台与海外华人学者、日韩学者齐头并进的朱熹思想研究态势。研究成果先后出版,其中可列举的重要著作,包括:

陈荣捷的《朱熹》《朱子门人》《朱学论集》《朱子新探索》《近思录集注详评》等,其生命的最后二十年重心倾注于朱熹研究。此外,余英时《朱熹的历史世界》(生活·读书·新知三联书店,2004年)、蔡仁厚《宋明理学·南宋编》(吉林出版集团,2009年)、刘述先《朱子哲学思想的发展与形成》(台北学生书局,1982年)、金春峰《朱熹哲学思想》(台北东大图书股份有限公司,1998年)、杨儒宾编《朱子学的开展——东亚篇》(台北汉学研究中心,2002年),等等,从不同视角对朱子思想、门人、著作等做了研究。

大陆方面,张立文先生在出版了《朱熹思想研究》后,又写作了《朱熹评传》,是南京大学出版社"中国思想家评传"系列中的首批图书之一,于1998年出版。其他学者,杨天石作《朱熹及其哲学》(中华书局,1982年),陈来著《朱子哲学研究》(华东师范大学出版社,2000年)。在对朱熹整体思想进行研究的同时,彭永捷开展了朱陆思想比较研究,著有《朱陆之辩——朱熹陆九渊哲

---

① 《学术生命与生命学术:张立文学术自述》,第189页。

学比较研究》（人民出版社，2002年）。从综合走向专题研究的成果也颇为丰富，如蔡方鹿从经学视角切入的《朱熹经学与中国经学》（人民出版社，2004年），从文化视角切入的《朱熹与中国文化》（贵州人民出版社，2000年）；如徐刚从自然哲学切入的《朱熹自然哲学思想论稿》（福建教育出版社，2002年）；金永植也关注自然哲学，作有《朱熹的自然哲学》（华东师范大学，2003年）。细分领域的研究成果还包括：文学方面，吴长庚的《朱熹文学思想论》（黄山书社，1994年）；美学方面，潘立勇的《朱子理学美学》（东方出版社，1999年）；教育思想方面，韩钟文的《朱熹教育思想研究》（江西教育出版社，1989年）；经济思想方面，周茶仙的《朱熹经济伦理思想研究》（光明日报出版社，2009年）等。

朱熹的传记、考证、年谱等著作，有郭齐的《朱熹新考》（电子科技大学出版社，1994年）和《朱熹传》（四川大学出版社，2000年），高令印的《朱子事迹考》（商务印书馆，2016年）从朱熹的家事、田产、收入、人生行踪、遗址遗迹、画像等方面入手，结合方志、金石等方面的资料进行了详尽的研究。束景南的《朱子大传》（复旦大学出版社，2016年）、《朱熹年谱长编》（上海师范大学出版社，2001年），均为大部头之作。李甡平也著有《朱熹评传》（广西教育出版社，1994年）。

朱人求从东亚朱子学的视角，出版了《东亚朱子学的新视野》（商务印书馆，2015年）、《百年东亚朱子学》（商务印书馆，2016年）等著作。

在朱子作品的整理和诠释方面，朱杰人教授以十年之功，牵头整理出版《朱子全书》，是迄今为止收集朱熹著述文字以及朱熹研究资料最完备的一部著作。按四部分类法，以经、史、子、集排次，编为27册，约1436万字，共收入朱熹的著述二十五种。该书出版后，获得了当年"国家图书奖"提名奖。

朱子作品研读方面，《传习录》引起了不少学者的兴趣，除了前文叙及的陈荣捷，还有吴震的《〈传习录〉精读》（复旦大学出版社，2011年）等。

二、围绕朝鲜性理学展开的学术研究和互动

朱子学传入朝鲜半岛后，经过发展演变，到李朝时期双璧特出，出现了退

溪和栗谷这两位朝鲜性理学的巅峰思想家。张立文先生是中国大陆最早研究退溪和栗谷等思想家的学者之一,并担任国际退溪学会的理事。除了大量学术论文,还著有《李退溪思想世界》《朱熹与退溪思想比较研究》《李退溪哲学入门》,主编有《退溪书节要》。

从知天命之年到成为一个耄耋老者,三十余年来,张立文数十次往返于中国大陆与韩国之间,在韩国推动本土化儒学研究,团结中国学者开展韩国儒学研究。

首先,我们以张立文先生的学术经历来看当代中日韩儒家学者对退溪学研究的推进和互动。

李滉(1501—1570),字景浩,号退溪,是朝鲜性理学发展中的一座高峰,"集大成于群儒,上以继绝绪,下以开来学,使孔孟程朱之道焕然复明于世"[①]。退溪推尊朱子学,为李朝朱子学大家。

1983年在哈佛大学韩国研究中心召开"第六届退溪学国际学术会议",张立文受邀但没有成行,提交了论文《李退溪的易学思想辨析》。

1984年,"第七届退溪学国际学术会议"在联邦德国汉堡大学召开,张立文先生作为中国大陆的唯一代表出席了会议,会上的演讲后来以《李退溪哲学逻辑结构探析》为题在国内的《哲学研究》上发表,这是大陆研究退溪的第一篇文章。从这届退溪学会议开始,退溪学研究院理事长、成均馆大学名誉教授李东俊先生就向张立文先生提出筹划在中国开退溪学会议,此后这一事项成为每次退溪学会议俩人见面后的讨论议题。

1985年,在日本筑波大学召开"第八届退溪学国际学术会议",张立文先生推荐了十九位中国学者参会,包括四川大学的贾顺先,厦门大学的高令印,复旦大学的潘富恩,中山大学的李锦全和丁宝兰,延边大学的李洪淳、朱七星,还有中国社会科学院的辛冠洁、马振铎等。当时还推荐了张岱年先生,张岱年先生说自己年纪大了,就让他的学生陈来陪同。后来张岱年本人没有参会,只有陈来去了。这一次,张立文先生带队到日本参会,请陈来负责管理经费。值得一提的是,当时筑波大学的副校长是高桥进,在这次退溪会议上,高桥进起草了一个方案,希望组织一个世界儒学联合会。张立文与中国台湾学者

---

① 《退溪先生言行通录·实记》卷一,《增补退溪全书》第四册。

周何商量：日本牵头成立国际儒学联合会合适不合适？周何认为日本和中国台湾都不合适。周何当时是台湾"考试院"的委员，也是台湾师范大学的文学院院长，当时参会的台湾学者，基本上都是他的学生。于是，他提出说，孔子的故乡在大陆，三孔也在大陆，所以中国台湾不适合牵头成立儒学联合会，言下之意就是说，你们日本牵头可能也不太合适，最好由中国大陆来牵头。辛冠洁和张立文先生一行回国后，与孔子基金会商量，希望由孔子基金会来牵头，与新加坡、日本、韩国、马来西亚等国家联合起来，成立一个国际儒学联合会。后来由宫达非、谷牧等部级以上退休下来的官方人士负责国际儒联的筹备领导，这就是国际儒学联合会的缘起。

1987年，国际退溪学会和退溪学研究院授予张立文退溪学国际学术奖。因为当时中韩未建交，张立文先生没能现场领奖。不过，1987年1月24日—26日在香港中文大学召开的"第九届退溪学国际学术会议"，张立文出席并宣读了论文《李退溪理动论探析》。这次会议的主题是"新儒学在东亚细亚地区的展开"。

1988年9月，韩国邀请全球四百位学者参加"奥林匹克国际学术讨论会"，张立文获邀参加，被分到伦理分会，就伦理问题与世界学者对话。奥运会期间又召开了"第十届退溪学国际学术会议"，主题是"退溪学的回顾与展望"，中国学者张立文、李甡平、杨宪邦第一次到韩国汉城参加"第十届退溪学国际学术会议"。张立文的论文为《朱子与退溪、栗谷道心人心说之比较》。中国学者访问了汉城大学（今首尔大学）、成均馆大学、高丽大学、中央大学、庆熙大学、岭南大学等，张立文就"中国朱子学的研究和再评价"等主题在韩国一些大学做了演讲。成均馆大学每年招收三十名左右儒学生，专设儒学学科，给张立文带来很大的冲击，因为中国没有一所大学有儒学学科。

值得一提的是，在退溪会议期间，张立文、辛冠洁及苏联学者布罗夫、南斯拉夫学者玛亚、日本学者高桥进等学者被卢泰愚总统接见。接见中的一个环节，就和退溪有关，当时，张立文先生作为学者代表，向卢泰愚总统讲解退溪《圣学十图》的含义。"卢泰愚指着接见室内屏风上的退溪《圣学十图》，问他的意思和宗旨，我作为退溪学国际学术奖获得者，讲了其意义及'天人合一'的宗旨，卢泰愚还说希望'第十一届退溪学国际学术会议'在朱子的故乡——中国召开。我们回答说，作为学者，特别是作为退溪学的研究者，我们非常欢迎在北京召开'第十一届退溪学国际学术会议',但一个国际会议涉及各方面,还需要回北京后再做确切答复。"①

会议期间,学者们到安东李退溪的故乡,参观退溪出生地、读书的学校和他创办的陶山书院。陶山书院基本上按照朱熹在白鹿洞书院所制定的学规实施。

回国后,张立文先生等学者将韩国方希望在中国召开退溪会议的想法逐级汇报,并得到了中央高层的同意,终于促成中韩学术交流史上一次破冰之举。1989年10月3日—7日,由中国人民大学和国际退溪学会共同主办的"第十一届退溪国际学术会议",在北京科学会堂召开。仅韩国就有三十六名代表出席,可见韩国对此事的重视。与会学者还有美国、日本、苏联、捷克、民主德国、新加坡和中国台港澳地区的代表,主题是"退溪学在儒学中的地位"。

1990年8月27日—29日,苏联社会科学院远东研究所在国际退溪学会的资助下召开"第十二届退溪学国际学术会议",会议主题是"现代世界中的退溪学"。张立文先生与辛冠洁、孔令仁、楼宇烈、马振铎出席。张立文主持了其中的一次会议,并宣读了《退溪与栗谷理欲、动静观之比较》。

1992年8月,"第十三届退溪学国际学术会议"在德国召开,由哥廷根大学主办,主题是"退溪的人间自然观",张立文宣读了论文《李退溪人与自然关系论》。

1998年,"第十五届退溪学国际学术会议"在韩国安东市召开,主题是"21世纪的儒学与退溪学",张立文先生的论文为《退溪人文精神的现代价值》。

2001年10月,应韩国安东国学振兴院之邀,张立文先生参加了"纪念退溪诞辰500周年国际学术会议",发表论文《传统与现代之间》。14日到退溪创办的陶山书院,参加退溪诞生500周年祭奠活动。

2004年10月,张立文飞韩国釜山机场,参加"中日韩退溪国际学术会议"。这次会议上,张立文演讲了论文《礼仪与韩民族化——论退溪以后礼学的发展》。"我主要讲:(1)天经地义民行一体的礼。(2)退溪礼缘人情的思想。主张礼有因、有革、有常、有变;礼在践履中从俗、从宜、从权,促使礼

---

① 《学术生命与生命学术:张立文学术自述》,第163页。

的韩民族化。其基本点是缘人情,即缘韩民族的人情而变古礼。(3)栗谷礼尽孝祖诚敬思想。礼以持身明理为要旨,丧制之礼当依朱文公《朱子家礼》,祭祀之礼诚敬之情,居家礼以孝敬为主。(4)礼的韩民族化。"①

会议期间参观东莱乡校,韩国很多乡校至今保存完好,乡校有明伦堂、大成殿,为祭祀孔子的地方。10月14日,张立文和彭林教授到德川书院,看到庆尚大学汉语科三年级学生背诵《大学》和《孟子》及南冥(曹植)的赋,由书院山长评议。背诵的学生都穿古代服装,头戴明式儒巾。德川书院有三百年历史,春秋两祭祭祀南冥。15日,张立文先生和彭林教授参与秋享,分别担任奉香和奉炉。16日,参观孝山书院、庆尚大学的南冥学馆、南冥学研究所。

南冥为曹植(1501—1572)的号,朝鲜性理学家,以"敬义"为核心思想,注重道德实践,其弟子发展他的思想形成了南冥学派。张立文早在1995年2月,就出席过汉城举办的"南冥学国际学术会议"。

栗谷的研究和学术交流,也是张立文与韩国学者互动的重要内容。

栗谷为李珥(1536—1584)的号,朝鲜李朝哲学家、政治家、教育家,字叔献,世称栗谷先生,与退溪并称朝鲜思想史上的双璧,最负盛名的两位大儒之一,著有《栗谷全书》。

1994年夏,张立文先生到韩国汉城参加"第三届栗谷思想国际学术会议",讲"栗谷之理气观"。6月12日,参观栗谷出生地乌竹轩。8月,参加韩国"孔子与21世纪国际研讨会",提交论文《中韩性理学之互动》。

2005年2月,应韩国栗谷学会邀请参加栗谷思想国际会议。24日接受《朝鲜日报》记者采访。"我介绍了中国大陆学术界对儒、释、道的重新评价和举办各种研讨会的盛况。对栗谷思想的现代价值讲了八点:(1)实践的工具功效型。(2)忧患意识:对倭的忧患,对士祸继续发生的忧患。(3)对修己的期望。(4)对正家的要求。(5)对为政的期待。指出必须克服当时的时弊旧习,以免危害国家。(6)价值理性与工具理性的融合。(7)形而上与形而下之礼的论述,形而上无声无臭之妙,形而下日用百姓饮食服饰的合理合节。(8)知形

---

① 《学术生命与生命学术:张立文学术自述》,第367页。

兼备的一惯性。"①

2日25日，"栗谷学国际学术会议"召开，李东俊致纪念辞。南乐山发表题为《儒教价值观的当代意义》的演讲，张立文演讲《作为生活规范的礼的本义和功能——论栗谷礼的本义与功效》，柳承国演讲《栗谷哲学的应答：价值观的转移与大同世界的创造》。柳承国和李东俊教授是亲戚，李东俊教授是世宗大王第四个儿子的嫡传，李父李正浩是研究《训民正音》与《周易》关系的学者，李家是易学世家。26日，李东俊带队去参拜朝鲜王朝第四位大王世宗陵墓。27日，去江陵参观栗谷出生地乌竹轩及栗谷墓地。

因这次会议的机缘，中国和韩国的出版社先后与张立文先生商谈文集的出版，后来，由韩国学术信息出版社出版了中文版《张立文文集》，达三十八辑之巨。

除了退溪、栗谷和南冥，张立文先生还参加了韩国思想家奇高峰、郭再祐和艮斋先生的学术活动。如参加韩国东洋哲学会会长李康洙召开的"第一届高峰哲学国际学术会议"，提交论文《论朱子与奇高峰哲学思想的关系》，比较朱熹与高峰的思想。2005年4月，受韩国岭南大学邀请出席"郭再祐国际会议"，讲"郭再祐春秋大义精神"。

2016年10月，张立文教授以八十二岁高龄再赴韩国，参加国际艮斋学术会议，并发表题为《朱子、退溪、栗谷、艮斋思想的异同及其特色》的主旨演讲。艮斋田愚（1841—1922）是李朝末期最后一位大儒，他坚持尊华攘夷，以中华文化为正统，讲学著述，以光复传统文化为己任。当时日本占领了韩国，韩国儒学界出现了两种倾向。一种是发动义兵，起来反抗。比如倭乱时期，郭再祐就散尽家财，组织义兵，联合抗倭。另一种意见，主张就像艮斋那样，跟日本人断绝关系，拒绝接触和交流，去海岛上隐居，以此卫道。一个是维护国，一个是维护道，即卫国和卫道。艮斋所卫之道，卫的是儒家之道。张立文和梁承武教授不惮辛劳，一路驱车来到艮斋晚年隐居的继阳书院，艮斋的著作、诗稿、传承道统的思想，大多是在这里形成的。艮斋在这里竖了一个"望华碑"，说明艮斋尊崇中华，以中华道统为思想正统。

从艮斋思想的研究和传播模式看：一是有一个艮斋学会，每年举办一个年

---

① 《学术生命与生命学术：张立文学术自述》，第376页。

会；二是由大学来成立艮斋学研究所；三是定期举办国际性学术会议。韩国的学会特点是，能够得到宗族、地方和学术界三方面的支持，不管是退溪学会、栗谷学会还是艮斋学会均如此。一方面，这些学会由他们的后人和宗族来资助和支持，从而缅怀祖先、发扬他们祖先的思想，弘扬祖先的精神。另一方面，他们还得到了地方的支持，以政府的行为来推广他们的思想和文化。比如李退溪是安东人，安东的地方政府就支持退溪学会。民间的力量、家族的力量和热心人士也很重要。比如退溪研究，退溪研究院的理事长李龙兑原来是做电子工业的企业家，后来，他将公司交给他的儿子，自己则全身心地投入退溪思想的研究和传播的事业中。安炳周原来是成均馆大学的名誉教授，退休后来到退溪研究院。

在研究朝鲜性理学，参观书院和乡校，了解韩国民情的过程中，张立文深刻地感受到，朱子学传入以后，韩国人注重《朱子家礼》，冠、婚、丧、祭之礼，韩国人都非常注重。《朱子家礼》，就是家庭礼仪，在栗谷的《圣学辑要》中，栗谷讲了修己、治家、理政等问题。对于《朱子家礼》，不管是艮斋、退溪、还是栗谷，他们对其有一个具体化的过程，这个过程就蕴含在功夫论之中。比如，坐时应该怎么坐，站时应该怎么站，这都体现在平时的修养上。韩国人非常讲求礼貌，比如，学生见老师要敬礼，两个人见面也会互相敬个礼。再比如，初次见面怎么表现，怎么喝酒，这些方面都能看到礼的重要性。像他们喝酒碰杯的时候，学生举杯不能超过老师，而是要低一点。另外，有人给你倒酒，那你也要给他倒酒。其实这就体现了人和人之间在平等的基础上，表达互相尊重的形式。乡校也经常举办与祭祀和教育有关的礼仪活动，参加韩国的祭祀，必须穿传统服装。由于他们注重礼，因此关于礼的一套规范都得以继承下来。

走出去的同时也请进来，中韩学校与学校之间，学者与学者之间，已经形成了相对流畅的互动方式。如1994年5月18日，张立文先生请柳承国教授来中国人民大学做《韩国儒学与东亚现代化》的演讲。2000年北京大学召开"韩国学国际学术研讨会"，张立文先生宣读了《退溪人文精神与现代价值》，并对尹丝淳的论文进行评议。

韩国的留学生在中国也与日俱增。2000年12月，张立文先生参加陈来教授两个韩国博士生的论文答辩会。2001年2月，又主持了楼宇烈教授博士生学位论文答辩会，其中一位是韩国的崔福姬，是成均馆馆长崔根德的女儿，她的论文是《朱熹与佛教的关系》。

由于张立文与韩国学界多年来频繁接触、交流、互动，中韩学界的相互信任与合作关系得以持续，并促成了更深层次的合作。由中国人民大学和韩国高等教育财团主办、中国人民大学孔子研究院承办的国际儒学论坛就是其中的合作成果之一，到2016年，已经成功举办了十二届，成为全球儒学界的品牌性学术活动。

张立文与日韩以及海外儒学界的积极互动，也为中国重大文化工程《国际儒藏》的编撰提供了便利。2010年12月4日"国际儒学论坛·2010——儒家思想与社会治理"开幕，开幕式上，举行由中国人民大学张立文教授总编撰，华夏出版社、中国人民大学出版社共同出版的《国际儒藏·韩国编》首发式。"通过编撰《国际儒藏》我们体认到：（1）儒学不仅是中国之学，而且已成为世界之学，'己所不欲，勿施于人'成为《全球伦理宣言》等文献的指导思想和原则；（2）儒学不仅是汉学之学，而且已成为各国所认同的普遍之学，因为已有各种语言的翻译本；（3）儒学不是空虚之学，而是百姓日用之学，渗透在人们日常生活之中，以及国家的政、经、文、伦理道德、典章制度之中；（4）儒学不是保守之学，而是开放之学，它吸收各家之学，海纳百川，不断繁荣发展；（5）儒学不是祖宗之法不可变之学，而是不断与时偕行、唯变所适之学。"①

如今，不仅韩国涌现了一批国际知名的儒家学者，中国学者对韩国儒学的研究也成果可观。如尹丝淳《韩国儒学史》、柳承国《韩国儒学与现代精神》、崔英辰《韩国儒学思想研究》、吴锡源《韩国儒学的义理思想》、琴章泰《韩国儒学思想史》等韩国学者的专著中译本出版；中国学者方面，贾顺先主持了《退溪全书今注今译》的出版，李甦平的《韩国儒学史》，郑仁在的《韩国江华阳明学研究论集》等也陆续出版。基础文献方面，上海古籍出版社出版了《花潭集校注》《南冥集校注》《晦斋集校注》，《栗谷全书》也在中韩学术机构和学者的共同努力下，由华东师范大学出版社出版。

---

① 《学术生命与生命学术：张立文学术自述》，第531页。

三、与日本儒学界的互动

中日儒学界的学术交流互动，也已成为常态。以张立文先生为例，他多次前往日本，参加学术会议，到各个大学讲学，有几次停留的时间还很长，达数月之久。

1988年10月，应日本东京大学文学部中国哲学研究室主任沟口雄三的邀请，张立文先生到东京大学讲授宋明理学，讲"朱王异同"等专题。张立文先生还应池田知久之邀，讲《帛书周易》。又在岛田虔次的安排下，在京都大学讲"中国宋明思想研究的现状"。还在高桥进教授的邀请下赴筑波大学讲"20世纪80年代的文化论争"。在早稻田大学演讲"我的宋明理学研究"时，沟口雄三教授还特地赶来听演说。

1991年3月，在日本参加第二次"现代化与民族化——亚洲现代化与民族性因素国际研讨会"。7日，哲学思想研讨会在沟口雄三教授主持下进行，论题是"近代科学与朱子学——以'格致'概念为主题"。张立文先生和陈来先生参加讨论，张先生讲了朱熹"格物穷理"的"理"包含五方面内容：形上之理、伦理之理、物理之理、科学之理、内圣修养。28日，张立文先生应沟口雄三教授之邀在东京大学演讲"新儒家哲学与新儒家的度越"，核心内容讲"和合学"。30日，由岛田虔次教授主持，在京都大学做"和合学的内涵"的演讲，吾妻重二等教授参加。

1994年4月，福冈"东亚传统文化国际会议"由冈田武彦教授筹资举办。7日，晚餐后，傅伟勋约张立文与陈来教授去吃烧鸡，1982年夏威夷"国际朱熹学术研讨会"后，张立文几乎每年都能与傅教授见面。11日，荒木见悟教授邀请去他家做客，夫人做晚餐。在学术交流中，学者之间结下了超越国界、超越学术的朋友之谊。

2006年4月，为日本北陆大学学生讲"儒家在世界文明对话中的价值"。

在与日本著名学者、东京大学教授沟口雄三的数次交往中，张立文应沟口之邀在日本参加学术会或讲座时，发现沟口雄三多年来一直坚持和学生一起研习《朱子语类》，张立文从 1988 年即已参与沟口主持的《朱子语类》的读书课。1994 年 4 月，张立文在日本福冈参加冈田武彦筹资举办的"东亚传统文化国际会议"后，沟口雄三再次请张立文参加《朱子语类》的讲习会。"在东京期间，又参加由沟口雄三教授长期主持的《朱子语类》讲习会。1988 年，我在东京大学时曾几次参加《朱子语类》讲习会，现在沟口教授虽从东京大学退休，但他是东京大学名誉教授，仍坚持做《朱子语类》讲习会。"[1] 这种教学方式让来自中国的张立文教授印象深刻。沟口雄三的《朱子语类》讲习会最终发展为一个更浩大的文化工程，2007 年，沟口牵头成立由日本多名宋明学者组成的《朱子语类》译注刊行委员会，正式启动《朱子语类》日译的二十年重大工程。

日本京都大学老一辈学者岛田虔次，张立文教授也多次与之交往，岛田虔次著有《朱子学与阳明学》。日本关西大学教授吾妻重二的《朱熹〈家礼〉实证研究》（华东师范大学出版社，2016 年）、《朱子学的新研究——近世士大夫思想的展开》（商务印书馆，2017 年）近期在中国出版。美国学者田浩著有《朱熹的思维世界》（江苏人民出版社，2011 年）。

值得一提的是，张立文提出和合学思想后，首先在日本、韩国、新加坡的学术会议和讲学中公开演讲，随后在美国、德国、葡萄牙等地也演讲和合学思想，在海外引起积极反响后，在国内的批评声中继续坚持和合学思想的演讲和传播。作为对人类命运和社会秩序的深刻思考，张立文先生提出和合学，在东亚儒学圈引起了广泛的共鸣。笔者 2016 年随张立文先生赴韩国参加艮斋学国际会议时，来自韩国、中国台湾的知名学者，对和合学可以说是非常熟悉，席间经常会提及。联合国确定 2001 年为世界和平对话年，教科文组织编辑自古以来关于和平理念的思想汇编，没有东亚的相关资料，日本的金泰昌便找到张立文先生，了解和合学的思想，为此中日双方 2000 年 12 月联合召开了"东亚'和'思想与 21 世纪国际学术交流会"，参加会议的有韩国宋云沛、日本船曳建夫等多位著名学者，中国有余敦康、陈来、杨国荣、汤一介、杨泽波、姜广辉等学者参加。

张立文先生还多次前往中国台湾、香港、澳门以及新加坡参加学术活动。

---

[1]《学术生命与生命学术：张立文学术自述》，第 215 页。

如1991年参加新加坡国立大学中文系举办的儒学与宋明理学学术讨论会,提交论文《儒学的人文精神与现代社会》。1997年的会议,提供了论文《和合与东亚意识》。2006年8月7日出席中国澳门"构建和谐社会——探讨宗教的作用"研讨会等等。张立文先生的多部著作,首先在中国台湾出版。如东大图书公司出版了张立文先生的《戴震》《周易与儒道墨》《中国近代新学的展开》,学生书局出版了《周易帛书今注今译》、文津出版社出版了《朱熹与退溪思想比较研究》等。

从张立文先生的学术活动经历中可以看出,当代东亚儒家学者在朱子学领域的积极互动和交流,使得中国朱子学、韩国朱子学、日本朱子学在当代继续成为研究重点。朱子思想历史上在中国、朝鲜和日本占据着意识形态的主流地位,并与本土文化相融合,得到了新的发展。今天,东亚儒家学者在朱子学如何与现代社会相融合的问题上,继续进行着积极的探索,使得朱子学成为东亚意识中的重要一环。

中学与西学

利玛窦在华传教对当今
文明交流互鉴的启示

王殿卿

（国际儒学联合会顾问、尼山圣源书院名誉院长）

基督教文化在中国传播，经历了一个漫长的历史过程，从某种意义上讲，也是一个儒耶对话的过程，其中，利玛窦用自己的生命推动了这一过程，功不可没，值得总结与借鉴。

基督教文化第一次在中国传播，正值唐朝贞观之治的太平盛世，即635年（贞观九年）至845年（会昌五年）之间。基督教的聂斯脱利派从波斯到中国传教，被称为景教。第二次传播，是景教在元朝（1271—1368）的复兴和罗马天主教来华传教，其影响仅发生在蒙古族当中，因此，它随着元朝的灭亡而消失。第三次是明清之际，16世纪到18世纪，耶稣会士来华传教。第四次是1840年之后，在列强侵华枪炮声中进行的。利玛窦来华传教，属于第三次。

修庙　建堂　西僧　西儒

1582年，从印度出发来华的耶稣会士，罗明坚、巴范济、利玛窦等，来到了澳门，经过严格的中国语言训练，进行周密调查准备，于1583年10月24日，取水道沿西江而上，进入了当时南方政治、经济、文化中心肇庆。

肇庆是一座文化古都，在唐代名端州，肇庆附近的新兴县，是禅宗六祖惠能的降生地（唐贞观十二年、公元638年2月8日）、故居和圆寂（公元713年8月3日）之所。唐初的六祖惠能，是佛教南宗的始祖。历史学家范文澜称六祖惠能的功绩，是"变天竺式的佛教为中国式的佛教"。

利玛窦在来到中国之前，于1577—1581年，曾在印度果阿修道院进修神学，受到印度佛教的影响是可想而知的，这就为他在中国传教奠定了东方文化的基础。他来到肇庆之时，正是南宗佛教在这个地区成为主流文化的时期，也是将印度佛教改革之后的中国佛教日益鼎盛时期。他要在这个地区传播西方的天主教，就必须入乡随俗，主动接触、学习和皈依佛教。他在肇庆身着六年佛服，削发去须，自称"西僧"。这也是他们试图利用佛教的影响以及中国人可以接受的方式，传播天主教的一种创造，希望民众如同接纳佛教一样接纳天主教。

利玛窦们向肇庆的知府王泮说明来意，并请求在肇庆有"一块小小的空地，建造一栋小屋作为住所以及一所敬神的小教堂"，"以便在那里度过余年"。

这一请求很快获得批准，天主教堂于1585年落成，这是明清时期，中国第一座天主教堂。王泮亲笔赐匾"仙花寺"，并在教堂的接待宾客的客厅里，亲笔题匾"西天净土"。利玛窦用意大利文分别译成为"圣贤的秀丽会所"和"来自西方纯洁的圣父"。天主教堂，取名"仙花寺"，并称"西方净土"，是"佛耶对话"的一种杰作。利玛窦们，通过"从佛"在肇庆立足。

如果说，禅宗六祖惠能对传入中国的印度佛教，进行大胆的改革，并使之实现"中国化"，成为有中国特色佛教的开山祖；那么，利玛窦就是以一种开放的胸怀，力求通过"耶佛对话"和"耶儒对话"使基督教文明不断"中国化"，因而，成为当之无愧的近代"沟通中西文化的第一人"。

1589年王泮离任升迁。刘继文到肇庆继任两广总督，此官对利玛窦没有好感，于是，下了逐客令，允许他去韶关南华寺立足。

尽管南华寺是禅宗六祖惠能在此传道五十余年的佛教圣地，但是，利玛窦在传教的实践中，却逐步认识到，在中国的儒释道三者之中，儒家为最高。只有"从儒"才能取得朝野和百姓的理解与支持，给"天主更大的光荣"。于是，他向当时作为天主教会的"印度、日本、中华教务巡阅使"范礼安建议：来华的传教士，应当废其僧名，蓄发留须，身着儒服，以获传教之方便。1594年，这一建议获准,利玛窦身体力行,脱掉僧衣改穿儒服,废"西僧"之名,改称"西儒",从认同佛教,转向尊重儒家。

在韶关期间,他用了很大的精力潜心研读儒家经典。李贽说:利玛窦"凡我国书籍无不读……请明于四书性理者解其大意,又请明于六经疏义者通其解说,今尽能言我此间之言,作此间之文字,行此间之礼仪",是一个"中极玲珑,外极朴实,极标致"的人。

利玛窦在他的札记中,对孔子有积极评价:"中国哲学家中最有名的是孔子。这位博学的伟大人物,诞生于基督纪元前551年,享年70余岁。他既以著作和授徒,又以自己的身教来激励他的人民追求道德。他的自制力和有节制的生活方式,使他的同胞断言,他远比世界各国过去所有被认为是德高望重的人更为神圣","孔子是中国的圣哲之师",因此,"中国有学问的人非常之尊敬他"。"四书五经"是为着国家未来的美好和发展而集道德教诫之大成,《四书》"是着眼于个人、家庭及整个国家的道德行为,而在人类理性的光芒下对正当的道德活动加以指导",《四书》"是所有想要成为学者的人必须背熟的书"。

利玛窦从"西僧"到"西儒"的转变,开启了"耶儒对话"的历史新篇章。

上帝　天主

利玛窦极力从经典中寻找"儒耶对话"的切入点,探讨用儒家思想论证天主教教义的可能性。这一研究成果,为他著作《天学实义》奠定了基础。

1595年,他离开韶关到达江西南昌,当年刊刻了《天学实义》,这是糅合"儒耶"的代表作。1601年改名为《天主实义》,1603年在北京正式刊刻出版,1604年译为日文,后又译为高丽文,1605年又在杭州重刻,以后曾经多次再版,并译成多种文字发行各国,后被《四库全书》收入子部杂类存目。

《天主实义》共有二卷八篇,全部以中士和西士问答的形式构成。在形式上,似乎采用了《论语》师生"对话"的体例,它是第一部东西方文明对话,面向中国人传播"耶教"的"范本""教科书"。第一篇论述天主是创造并养育天地万物的主宰，他无始无终、独一无二。第二篇解释天主，就是中国儒家经典中所说的上帝。以上两篇，阐述了有关天主的教义。

该书对"天""天主""上帝"三者之间的内在联系，集中进行了论证与阐述：

关于天与天主：苍天不是上帝，大地不是上帝。愚者只知天地而不知天地之主，智者视苍苍之天而知有天之主宰。天是天主的代称，天主只有一位。

关于天主与万物：天主能从无中创造万物，天主生万物以为人用，天主慈恤人类亲来救世，天主化生万物尽善尽美；天主掌管灵魂，天主使灵魂显现，天主命鬼神引导万物；天主非天地、鬼神、人物、道德，天主是全体、全能、全知、全善；天主非佛老之空无，天主非儒家之理与太极；天主无形无象，天主道在人心，天主全知全在，天主赏善罚恶。

关于天主与上帝：吾天主乃古经书所称上帝也，中庸引孔子曰"郊社之礼，所以事上帝也。"周颂（《诗·颂·周颂·清庙之什·执竞》）曰"执竞武王，无竞维烈，不显成康，上帝是皇。"又（《诗·颂·周颂·臣工之什·臣工》）曰："於皇来牟，将受厥明，明昭上帝，迄用康年。"商颂（《诗·颂·商颂·长发》）曰："昭假迟迟，上帝是祗。"……礼（《礼记·月令》）："（孟春之月）是月也，天子乃以元日祈谷于上帝。"云："天子亲耕……以事上帝。"又云："天子亲耕，粢盛秬鬯，以事上帝。"《汤誓》曰："夏氏有罪，予畏上帝，不敢不正。"《汤诰》又曰："惟皇上帝，降衷于下民。若有恒性，克绥厥猷，惟后。"《金縢》周公曰："乃命于帝庭，敷佑四方。"历观古书，而知上帝与天主，特异以名也。

利玛窦在天与天主、天主与上帝这三者之间做了"打通"。他将有形的"天"，变成无形的"主"，得出"天"与"主"的"二分"，并且后者高于前者、造化于前者，是前者的主宰，进而用此逻辑解释中国的"苍天"与"上帝"，于是"天主"与"上帝"等同。他从这里找到了欧洲文化与中国文化的结合点，找到了基督教与儒学的结合点，为在中国传教开出了时空。

四百年前，利玛窦告诉中国人，我们的"天主"，就是你们的"上帝"。从此，"天主"与"上帝"在中国的天主教徒中，或通用，或混用。而在中国人当中，也就把传统的"上帝"，视为西方天主教的"天主"。故在中国的日常用语与文献之中，就只有"上帝"，而不见"天主"了。至今，营业员还称顾客为"上帝"。

其实，"上帝"一词，乃中国专利，并非源于西方，且早于基督教文明千余年，中国的"上帝"与西方的"天主"，在时间与空间上有太大的差异。

中国的"上帝"与"天"，是"合一不分"。《史记正义》云：上帝，天也。天即上帝，上帝即天。天，不决定上帝，上帝，也不化育苍天；中国的"上帝"作为"神"，也是一种原生态的"自然神"，并非某个"神明"所创造，它虽"至高无上"，但不自恃"唯一""排他"，在中国一直是多神并存；中国的"上帝"，在人间没有一个相对应的宗教组织；中国人共认，"上帝"，就是"苍天"，是自然万物，故讲"天理""天道"，"靠天吃饭"，"天人合一"。中国人的婚礼，要首拜"天地"。

中国人"事上帝"，即"事天""祭天""敬天"。建于明永乐十八年（1420）的北京天坛，自明嘉靖九年（1530）开始，就成为明清两代帝王每年祭天，祈求风调雨顺、五谷丰登，为天下求福的地方。此间，利玛窦在北京居住十年，他应当明白，这种"事天"，绝非"事天主"。

任何一个人，在理解与接纳一种文化，尤其是外来文化之时，一般都是从已有文化思维定式出发的。西方人用西方文化思维定式，审视中国文化；中国人也理所当然地，用自己的文化思维定式，观察、理解与接纳西方的文化。或者说，谁都是戴着自己的眼镜，拿着自己的工具，按照自己的标准，对他者文化，进行"取其精华，去其糟粕"，"批判地"吸纳。

利玛窦从天主教的角度，对儒家的核心价值做了新的诠释。他把儒家的"仁者爱人"，冠以仁者"爱天主"，就是典型事例。

利玛窦在《天主实义》中，主张用儒家仁德爱天主。爱天主是第一仁。仁为众德之要，仁即爱天主，爱天主就会爱人，人应当竭力爱天主。天主真实可信，可为仁德之基。

总之，在这两种文明长期"对话"之中，作为中国文化核心价值的"天""道""理""上帝""仁""义""礼""孝"等，以及许多日常用语，都被"西化"。无论是"中名西言"还是"西名中言"，利玛窦都是为"用天主普度中国人"开辟空间。

整个20世纪，一些中国知识精英，借用西方的文化思维与工具，解读、审视、否定和批判自己的传统文化，往往就自觉不自觉地，沦为背离或伤害自己文化的工具。这可能是21世纪中国知识精英需要深思与警觉的历史教训。

信念 态度 方法

不同文明之间的对话，体现着各种不同文明的信念、态度和方法。利玛窦对自身文化的坚定信念，为天主而传教，鞠躬尽瘁的精神，他对待文化他者的尊重与接纳，心平气和的态度，他入乡随俗，审时度势，灵活有效传播文化的方法，至今仍然值得学习与借鉴，对于21世纪不同文明对话，"跨文化传播"，仍有参考价值。利玛窦曾经这样回忆来华传教的精神动力：

> 我们耶稣会士依照本会的宗旨，梯山航海……做耶稣的勇兵，替他上阵作战，来征讨这崇拜偶像的中国……发动这场精神战的第一人，便是本会的沙勿略神甫。……以后，耶稣会士们就带着满腔热情，和葡萄牙人结伴而来。

应当指出的是，利玛窦们当时传教，第一没有军事力量的支持，第二没有国际条约的保护，第三是封闭的中国人对洋人非常好奇和反感，第四是自身的文化背景差异与语言的不通。这给他们在中国传教，带来了极大的困难。对于如何在中国开辟一条传教的成功之路，是传教士们必须面对的课题。

1595年11月4日，利玛窦从江西南昌发出的一封信中，归纳了自己十余年来在华传教的实践经验：

> 第一，能够相对准确地说、写汉语；第二，能够以惊人的记忆力把握"儒教的四书"；第三，在数学领域的知识；第四，随身带的珍奇物品（钟表、威尼斯玻璃三棱镜、宗教画、西方书籍）；第五，大家相信是一个炼金术士；第六，是布讲的教义。

结合他传教十余年的实践探索，这六点经验我们可以概括如下：（1）要过语言关，精通汉语；（2）要入乡随俗，适应中国的礼仪制度、生活方式以及风俗习惯；（3）要向中国人介绍欧洲的科学技术，对中国的皇帝与民众有益，使中国人看到欧洲比自己先进之处，把科学技术作为传教的手段；（4）要深入研究中国的主体文化，在尊重的基础上，寻求欧洲文化与中国文化、基督教与儒释道的结合点，这就需要与中国的知识界有名望的学者建立往来，这是传教的需要，但是，也要规避偏离基督教正统教义和有关教规的风险；（5）要向朝廷、君臣、各级有权力的士大夫靠拢，并取得他们的理解与支持，这关系到在中国可否以及在多大程度上能够传教的关键；（6）要向欧洲和本国介绍中国的政治、经济、文化等社会实情，以便获得政府和耶稣会的支持。

1598 年 9 月，他从北京返回南京的途中，路过山东临清，与郭居敬神甫合作，完成了对《四书》的拉丁文的释文，以"对于别的神甫学习中文有很大的帮助"。此为向欧洲人介绍儒家经典"四书"，最早的西文译本。1601 年 1 月 24 日，应万历皇帝诏请，他再次到达北京。万历在北京宣武门内赐给他住所，"所需皆由朝廷供给"，他于 1605 年，在此创建了"礼拜堂"——宣武门内的天主教堂，是北京历史上的第一座教堂。

利玛窦在北京居住的最后十年，连续译著了《几何原本》《乾坤体义》《圜容较义》《同文算指》《测量法义》《经天该》《万国舆图》《西字奇迹》等图书，其中有一些是与徐光启、李之藻等合译。他是 16 世纪与 17 世纪之交，在中西文化交流史上作出杰出贡献的泰斗、西方研究汉学的始祖。

利玛窦，从 1582 年来到中国的澳门，到 1610 年 5 月 11 日在北京逝世，在中国传教整整二十九年，他将五十九岁一生的后半生，奉献给他的信仰和东西方文化交流互鉴的事业。

他在北京逝世后，明神宗万历破例下旨，以陪臣礼赐地以葬。在阜成门外二里沟滕公栅栏儿、嘉兴观之右，修建了利玛窦的坟墓，即在今北京西郊车公庄大街、北京市行政学院院内。1900 年以来，几经毁坏和修复，而今，来此朝拜的外国朋友，络绎不绝，每年多达千人，纪念他沟通中西文化，开启耶儒对话的历史功绩。这足以表明世界人民对利玛窦的崇敬。

几点启示

（一）融通"耶、释、儒"三"经"

利玛窦在印度果阿接触佛教四年，又在肇庆仙花寺身着袈裟六年，借释弘耶。可以说，他对"佛经"是比较了解的。以后他又"从儒"二十余年，对《论语》等经典，多有钻研，并译成西方文字以传播。在四百年前，他对《圣经》、《论语》、"佛经"，所了解的深度是难以想象的，他对三者进行了以"耶教"为主导的融通，给欧洲人留下最初的中国文化印象。而今，能够如此精通"三经"者，可能不多。然而，无此种对中西文化深层的相互了解，就难免不使"对话"成为各说各话，而难以促使"对话"深化并取得成功。

（二）寻求与主体文化互相"对话"

一种文化，若想在一个新的文化生态环境中生存下来，必须克除"水土不服"，进而寻求生存与发展的文化土壤。利玛窦对"释""儒"的习与从，就是对这种"文化生态环境"的适应，并在适应过程当中，找到了当地的主体文化，先"释"后"儒"。外来文化只有与本土的主体文化互相"对话"，才能立足，进而有所作为。利玛窦的传教实践探索表明，在中国这块具有古老文明的土地上，任何外来文化，不与儒家文化相"对话"，将难以生存与发展。这是四百年历史所证明的一条真理。

（三）对异质文化持平等与尊重态度

利玛窦对"释"与"儒"，始终持平等尊重、"屈尊向下"、虚心学习的态度。虽然他以传教为使命，但没有取"居高临下""我打你通""取而代之"的"霸道"。如此，才能"各美其美，美美与共"，找到"对话"的结合点，才能了解与悟到异质文化的"真经"，实现传播"耶教"的理想。这正是近代以来，强势文化在中国难以"如愿"，屡屡受挫，需要反思的教训，更是当今不同文明交流互鉴需要遵循的历史经验。

（四）对自己的文化应有充分的自信

利玛窦等传教士，梯山航海，历尽艰辛来中国传教，是对自己所信奉的文化有充分自信的展现。文化自信，是任何一种文化得以存在与发展的内在依据。世界上，有文化自信，才有多元文化的并存，才能"各美其美"；有文化自信，才有"互鉴"，才能"美美与共"。"互鉴"是对文化自信的肯定与鼓励，缺乏或没有文化自信，就会失去"互鉴"的资格；文化自信若异化为文化霸权，"对话"就变成了"冲突"。利玛窦的探索，对当今不同文明对话、交流与互鉴，推动人类文明进步，仍有积极的参考价值。

（五）要反省以往文明冲突的历史经验与教训

不同文明的客观存在，其冲突与对话难免。然而冲突与对话都是手段，关键在于目的，是"各美其美""美美与共"，推动人类文明不断进步，不是彼此伤害，你死我活，"优胜劣汰"，致使人类文明走向单极绝唱，而逐步衰败。

四百年前，利玛窦开创的文明对话与互鉴，核心是儒耶之间核心价值的融通，对推动东西文化的交流，起了重要历史作用，正如有人所云，"哥伦布发现了新大陆，利玛窦发现了中国文化"。中国对人类文明的贡献，不只有"四大发明"，还有"四书五经"。

而今，能够心平气和地总结利玛窦传教历史的实践与经验，可以视为21世纪的文明对话、交流互鉴的起跑线，具有世界文明发展里程碑的意义。无论世界上哪个国家的文化学者，都需要清醒、理智和主动，摆脱历史上形成的片面、极端的文化思维定式，来一个文化思想上的解放，本着文化"多彩、平等、包容、互鉴"的新理念，推动和建构21世纪人类的新文明。

性情的形而上学
——儒家的诚体与圣经的逻各斯和智慧比较

梁燕城

(加拿大文更中心主任)

一、性情的形而上学

中国哲学中的终极本体理念,如天、道等最高真理,是否有性情?这是中西哲学的一个关键相遇点。西方"逻各斯"的概念,在希腊时是指宇宙之理性,万有变化的平衡点。但在希伯来时(新约),所谓"太初有道(逻各斯)",这道就具性情之意义,是一性情的真理,西方用"位格"(personality)一词,形容终极真理,所谓具位格的上帝。"位格"一词在中文中十分模糊,难以界定,译为"人格神"更是大误,若是终极的上帝,如何能用"人格"的范畴来理解,反而用中国思想的"性情"一词,能恰当地表达。"性情"一词可用诸上帝,也可用诸"天""道"或"诚"等本体上。在中国,所谓天、道、诚等,虽不是有位格的上帝,但却可具性情之本质。依此点言,和西方的逻各斯或上帝可相遇,而有中西之沟通。

中国哲学是从性情的自觉开始,如儒家觉察不安不忍,恻隐之情,孝悌之道,或道家觉察人之迷执,人之成心,而求用虚静的功夫复人之本真。中国哲学更由此推进,以人性情的流发为好善恶恶之心,作为进入形而上学的路,此乃由人性情之真实性为进路,而肯定形而上之性情的真理,这与西方的进路很不同，但又同时肯定性情的真理，可以成为一比较哲学的课题。

唐君毅先生在其毕生巨著《生命存在与心灵境界》中①，曾提出"性情的形而上学"一词，认为人面对世界很多不合理之事物，如果只从一度向之理性思考，"必归于反复循环，终无了日"。所以唐先生认为，面对世界的不合理，须从人精神上的合理要求着眼，以人的性情及其对善的愿望为本。他说："此中人之形上学思维，须还隶属于吾人当下此心之性情，以再外观此世界之命运。"人之性情，是有一善良的要求，即求成为圆满的人，即古人所谓的成圣，且也望他人得成圣。以这性情的愿望看，"可超过现有之实然之事实"②。

唐先生指出，人由其性情所渴望的圆满，及对这圆满的肯定，即可先见到绝对真实的世界。这真实世界没有不合理之处，再回顾现实的不合理，而见圣凡与善恶的相对，而明白"无明白有可去之理，罪恶世界自有由上帝加以救赎之道，凡人自有成佛之道"③，而得见不合理的世界只属外在和下层，而至善之光明本原，是人内在而属上层的世界。

人心觉察这本来的合理和圆满性，就发觉这是一当然的命令，为人生之目的，当见世间有不合理之事实，"即有一愤，阱之性情"，求除去不合理，而实现天理，希望天理能彻上下内外，而消除不合理世界。人由其性情中生善良愿望，进而对形而上之至善有信心，丢"化不合理者为合理之事"④。这信心亦来自人的性情，是人自觉地求实现善之心，是形而上的信仰。

这种形而上学，立根在生活中之性情，发而为对真实世界的肯定，是一切理想、道德、正义的形而上基础，是为性情的形而上学，人可由哲学思想去推知，理想必有一实现的动力；而这动力的根源，即天人合一之本心、本性、本情，理想成为一道德的无上命令，所谓"天命"，成为道德上好善恶恶之情及恻隐之情，而努力去化解世界之不合理，成为一不止息的奋斗行动。

唐君毅先生创"性情的形而上学"一词确能洞察中国哲学的精华，比牟宗三之"道德的形而上学"更符合中国哲学的实情，中国哲学不能以康德形态的"道德"一词穷尽，但"性情"一词则具广泛性，可兼通儒释道三学统，而又

---

① 唐君毅：《生命存在与心灵境界》，台北学生书局，1977年。
② 唐君毅：《生命存在与心灵境界》，第118页。
③ 唐君毅：《生命存在与心灵境界》，第118页。
④ 唐君毅：《生命存在与心灵境界》，第118页。

可与西方思想沟通。

二、儒家诚的哲学与性情的形而上学

有关性情真理的观念，在中国儒家哲学中特提出"诚"这一概念。"诚"字在春秋之前时代，多用为助语辞，如《诗经·大雅》的"谢于诚归"（《崧高》），《论语》的"诚哉是言也"及"诚不以富"（《子路》《颜渊》），老子的"诚全而归之"（《老子》第二十二章）等。

在战国时代，《周易·文言传》中有"闲邪存其诚"及"修辞立其诚"，这种"存诚"和"立诚"的思想，看来是将"诚"作为一种修养的质素，代表一种真诚之态度。

"诚"字主要是在儒学传统中用，如《孟子》中"诚"字出现二十二次，其中有德性义的，有"万物皆备于我矣。反身而诚，乐莫大焉"（《孟子·尽心上》）。以万物皆由人赋予意义，皆在人性中具完备性。人若真诚自省，发现宇宙的奥秘就存在于自己本性中，自有无尽快乐。

在《孟子·离娄上》篇又云："悦亲有道，反身不诚，不悦于亲矣，诚身有道，不明乎善，不诚其身矣。是故诚者，天之道也；思诚者，人之道也。至诚而不动者，未之有也。不诚，未有能动者也。"

这段话前面讲到"获于上"及"信于友"之道，皆以悦亲为本，而悦亲则以诚身为本，"诚身"就是"明善"，也就是一种理解和实现善的修养工夫。但孟子进一步指出，这"诚"即是"善"，即是宇宙本身之道，即天道之本然，人依此而实现诚，就是人道的本然。孟子以"诚"概念具有价值论与本体论之意义，即诚等同于价值上之善，也是天之本体。于是诚概念由人的修养工夫转成人性及本体之意义。

此后儒学传统中，荀子提到"诚"字，有三十次，是从修养工夫上言，如"君子养心莫善于诚，致诚则无它事矣"，"端悫诚信"，"诚信生神"（《荀子》不苟篇、修身篇）等，与"端""悫""信"等概念连用，是化性起伪的工夫，而不具孟子那样价值论和本体论的意味。

在《中庸》中，则全面把诚的价值论与本体论推演出完整的思想。《中庸》第一章，开宗明义地将宇宙之本体与人性的价值等同，所谓"天命之谓性，率性之谓道，修道之谓教"（《中庸》首章）。所谓"天命"，原是上天之命令，过去是指圣王得天命，因其本身修德。到《中庸》，则以这上天命令不是神秘的上天降下此责任，却是以天命本就具体地落在人性中，人性本身之善，就是上天命令的彰显，故人性即等同天命。天命贯通于人性。若天指宇宙的本体，那么人性就是宇宙本体的彰显，这是"天人合一"思想之基础。

《中庸》首章第二句言"率性之谓道"。这"率"字，朱熹解为"循"，"道"字指"路"，是日用事物间当行之路，即人能循这天命的彰显而行，即实践上天的命令于日常生活之中。

进一步言"修道之谓教"。所谓"修"，是存养、整理、推行之意。将这人伦日用生活之当行道路推行，就成为一种教化。

这是从天人合一，天命实通人性为理论之本，而贯入日常生活中，再推行之而成一教化，形成一种文化上的广泛影响，是儒学对宇宙、生活及文化的整体蓝图。

《中庸》的基源哲学问题，就是崇高的天命之性，如何能落入日常生活当中呢？在首章所言："喜怒哀乐之未发谓之中，发而皆中节谓之和。……致中和，天地位焉，万物育焉。"就是突显其对基源问题的关注。

所谓"未发"之"中"，即人性之"本然"状态，这是纯粹至善的。但当其发而为喜怒哀乐时，就有能否"中节"的问题。所谓"已发"，就是日常生活的世界，这是一"实然"状态，在实然世界，本然之善若能自然流发，那就是"中节"，是之谓"和"，达致"中"而又能"和"，当然天地万物都入于正位。

这里可以用三个概念去掌握这基源问题，即"本然""实然"与"应然"。"本然"状态是"中"，"实然"状态而又能中节，即是"和"；达致"本然"与"实然"的恰当配合，即是"应然"的"致中和"。问题是本然和实然如何恰当配合呢？"中"如何达致"和"呢？这是朱熹苦参中和的关键问题，也是工夫论的问题。

《中庸》并没有重点处理工夫论问题，却指出"中"达致"和"如何可能的根据，这根据就是"诚"的概念。

《中庸》二十章提道："诚者，天之道也；诚之者，人之道也。"这句简明地点出了诚这一概念的提纲，一是天道，一是人道。诚的意思是什么？朱熹解为"真实无妄之谓，天理之本然也"，这是"本然"的真实状态。这状态称为"天之道"，即是宇宙本来之真实。但诚的观念，又与人性相连，所谓"诚身有道""不勉而中，不思而得""择善而固执之"等这些都是"圣人"之道，亦即人的本性真实状态。

故诚同时是"天之道"与"圣人之道"，宇宙本来之真实与人本性的真实互相等同为一，这是天人合一思想之本，这是诚的本质。而人用各种工夫以求达致诚，则是"诚之者"，是人之道，即自实然而求达致本然也，如朱熹所说："未能真实无妄而欲其真实无妄之谓。"

此外，二十五章亦是一提纲："诚者自成也，而道自道也。诚者，物之始终，不诚无物。是故君子诚之为贵。诚者，非自成己而已也，所以成物也……性之德也，合外内之道也。"所谓"自成"与"自道"，是指诚体自身有自主自动的流发，不假外求，如孟子所谓"万物皆备于我矣。反身而诚，乐莫大焉"。万物须由人赋予意义。以诚来将意义加诸天地，这才有万物的意义；若无诚去赋予意义，物亦不成为物了，故不诚无物。诚者，要成己和成物。

这总结为性之德，而便"合内外之道"，即己与物都合而为一。盖诚是宇宙之体，也是人性之体，"物"属宇宙的彰显，"己"属人性之彰显，前者为外，后者写内，内外都统一于诚。

至于这诚的全幅显现，就是二十二章所谓"至诚"，从"尽人之性"到"尽物之性"，而后人能参与赞助天地之化育，与天和地并立为三，所谓"赞天地之化育""与天地参"也。这是应然的境界。

由诚之"本然"之真实，到"实然"之人追求达致诚，而得赞天地之化育的"应然"境界，可说是合上下内外，形成一天地之圆融，使最高之真实，可"造端乎夫妇"（十二章），从"庸德之行，庸言之谨"（十三章）开始，直贯入日用生活之中，而又可超越而达至"经纶天下之大经，立天下之大本，知天地之化育"（三十二章）。

"诚"原是人的性情，是反身而诚的修养，但在天人合一的思想框架下，也就等同于宇宙的真理，对这宇宙真理的体悟，是通过"诚之"之道，由尽人性物性而彰显。而诚就由人的性情去进达和彰显，作为天道之自身，自可"生物不测"（二十六章），"洋洋乎发育万物"（二十七章），这是天人共有的创造性，这创造性用诚概念描述，可称之为一种性情的真理。宇宙之本体，是有性情的，可由人性的流发和反省去进达，这是以天命之性为本的性情形而上学。

三、希伯来的逻各斯

西方也有其性情的形而上学，集中在希伯来的逻各斯（Logos）观念。在希腊发展的逻各斯观念，是无性情的理性，希伯来则是有性情之道，但同时又是理性之源，而与希腊之逻各斯有接通点。在赫拉克利特之后的希腊大哲中，逻各斯的概念逐渐代表了理性，如怀疑论者往往用"逻各斯"指合理合法的辩论方式，柏拉图以逻各斯是正确的知识，也是事物各别的本性，亚里士多德则以之为一种对事物之定义及在伦理中的理性。

柏拉图和亚里士多德在说及宇宙性的原理时，则鲜用逻各斯，而用诺斯（Nous）概念，表述具有灵智及宇宙灵魂的意思，安纳萨格拉斯（Anaxagoras）已用这词来描述宇宙起源，柏拉图则以造物主（Demiourgos）创造万有时之秩序为诺斯，是为宇宙灵魂。亚里士多德论宇宙创生时，物质与非物质之区分为诺斯，及万有由潜能至显实的过程中，其动因及显实均为诺斯，到斯多亚派，又重新用逻各斯观念，以描述宇宙的内在理性秩序，及超越的组织众生物的法则。

当希腊与希伯来两大文化相遇时，逻各斯观念发挥了很大的桥梁作用，如犹太哲学家菲罗（Philo of Alexandria），一面肯定上帝之超越性及情格性（personal），人不能从理性理解上帝，却须由直觉的神悟去体验，另一方面，宇宙又有其理性秩序，其最高的组织原则，就是逻各斯。逻各斯是上帝与万有的中介桥梁，为上帝之首生规律，内在于上帝，为上帝之一侧面，一切理想价值与万有原理均存在于其中。

希腊哲学的"逻各斯"概念，本是用诗言的基本理则，象征宇宙的秩序和灵魂的理性。而非常奇特巧妙的是，希伯来文明亦是用语言作为秩序的概念，而且在圣经中同样用"逻各斯"这一概念。也正因如此，在基督教兴起时，希腊和希伯来文明找到了接通点,这概念也与中国的"道"概念接近。"道"字亦有语言的意思,不过却更强调"道路"和"感通"之义,这也形成其与希腊哲学的分水岭。不过新约圣经的逻各斯则同样有道路之义,故亦和中国哲学有接通点。

"逻各斯"一词是希腊文,在希伯来文中则为"达巴"(dabar)。"达巴"是上帝的话语。Procksch 在《新约神学辞典》中指出,上帝的话语就是启示。其字根是"至高神圣"及"生命力量"之意,是"启示的精纯表示","只有在希伯来文中,达巴是一具体材质概念,带着充满生命力的能量,以致这言说概念的语言可以表达成不断呈现作工中的材质性力量(material force)"①。"圣言(逻各斯)是天上的力量创造地完成其工作在大地。"②

犹太人把旧约圣经翻译为希腊文时,其七十七译本有时把"达巴"译为"逻各斯"(共一千一百四十七次),有时则译为 thema(共五百二十九次),此中有一分别,后者是传递的话语,而"逻各斯"则指"主的话"本身,故具有"本体之道"的意思。

犹太文化是以语言不单在说出一个意念,却是指向未来,能带来未来的一些转变和一些事情之实现,此中带有创造性和实现性的动力因素在内,所以在犹太的宗教和哲学中,"逻各斯"更具有道的意味。

在希伯来文化中,究竟"逻各斯"这一概念有怎样的意义呢?旧约圣经中的"达巴"(dabar)在希腊文中常译为逻各斯,此辞指上帝的话语,此中的语言,不只是希腊的万有理性,或内在于宇宙的秩序,且是超越而有恩情的神圣存有之心灵,也是其启示表显的神圣价值、规律和力量。

在希腊哲学中,逻各斯是静态的理性秩序,与行动相对。语言和行动是两回事,语言和其所描述的世界也是两回事。但在希伯来的圣经中,语言就是行动,也就是世界的展现,因为在旧约圣经中,上帝的语言是创造的根源。当上帝说话时,他也在行动。如《诗篇》说:"他(上帝)说有就有,命立就立。"(《圣经·诗篇》三十三篇)

---

① O. Procksch, "λέγω", *Theological Dictionary of the New Testament*, Ed. Gerhard Kittel (Grand Rapids, MI: Eerdmans, 2006), IV: 93。

② O. Procksch, "λέγω", *Theological Dictionary of the New Testament*, Ed. Gerhard Kittel (Grand Rapids, MI: Eerdmans, 2006), IV: 98。

上帝的话语，就是神圣的行动，故上帝在创造天地时，说要有什么，就有什么，因为上帝的话语就是创造本身。

在旧约圣经的传统中，"逻各斯"或"达巴"，是创造和实现之道。当语言的概念用在上帝时，上帝的语言就是创造和实现一切的法则，而不只是人的语言去表象所见的世界。

那么希伯来文化有关道的概念，其原始意义是什么呢？为何语言是创造和实现之道呢？

希伯来文化并不同希腊之以宇宙为外在客体，却是以宇宙本身来自一情格性的根源，即所谓上帝。上帝是具性情的，故可主动与人类接触，而产生神和人的关系。其圣经的性质不单在讲一些传统道理，却是一本人遇见上帝而写下的记录，故其核心思想是人和上帝的"情际关系"（interpersonal relationship）。

希伯来文化以人记录了上帝在人间的行动与语言，这都被视为上帝的"启示"。"启示"的意思，是真理自身的主动显现，因真理具性情，即可以主动用行动和语言与人相会面，故希伯来文化不同希腊文化以理性原则为真理，而认为有情的真理为最终极本体，理性秩序是其创造的法则，属第二层次的真理，不是终极本体。

在希伯来的性情真理观中，理性秩序的位置如何肯定下来，成为一重要课题，此中理性秩序的肯定，就在创造天地万物的过程中彰显。上帝自身虽有性情，但他的创造却是有其规则，这规则是以其语言来表现。

从日常生活观察，语言具有常规性和界定性，上帝一说话，就创造了天地，其说话既是他的创造行动，同时也陈列出一种常规，一种理性秩序。不过这是创造性之理性从无创造出有，而不只是希腊哲学中那组织万物的规律，也不是变化中的和谐点。

四、旧约圣经的智慧观

希伯来文化中有关创造和实现之道（逻各斯），是以性情真理观为本而发展的理性思想，与之相关的，是"智慧"的概念。"智慧"一词在希伯来文是 hokma，一般应用是指人的正确判断和技能。在日常生活中，如战争、造衣、缝补、铁工、木工与航海导航等，都会用到智慧的概念，这是实践上的技能。

进一步，"智慧"也是生活实践中对人生处境的正确判断，为"知识"（daat）和"聪明"（tebuno）。聪明一词的原义为理解并用，故云"上主赐人智慧知识与聪明都由他口而出"（《圣经·箴言》二章六节）。智慧连着正确的认识和理解，是对人生的实践掌握。《箴言》一至七章，里面有很多对人生观察所发的言论，是一种人生之洞见，也是一种宗教情怀落实在人间的实践知识，这与当时中东的智慧文学传统相似，如在美索不达米亚，苏美洪水史诗的英雄 Ziusudra，其父亲 Shutuppak 对他提出的人生教训，就是一种人生洞见的智慧。

在埃及也有其教训（Sebayit）传统，教导"智慧"（maat），所谓智慧即秩序、正义和真理，这些智慧往往以父亲教儿子的形态出现，近期发现的古卷 Amenemope，其形态与内容与旧约圣经的《箴言》也很接近，《箴言》也常用"我儿"一词为起始，与中东的父教子文学形式一致，这是中东的智慧学传统。

但旧约圣经讲的智慧，有时不纯是人生洞见，也有来自神圣的启示。所罗门王的智慧表达，宣称是上帝的恩赐，因所罗门王初作工时，求上帝赐予智慧，因不为自己求寿求富或求灭绝仇敌，蒙上主喜悦，因而得聪明智慧，甚至超乎他以前以后的所有人。

依此传统，智慧由上帝所赐，具有启示的地位。在希伯来文化来说，启示的权威，除了来自摩西的律法（Torah）与先知的预言，就是诗歌智慧书，因此，智慧不单是中东传统所讲的人生洞见或长辈的训谕，而且是一种来自上帝的直觉感悟，在洞察人生的同时，对上帝也有正确的知识。

《箴言》有一句名言（《圣经·箴言》九章十节），代表了旧约希伯来文化的核心思想："敬畏上主，是智慧的开端，认识至圣者，就是聪明。"所谓"敬畏"一词，在英文译为"惧怕"（fear），因而引起很多误解，以为这是讲上帝之高大威权，人在其面前受震慑而渺小。其实据《旧约》专家 Skladny 指出，此概念是正面地用，可指"确信"（confidence），而非反面的惧怕。又冯·拉德（Von Rad）则指出，其义可能是"投身"（commitment to）或"对上主之知识"①，意思是智慧始于确信，投身于上主，或对上主有正确的知识。而"聪明"一词常与智慧同义，指正确的理解。人能认识至高的神圣者，也是一种智慧。

故在希伯来文化中，智慧是上帝一种放在人心的洞察直觉，使人能领悟世情，也能认识上主，这在《箴言》中就称为"会悟灵明"（《圣经·箴言》八章五节）。

智慧，一面是人对上帝的直觉感悟，另一面又还有更高的意思，即独立于人以外的真理。

在《箴言》第八章中，很奇异地把智慧描述为一主动表达自己的有情者，而不只是一种原理或人的认识或体悟能力。"他（智慧）在道旁高处的顶上，在十字路口站立，在城门旁，在城门口，在城门洞，大声说：众人哪，我呼叫你们，我向世人发声。"（《圣经·箴言》八章二至四节）智慧就像是上帝亲临人间，发出上帝的语言，而去呼唤群众，在这意义下，智慧不单是认识神圣者的能力，也是神圣者自身。故神圣者或上帝不是希腊的静态真理，其本身是一行动者，其创造的行动，既是智慧的表现，也是其言语（逻各斯）的彰显。

在同是智慧文学的《约伯记》中，有一段也提到智慧是在人以外，且隐藏为宇宙的创造奥秘："智慧在何处可寻，聪明之处在哪里呢？智慧的价值，无人能知，在活人之地也无处可寻。深渊说不在我内，沧海说不在我中。"（《圣经·约伯记》二十八章十二至十四节）这里，智慧不能寻，显明其不是人内里的一种直觉洞察力，也不是万物中的秩序，不在深渊，也不在海中，而是在深奥的上帝心中，所谓"上帝明白智慧的道路，晓得智慧的所在"（《圣经·约伯记》二十八章二十二、二十三节）。那是上帝在创造时的一种行动，是一种行动性的神圣本体，似是上帝本身彰显而成之道路，也是一种"道"。

在《箴言》八章中有一段很明显地视智慧为宇宙初创时的本体规则，同时也是一神圣的有情者："在上主造化的起头，在太初创造万物之先，就有了我（智慧），从亘古从太初，未有世界以前，我已被立。"（《圣经·箴言》八章二十二节）这里用第一身的称谓"我"来形容智慧，且是在时空与万有之前已经存在，这是一永恒而有性情的存有者。

---

① Gerhard Von Rad, *Wisdom in Israel* (Nashville: Abingdon, 1972), 67。

《箴言》继续描述，此智慧参与万有的创造："那时，我在他（上主）面前为工师，日日为他所喜爱，常常在他面前踊跃，踊跃在他为人预备可住之地，也喜悦住在世人之间。"（《圣经·箴言》八章三十至三十一节）这有性情的永恒存有者，是宇宙创造的工程师，与上主有爱的关系，且像孩子一般踊跃蹦跳，且在大地踊跃蹦跳，又充满喜悦地住在人间。智慧本体是一个欢跃喜乐的性情真理，参与设计宇宙，故宇宙本身也即是智慧彰显的框架。

智慧也是宇宙的道与生命，《箴言》说："谨守我道的，便为有福……寻得我的，就寻得生命。"（《圣经·箴言》八章三十二、三十五节）这"道"就是上帝的语言，故智慧是上帝的说话，亦即上帝心灵的彰显，若上帝就是生命的根源，则寻得上帝的心灵，就是寻得智慧。

希伯来文化与希腊的基本不同，在智慧非静态，是性情的真理，存在于人间，存在于宇宙，存在于创造之先，其踊跃喜乐，即成为宇宙生命力，而不单为宇宙之理性。

五、道和智彰显天地性情

总结对道与智的研究，希腊哲学中的"道"（逻各斯），作为"语言"的宇宙理性，是与工作（ergon）对立的。希伯来圣经中的"道"，作为上帝的语言，却与工作或行动连接起来，是创造和实现之道。上帝的语言是创造天地的理性规则，也是创造的行动本身；上帝一说，同时即是创造的行动，于是这语言也实现了万物，不单是万物的规则。

旧约中的"道"，从哲学上来说，就是宇宙的本体，是创造和实现的规则，既是宇宙的理性秩序，也是宇宙的质料。从神学上说，上帝的语言，也就是上帝心灵的表达。故这创造和实现之道，具有上帝性情，像语言和心灵的畅流，是一种活泼的天道流行。

作为性情真理之畅流，希伯来文化中的"道"和"智慧"，即有奇妙的结合。《箴言》八章描述智慧是一有情者，在宇宙太初之时，像孩子般在上主前面踊跃，以无比的爱和喜乐跳出了宇宙万有，也在大地上踊跃蹦跳，就表现出活泼的天道流行之图画。

道和智，均是上帝心灵的表现，化而为万有与人间的活跃创造力，也因此成为人与神之间的中介者。人观天地，即观上帝的道和智，亦即略窥上帝心灵之奥秘，而发现天地原是一大性情之彰显。

这宇宙之性情，在新约圣经中综合为"太初有道"与"道成肉身"的独特概念。《约翰福音》一章一节，所谓"太初有道"，就是"逻各斯"概念，据说是严复建议用"道"字来翻译，可说相当恰当，因中国的"道"字，具有宇宙真理、万有规律的意思，也同时有语言的意味。

所谓"太初有道"，在希伯来的传统中，就是在太初无始之阶段，已永恒地存有创造和实现之道，是上帝的语言，也是上帝心灵的彰显。接着说"道与上帝同在，道就是上帝"，即是说上帝的语言和心灵，永恒地与上帝同在，其自身就是上帝。此中上帝既是独一的普遍，但其内在又有分殊、有理一而分殊的意义，因为上帝的语言与心灵，未发时即上帝在其自身，一发而创造和实现万物，在一体中显示分殊的位分，此在后来希腊教父的思想中，即以"三位一体"一词言之，而成为一重要的神学哲学概念。

新约再论"道成肉身"，以这道既有性情，自可主动向人类示现。道成肉身不是圣人尽性践形那种"肉身成道"，却是性情的真理主动受限制而在历史中出现。新约圣经《约翰福音》十四章六节中耶稣说："我就是道路、真理、生命，除了借着我，没有人能到父那里去。"此中表示这太初之道，是宇宙之真理，是生命的根源，也是一条通向上帝的道路，故逻各斯与智慧，落实在人间成为启示，是真理，也是道路，具有中国的"道"的意思，但也有性情与大爱。

总结来说，儒家的"诚"是天命之性为本的性情形而上学，西方希伯来文化到二千年的基督教传统，则是上帝恩情为本的性情形而上学。中国的性情真理，儒家以诚造端乎夫妇，从天命之性内贯而展开成参赞天地化育，亦是"由具体内在而超越"之思路。希伯来及基督教传统以人的智慧可洞察明照，以契上帝，上帝本身是宇宙之亲情，以其智慧之语言"道"创造理性的秩序，其情也出境人间，与人相遇，与人同担人间之苦难，则是由超越而感通于具体内在之思路。同为性情形而上学，却有不同之思路，此亦中西之异同也。

参与世界宗教对话的儒家智慧

张 践

（中国人民大学继续教育学院教授）

从 20 世纪 80 年代开始，人类逐步进入了全球化时代，21 世纪全球化的速度进一步加快。随着全球化浪潮的发展，世界各国之间的各种政治、经济、文化矛盾开始显现出来。为了解决这些可能影响人类生存的迫切问题，以日本前首相福田赳夫、德国前总理施密特为首一批世界各国前政要建立了一个"OB峰会论坛"，从 1995 年以来，对人类面临的所有重大问题进行了研讨。特别是日本前首相福田康夫与德国前总理施密特主持的 2014 年维也纳峰会，讨论的主题是"宗教间的对话：伦理与决断"。参与对话的不仅有基督教、伊斯兰教、犹太教、印度教、佛教等著名宗教的领袖，而且也有著名的儒家学者杜维明先生。在全球化时代，民族—宗教冲突可能成为威胁整个人类生存的隐患，而中华文化，特别是作为古代中华文化主体的儒家文化，可以从理论上为世界各民族、各宗教之间的对话提供一种正确的思想方法和融通的智慧。笔者作为一名研究儒学的学者，认为儒家思想至少可以在以下几个方面提供重要的思想资源。

一、和而不同的相处之道

"和而不同"是中国哲学的一个古老命题，是对中国古代多元民族、宗教、文化和谐共生历史实事的正确反映。西周史伯说："夫和实生物，同则不继。以他平他谓之和，故能丰长而物归之；若以同裨同，尽乃弃矣。"（《国语·郑语》）在这里，史伯提出了"和"与"同"这样两个形式近似但是本质不同的概念。"和"是不同事物的矛盾统一，"以他平他"指不同事物的并存、交织、掺和、影响，故内部生机勃勃，形成"丰长万物"的生动局面。相反，同一事物的简单叠加就是"以同裨同"，不仅不能产生新生事物，而且自己也会衰老、枯竭、灭亡。春秋时期齐国的宰相晏婴继承了史伯的和、同思想，他说："和如羹焉，水火醯醢盐梅，以烹鱼肉，燀之以薪，宰夫和之，齐之以味，济其不及，以泄其过。"（《左传》昭公二十年）晏婴用烹饪作比喻，各种鱼、肉，必须加上不同的佐料，并使用不同的火候加工，才能做出美味佳肴。这是因为不同的原料性能不同，相互配合、相互补充、相互弥补，才能使之达到最佳效果。晏婴用和、同的关系告诉齐景公："君臣亦然。君所谓可，而有否焉，臣献其否，以成其可。君所谓否，而有可焉，臣献其可，以去其否。"（《左传》昭公二十年）君臣之间不同的意见可以相互补充，纠正不足，防止偏差。

孔子继承了史伯、晏婴的和、同思想，并将其进行了提升，他说："君子和而不同，小人同而不和。"（《论语·子路》）孔子将和、同之辨上升到君子、小人的道德判断高度，认为盲目追求绝对同一的人是小人，而能够容忍不同意见的人才是君子。自此之后，儒家学者彻底否定了绝对同一的状态，而将追求"和而不同"当成文化的最高境界。《中庸》提出了"中和"说："中也者，天下之大本也；和也者，天下之达道也。致中和，天地位焉，万物育焉。"《易传》则提出了"太和"说："乾道变化，各正性命，保合太和，乃利贞。"儒家"和而不同"的思想包括两方面的内容：一是社会应当允许不同的思想观念、宗教信仰的合法存在；二是不同的思想观念、宗教信仰应当求同存异，和谐相处。"和而不同"的价值观指导中国历代哲人在不同文化、宗教、国家之间追求和谐相处。中国现代著名哲学家冯友兰说："同无妨异，异不害同；五色交辉，相得益彰，八音合奏，终和且平。"[1] 冯友兰先生在《国立西南联合大学纪念碑碑文》中所说，虽然具体是指北大、清华、南开三校在抗战时期的合作

---

[1] 冯友兰：《西南联大纪念碑碑文》，转引自牟钟鉴《儒道佛三教关系简明通史》，人民出版社，2018年，第486页。

办学，但是这种和而不同的精神，则具有哲学的普遍性。

　　追求不同事物的矛盾和谐是儒家思想的精髓，也是中国古代历史几千年中与其他民族、国家交往的指导思想。对于世界上万物的生存状态，儒家认为"万物并育而不相害，道并行而不相悖"（《中庸》），世界有足够的空间容纳多样性文明的共生共荣。习近平主席在多种国际论坛上引用这段话，例如他说："'万物并育而不相害，道并行而不相悖。'我们要尊重文明多样性，推动不同文明交流对话、和平共处、和谐共生，不能唯我独尊、贬低其他文明和民族。人类历史告诉我们，企图建立单一文明的一统天下，只是一种不切实际的幻想。"① 世界上各种文明是在不同的社会环境中产生的，只有对各种社会环境的适用和不适用，没有文明的好坏优劣。正是在这种"和而不同"的思想指导下，才有了中国历史上多民族国家的和谐发展。在今天全球化时代，世界各国、各民族之间广泛、深入地进行全方位的接触，就更需要这种"和而不同"的思想作为指导，承认其他民族生存、发展的基本权利，承认各民族的文化及其信仰的宗教具有同等的价值，都是人类精神世界的重要财富，不必幻想用自己的文化、宗教替代其他民族的文化、宗教，这样各民族之间发生"文明冲突"的概率就会大大降低了。用自己的文明替代其他文明，是一种文化霸权主义。西方文化的背景是基督教，基督教是一种一神信仰的宗教，它的第一条戒律就是"除我之外，不可信其他的神"。尽管经过了近代的民主改革，但是"一元独尊""欧美中心论"的价值观念仍然根深蒂固，总是认为自己的文明高人一等，想用自己的文明替代其他文明。

二、理一分殊的哲学智慧

　　儒家思想提倡各种文化和谐相处，但是"和而不同"并不是杂乱无章的文化调和主义、折中主义，而是各种文化有机组合。理一分殊的哲学智慧，很好地解决了各种文化、宗教体系对最高真理的安顿问题。在先秦和两汉时期，儒

---

① 习近平：《弘扬和平共处五项原则 建设合作共赢美好世界》，《人民日报》2014年6月28日，第1版。

家文化其实并没有遇到与自己水平大致相当的文化、宗教体系，"和而不同"的文化策略只是一种对下级不同意见的宽容和对周边弱势文化的人道关怀。但是随着两汉之际佛教的传入和东汉末年道教的形成，儒家文化才真正遇到了异己的强势文化。对于许多文化体系来说，宽容弱势文化是比较容易的，与强势文化相处才是真正的难题。经历了魏晋南北朝和隋唐几百年的"三教之争"，通过向佛教、道教学习，儒家终于在宋明时期完成了一次重大的飞跃，形成了具有高度哲学思辨水平的宋明理学。"理一分殊"就是宋明理学家提出的一个具有高超思辨水准的哲学命题，用以说明儒释道三教如何在差异的文化体系中具有关于终极真理的一致性。

宋明理学家朱熹对"理一分殊"做了最为完整的阐述，他说："世间事，虽千头万绪，其实只一个道理，理一分殊之谓也。"（《朱子语类》卷一百三十六）"万物皆有此理，理皆同出一源，但所居之位不同，则其理之用不一，如为君须仁，为臣须敬，为子须孝，为父须慈。物物各具此理，而物物各异其用，然莫非一理流行也。"（《朱子语类》卷十八）在朱熹看来，天下万事万物之中所包含的道理，都是统一的天理在不同的具体事物中不同的表现，它们背后所反映的真理是一样的、一致的。为了通俗地说明理一分殊的道理，他还借用佛教"月印万川"的比喻，他又说："释氏云：'一月普现一切水，一切水月一月摄'，这是那释氏也窥见得这些道理。"（同上）月亮只有一个，但是月亮照射在江河湖海等一切水域中，就成为大大小小无数的月亮。这些水中的月亮可能因水势的不同而有差异，但是它们都是对统一的月亮的反映。宋明理学家用理一分殊的哲学范畴说明，世界上不同的学说或宗教，都是对人类那个统一的真理的反映，虽山形水势不同，月亮看起来大小、形态有所差异，但都是月亮则是没有差异的。由此看来，儒释道三教都是对天理的反映，虽表达方式不同，但是都具有相同的真理性。可以说，儒家的理一分殊说，很好地解决了多元真理共存的问题。

首先，理一分殊学说可以很好地解决一神论难以逾越的真理唯一论。对于一神教来说，首要的信条就是不可犯多神崇拜的罪过，因为他们深信，只有自己的宗教才包括宇宙间唯一的真理，即使持包容论的教派，也认为只有自己的宗教具有最后的、最高的真理，只有皈依自己的上帝才能得到拯救。在他们看来，宗教多元主义是相对主义，是在真理观上搞调和、折中，混淆了终极关怀问题上的是非。理一分殊学说，可以充分说明，各民族的文化、宗教体系，其实是对一个统一的终极真理的不同体会，不同表达。当代新儒家学者刘述先先生，积极参与了孔汉思①的"全球伦理"建设，并用儒家理一分殊学说，对他们倡导的宗教多元主义进行了深刻的论证。他指出："由新儒家的视域来看，要解决问题得采取'理一分殊'的方式。通天下之理只是一个，但却属于超言说、老子所谓'道可道、非常道'的层面，能够说得出的已属于分殊的层面，不可勉强归一。"②各个民族的宗教，都是对统一的天理的分殊表达，都具有同等的真理性，都具有不可抹杀的价值。用宗教多元主义者约翰·希克的比喻，不同的宗教信仰恰如天上的彩虹，是对同一种神性之光的不同折射。③推行以自己的宗教征服、替代、兼并其他宗教的主张，不过是一种文化帝国主义。

其次，理一分殊说为解释、容忍、宽容其他宗教留下了充分的余地。在儒家看来，世界之大，无奇不有，人们的生活方式差异极大，思想观念存在差异也是可以理解的。儒家主张和而不同，但是并不要求对其他文化、宗教中的所有内容统统接纳。如刘述先先生所说："站在儒家的立场，我们既不能接受基督教的原罪观念，也不能接受印度教的种姓制度。这里绝没法随便和稀泥，而必须承认在'分殊'的层面上有巨大的文化差异，在这方面不可以轻易会通。"④想要通过宗教对话，建设全球伦理使世界各国、各民族的宗教完全实现没有差别的统一，这本身就是文化帝国主义的表现。儒家理一分殊学说，为文化全球化时代，各个民族保持自己文化的独特性，提供了必要的思想资源。

最后，理一分殊学说为构建人类统一的全球伦理提供了科学的思想方法。上文已述，西方当代的宗教多元主义者认为，世界各民族的不同宗教，是从不同角度对统一的"终极实体"的不同表达。神学家将终极实体视为一种彼岸世界的超验存在，而人文主义学者也可以把这种"终极实体"看成是对人性的本质的神学表达。人作为一种类的存在，世界各民族的群众一定会存在某种共通的东西，否则就没有交往的可能性了。基于这样一种对超越各种宗教信仰和学

---

① 即瑞士天主教神学家汉斯·昆（Hans Küng）博士，德国图宾根大学名誉教授。
② 刘述先著：《全球伦理与宗教对话》，河北人民出版社，2006年，第15页。
③ 希克将自己论证宗教多元主义的著作，命名为《信仰的彩虹》，这是对理一分殊说的一种西方的方式的表达。
④ 刘述先著：《全球伦理与宗教对话》，河北人民出版社，2006年，第125页。

说差异的判断,西方著名的天主教神学家孔汉思先生,在1993年发起召开了世界宗教大会,由各宗教的领袖一起选定一些可以为各个宗教共同接受的"全球伦理"。这个全球伦理,就是可以通约世界各种不同宗教的"理一",也可以视为当代宗教领袖们可以认可的终极真理。如孔汉思所说:"若无一种伦理方面的基本共识,任何社会迟早都会受到混乱或专制的威胁。若无一种全球性的伦理,就不可能有更美好的全球性秩序。""我们都是执守世界各宗教的规则与实践的教徒。我们确认,在各种宗教之间已经有一种共同之处,它可以成为一种全球伦理的基础——这是关于一些有约束力的价值观、不可或缺的标准以及根本的道德态度的一种最低限度的基本共识。"①

三、忠恕之道的全球伦理

当代世界的基本格局,是由"威斯特伐利亚和约"确立的民族国家体系,民族是国家的文化内容,国家是民族的组织形式。既然当代世界基本框架是由民族构成的,因此不可避免地具有民族自身的局限性。即使是最大的民族也是有边界的,对本民族成员的肯定,就是其他民族成员的否定,即"非我族类,其心必异"。如马克思所说,"民族主义是一种放大了的利己主义"。那么在当今民族国家联合体形式的格局下,如何超越狭隘的民族利益,向构建人类命运共同体的方向前进呢,儒家思想可以提供一种基本的思想方法,这就是"忠恕之道"。

儒家文化诞生在人类文明启蒙的轴心时代,德国哲学家雅斯贝斯指出:"这个时代的新特点是,世界上所有三个地区的人类全都开始意识到整体的存在、自身和自身的限度。"② 在前轴心时代,人们生活在氏族组织或宗法血缘组织中,人与社会融为一体,并不感到独立人格的存在以及与他人关系的矛盾。但是随着轴心时代铁制工具的出现,个体家庭可以脱离社会群体独

---

① 《全球伦理宣言》,内部出版,第3页。
② [德]卡尔·雅斯贝斯著,魏楚雄、俞新天译:《历史的起源与目标》,华夏出版社,1989年,第8页。

立存在，人的自我意识出现，与社会、与他人的关系就成为各种矛盾的焦点，由于个人利益的争夺而导致社会原有秩序的紊乱。因此轴心时代的任务，就是寻找个人与社会交往的方法，探索个人在社会中的合理定位，寻找个人的精神解脱路径。一言以蔽之，轴心时代在中国、印度、希伯来、希腊发生的文化现象，是人们一次重要的思想启蒙。"忠恕之道"则是中国哲人找到的在新时代的为人处世之道，这个原则在中国人的世界中通行了两千五百多年。

　　1993年，由孔汉思发起的世界宗教大会，通过了一份关于全球伦理的宣言，与会者一再说明，这个全球伦理不是一种统一的新宗教，也不是要求所有宗教必须遵守的道德规则，全球伦理只是"一些有约束力的价值观、一些不可或缺的标准、根本的道德态度的一种最低限度的基本共识"。那么，在人类交往的过程中，什么东西可以成为全人类的基本共识呢？《全球伦理宣言》用准确的语言表述说："数千年以来，人类的许多宗教和伦理传统都具有并一直维系着这样一条原则：己所不欲，勿施于人！或者换用肯定的措辞，即：你希望人怎样对待你，你也要怎样待人！这应当在所有的生活领域中成为不可取消的和无条件的规则，不论是对家庭、社团、种族、国家和宗教，都是如此。"全球伦理的核心内容，就是儒家的"忠恕之道"，就是基督教的"道德金律"。由此总原则，《宣言》又扩展为四个分目，即：1. 坚持一种非暴力与尊重生命的文化；2. 坚持一种团结的文化和一种公正的经济秩序；3. 坚持一种宽容的文化和一种诚信的生活；4. 坚持一种男女之间的权利平等与伙伴关系的文化。刘述先先生指出："明眼人很容易看出，这是十诫中的伦理四戒——不杀、不盗、不妄、不淫——的现代表达。"[①]

　　忠恕之道在儒家思想体系中，处于绝对中心的地位。《论语》中这样记载："子曰：'参乎！吾道一以贯之。'曾子曰：'唯。'子出。门人问曰：'何谓也？'曾子曰：'夫子之道，忠恕而已矣。'"（《论语·里仁》）可见孔子本人将"忠恕之道"作为儒家所有学说中贯穿的核心价值观念。按照朱熹的解释，"尽己之谓忠，推己之谓恕"，也就是把自己所能够接受的东西当成与人相处的根本原则，其积极的方面是"己欲立而立人，己欲达而达人"（《论语·雍也》），其消

---

① 刘述先著：《全球伦理与宗教对话》，河北人民出版社，2006年，第162页。

极的方面是"己所不欲，勿施于人"(《论语·卫灵公》)。将儒家的忠恕之道与基督教的道德金律相比，其中积极的方面是一样的，基督教表述为："凡是你们愿意人给你们做的，你们也要照样给人做。"(《玛窦福音》7：12)但是基督教中，却没有与儒家一样关于忠恕之道的消极表述。结果是，信仰基督教的欧美人士认为，只有信仰基督教才能得到拯救，所以为了让人类其他的弟兄们也得到上帝的拯救，他们不遗余力地在世界各地传教，甚至不惜伤害其他民族的宗教感情。在当今世界西方文明处于强势的形势下，美国保守派思想家把他们自己坚持的信仰称为"普世文明"。亨廷顿的观点就是这种保守主义的代表，他说："文化和文明的多样性对西方，特别是对美国的西方文化普世信念形成了挑战。……西方普世主义相信全世界人民都应当信奉西方的价值观、体制和文化，因为它们包含了人类最高级、最进步、最自由、最理性、最现代和最文明的思想。"[1] 最典型的事例，就是2007年7月发生的阿富汗塔利班武装分子扣押韩国人质事件。这些人都属于一个基督教的传教会，他们不顾阿富汗是一个全民信仰伊斯兰教国家的事实，硬是要到那里去传播上帝的福音。正如中国台湾儒家学者蔡仁厚指出："西方宗教所表现的'狂热'，便正是'以己之所欲'而'强施于他人'。就其初心而言，虽然是一番好意(希望他人亦能够得到上帝之恩宠而赎罪得救)，而结果却无可避免地干涉了他人的宗教信仰自由。"[2]只有"己欲立而立人"，没有"己所不欲，勿施于人"，这正是基督教文化输出、扩张性的深层理论根源。在当今人类经济、政治、文化高度融合的全球化时代，一味强调自身宗教的优越性，强迫他人接受自己的宗教，极容易引发全球性的民族—宗教冲突。所以蔡仁厚先生得出结论，西方的"道德金律"比不上儒家的"忠恕之道"。孔汉思在起草《全球伦理宣言》时，也将"己所不欲，勿施于人"这种对忠恕之道的否定性表述放在肯定性表述的前边。

可以说，儒家的忠恕之道为世界文明对话，为世界各民族国家将利己主义转化成利他主义，提供了一条最基本的思想资源。

---

[1] [美]塞缪尔·亨廷顿著:《文明的冲突与世界秩序的重建》，周琪等译，新华出版社，1998年，第254页。
[2] 蔡仁厚著:《儒家思想对人类前景所能提供的贡献》，首都师范大学出版社，1999年，第251页。

四、多元参与的宗教实践

中国传统文化是一种多神信仰的文化,这一方面表现为中国存在着多种宗教,它们都可以在中国社会上自由地传播;另一方面则表现为,中国的民众经常同时保持着多种的宗教信仰,一个人可以同时是几种宗教的信徒。对于这一点,西方的基督教徒和世界各地的穆斯林是难以理解的。如保罗·尼特说:"正如我们经常观察到的那样,'你的宗教信仰是什么?'这样典型的西方问题可能会让本土中国人无法回答……中国人都是宗教的混血儿。他们不像欧洲人和美国人,他们并没有在惟一的宗教信仰中成长。虽然某一个特殊的中国男人或女人可以证明他们主要的宗教世界观是儒教的或是佛教的,但是他们不是纯粹的儒教徒或佛教徒。中国宗教生活的这种混合特质就表达在中国的'三教'观念中。'三教'即儒教、道教和佛教。同一个体在不同的生活背景下可以同时接受儒道佛。"①对于亚伯拉罕一系的宗教信徒来说,信仰的头号禁忌就是多神崇拜,所以绝对不能允许一个人同时信仰几种宗教的情况。但是在中国就不存在这样的问题,多元宗教参与和多元信仰的现象普遍存在。要解释这种现象,必须理解作为中国文化主流的儒家宗教观。

孔子开创的儒家学说是在春秋战国时期社会急剧转型,传统宗教"礼崩乐坏"的背景下诞生的。古代宗教的瓦解的一个重要表现,就是传统宗教的鬼神观的动摇,社会上普遍存在"疑天""怨天",否定鬼神存在的无神论思潮。孔子受当时无神论思想的影响,在形神观上怀疑鬼神的存在。"季路问事鬼神。子曰:'未能事人,焉能事鬼?''敢问死。'曰:'未知生,焉知死?'"(《论语·先进》)孔子对人死后的世界给予了不可知的回答。虽然当时宗教势力尚且强大,但"子不语怪、力、乱、神"(《论语·述而》)。孔子绝口不谈人死后的情状,实则关闭了通向彼岸世界的大门。可是孔子提倡孝道,主张大搞祖先祭祀活动,因而难免陷入"执无鬼而学祭礼"(《墨子·公孟》)的尴尬。为了

---

① 保罗·尼特著,王志成等译:《一个地球 多种宗教》,宗教文化出版社,2003年,"中文版序言",第2—3页。

摆脱这种两难局面，孔子在宗教观上提出了一个新的命题："祭如在。祭神如神在。子曰：'吾不与祭，如不祭。'"（《论语·八佾》）宗教活动重在参与者的主观心理感受，而不在乎对象之有无，人信其有神便有，不信其有神便无。他教导人们以虔敬的心去从事宗教活动，但不必刨根问底地去追究鬼神之有无。如果从现代宗教学的角度看，孔子的宗教观是一种典型的主观宗教观，从这种宗教观出发，无论是天、道、佛，还是上帝，信仰对象本身的真假、虚实并不重要，重要的是能够为信仰者带来实际的利益。

受儒家宗教观的影响，中国古代的民众对彼岸世界的存在抱一种实用主义的态度，主要考虑这种宗教是否可以给自己带来实际的好处。只要是有利于身心健康、事业发展的宗教信仰对象，都可以顶礼膜拜，即所谓"见庙就烧香，逢神即磕头"。魏晋南北朝时期，佛教、道教大发展。一方面出现了激烈的三教之争，进行深刻的宗教对话；另一方面在社会上出现了士大夫群体与高僧、高道广泛交游、普遍参与的局面。《牟子理惑论》的作者自称"既修经传诸子"，又"锐志于佛道"。东晋宰相王导集儒学与玄学于一身，而高僧支遁则佛、玄兼长，执东晋清谈学界的牛耳。南齐名臣张融死葬时，"左手执《孝经》《老子》，右手执小品《法华经》"（《南齐书·张融传》）。梁武帝萧衍是中国古代最为崇拜佛教的皇帝，但是他也精通儒学、道教的学说，大煽三教会通之风。经过儒释道三教几百年的对话，在唐宋以后，三教合流已经成为一种大势所趋。充分吸收了儒家和道家思想的禅宗，成为中国佛教中的绝对主流派系；吸收了儒家纲常伦理和佛教修习仪轨的全真道和正一道则成为道教主流；而儒家则在充分吸收道教的宇宙生成论和佛教的思辨哲学的基础上获得了飞跃发展，形成了高度理论化的宋明理学。可以说中国文化的历史，就是多元文化相互交流、吸收、补充、发展的历史，而中国的宗教，也很自然地带有了中国人精神上的这种多元混合的痕迹。到了宋明以后，道教的观、庵之中供奉佛像，佛教的寺院中也可以看到关公，甚至山西大同的悬空寺建了一座"三教殿"，将孔子、老子和释迦牟尼放在一起接受百姓的香火。

中国人这种多元宗教信仰的情况，在基督徒看来可能是极不虔诚、不正统的，如法国汉学家谢和耐在研究明清之际基督教与中国文化的冲突的著作中所指出："大多数士大夫在其一生中对每件事都小试一番——佛教、道教、长生术和占卜以及阴阳术——从一个转向另一个，丝毫不会在乎地将其混淆在一起……中国人普遍地对折衷和综合表现出如此明显的爱好的原因是，对他们来说，绝对的、永恒的真理是不存在的。"[①] 对于宗教缺少绝对的虔诚，对中国人的社会发展也许会产生某些负面的作用，但是这种状况对于中国各民族人民的文化交往具有莫大的好处，即不会因宗教信仰的差异引起民族之间的文化冲突。中国的皇帝出于民族团结的需要，经常向其他民族信仰的神灵顶礼膜拜，以便获得少数民族群众的支持，而并不会感到与自己内心信仰的矛盾。元世祖忽必烈的一段话很具有代表性，他讲："我对四大先知（耶稣、穆罕默德、摩西、释迦牟尼）都表示礼敬，恳求他们中间真正在天上的一个尊者给我帮助。"（《马可·波罗游记》）

　　这种多元参与的宗教实践也许一时还很难被亚伯拉罕系的宗教信仰者接受，但是在当今全球化推动下世界各国人民接触越来越多，民族—宗教冲突可能会对人类的生存造成致命性的损害的情况下，是否也能够提供一些借鉴和思考呢？

[①] 谢和耐著，于硕等译：《中国文化与基督教的冲撞》，辽宁人民出版社，1989年，第66页。

要搞"一多不分"文明对话，不赞成"一多二元"话语霸权
——尼山"'对话与回归'高端学术论坛"发言

田辰山

（北京外国语大学国际关系学院教授）

一、在比较中西大格局中理解"文明对话"

人们一直在说要"文明对话"，但是历史经验说明，文明对话是一件极其艰难、不容易做到的事情。"文明对话"为什么是艰难的？因为真正产生一个"对话"，不是上嘴皮碰下嘴皮，而是极其具体的一件事情，是以具备很多必要条件为基础的；没有必要条件的基础，"文明对话"是不会产生的。

首要的一点，文明对话是人与人的对话，不是人同天空的对话，不是人与禽兽的对话。"文明对话"不是空话，不是梦中呓语，不是对牛弹琴，而恰是实实在在的，是在人与人之间发生的对话，人与人才有对话可言。一旦这个论点成立，就有了"同什么人对话"的问题。所谓"人同此心，心同此理"，是不错的，但是必须是直指"人不同此心，心不同此理"的大规模、充斥人类生存生活环境的现实景况的。所以"文明对话"，首先的根本条件是"人与人"之间的，而且在此之上，"文明对话"还有更多必要条件，"对话"发生绝不是无条件的。也即是说，"文明对话"是经验的，是具体的，不是抽象的。只迷恋于抽象的"文明对话"意念，根本不谈现实的为什么对话难以产生的原因和

条件，无异于视"文明对话"如同鸦片，只能麻醉自己，只能陷于一厢情愿的幻觉而已。因为"文明对话"是绝对必须产生在它所必然需要的条件具备情况之下的。

那么"文明对话"需要的究竟是什么必然条件呢？第一个条件已经说了，是"人与人之间"的关系条件。现在讲第二个条件，它是人与人之间互相对待的"善意"。这是很简单的道理。这两个条件的必然性在于，没有人和人关系的条件，根本谈不上"对话"二字；而即使有了人和人的关系，仍然绝对必要的还有人同人之间的"善意"。人与人相互对待没有"善意"，也不会有对话，但凡有一些对话，也是"打嘴架"，也是常说的"口水仗"，或者"怼"这个字。这都不是"对话"。所以没有善意的"对话"，不称其为"对话"。"打嘴架"一则是延续不下去的，二则是容易导致人与人之间矛盾、冲突的关系，直至开始相互诉诸暴力，最终得出一个你输我赢的结果，搞出一个"征服"和"压迫"的强者霸权同被征服与被压迫弱者的二元对立。

所以，这样延续下来的逻辑必然是，所谓"文明对话"，也不是任何抽象的、不再加任何思索的人与人"对话"，而必然要求的是你要"同什么人的对话"，要进行"什么性质的对话"。是不是相互怀有善意的人之间的对话，是不是促进更紧密的人与人关系的对话，还是相互恶意算计的对话，搞我赢你输的对话，搞我征服你、支配你、你必须卑贱地服从我的所谓"对话"，这不是"文明对话"，而恰恰是不文明的对话。

人类的"文明对话"，必须是具体的人与人之间相互满怀善意的对话。善意从哪里来？它来自非人为的、人与人之间自然而然的内在无限关系，来自人与人之间不可须臾缺少的合作的无限游戏或活动，这不是有限的、目的旨在我输你赢的有限游戏，不是临时关系。无限关系、无限游戏，很简单，不是别的，就是作为天地之心，作为"天大地大人亦大"的人与人之间的、儒家"仁义礼智信"观念的关系。这种属于人的文化的心理，是基于人与人之间作为"一多不分"的自然不可相互独立与相分的关系，是基于人与人是同在一个大生命体系和同一个大生命过程中的，也即人类作为一个"命运共同体"存在的关系。在今天来讲，也是指绝对不是那个全球流行个人主义意识形态观点的人和人之间关系，绝不是将一切人视为单子个体独立存在、二元对立，以追求、达到一己自私要求为终极目的那种关系。

因此,"文明对话"是具体的人与人的对话,更重要的是出于只有人才有的文化范畴的心理善意的对话,是促进人群与人群有利于生生不息同命运关系的对话。这个意义的"文明对话",才是我们今天所讲的文明的对话。否则,没有什么对话;即使有所谓的"对话",它不是空话,就是打嘴架,就是可能朝着关系更加恶化方面转化,乃至引起相互诉诸武力的"恶语相向"。

此外,一旦人群与人群之间具备了一定必要条件进行"文明对话",这样的对话还必须要求有能互相懂得彼此的语言、语汇和话语的条件。而且,这一套语言、语汇和话语还必须是来到同一个范畴中对话。"范畴"非常重要。什么是"范畴"?它时时刻刻不断地发生在我们周围任何人与人之间的交流之中。如夫妻之间。妻子问丈夫:"你今天为什么回来这么晚?"丈夫回答:"你昨天比我回来得还晚。"这个对话就不是交流在同一范畴,就构不成"对话",或将成为"嘴架"。又如谈论一辆汽车。一个人在谈论这个汽车的色彩款式,另一个人在谈论它的机械原理,这种情况也不发生在同一个范畴,也构不成对话,只能是各讲各话,互不搭界。它们不可能汇成一个相互能够沟通问题意识的语言、概念和话语,成为一个"对话"。只有在对话双方在同一问题意识上、享有同一逻辑,用同一语言、语汇、话语,叙述同一故事——比如丈夫要老老实实回答妻子回来晚了的原因,两个人都谈论的是汽车色彩或者机械原理,两人才会同心、同志与合力,才会走向和合,生产出"对话",才会产生相互共生优化的最佳效果与作用。

其实文化和文明不是别的,而是人类共生共运的关系,是人类走向善于生存、发展的人性能力,善于生养和发展和合关系的能力。这是人类的"一多不分"文化和文明的突出特点。但是,这绝不是可以闭着眼拒绝直面眼前活生生的现实:充斥人类社会环境的大量"一多二元"的意志、意愿、行为和话语,其实并不是文化文明的特点,而是文化文明的污点。因为这些意志、意愿、行为和话语,带给人类的是破坏人与人、人与社会、人与自然关系,破坏生生不已状态的作用。这一个污点,不是善意文化,它不是要求"文明对话",而是企图征服、压迫和实现霸权。这就是说,人类应如何用健康文化去克服、纠正倒行逆施的意愿、行为和话语等不得已而为的事情。这也是说,君子要如何对待小人,如何同小人对话,如何同不同类型的小人对话。这就是针对不同小人,须采取面对复杂情况的不同对待方法。需要不厌其烦,有时要"怼"回去，有时要有"人不犯我，我不犯人，人若犯我，我必犯人"的态度，或许还需要"姜太公钓鱼"或者"韬光养晦"。这样就是一件十分讲究，十分智慧的事，而这极端抽象的"文明对话"四个字，就仅是"远水解不了近渴"的说法而已了。

二、要搞"一多不分"的"文明对话"

中国有一个"和合"哲学文化传统。"和合文化"如何"和合"出去，实现这个"和合"，就不是重复简单得不能再简单的"文明对话"四个字了，而是一种有丰富内涵、纷繁的特定话语方式的极其复杂的战略和战术智慧。

我们这次的会议主题特别好，除了"对话"，还有"回归"。回归到哪里去？是回归到人类文明、文化的根源处，是回归到人类精神文化传统的源头。这个源头在哪里？这个源头是什么？不能不说，它就是人类的哲学文化，是人类对天地宇宙自然万物和人类自己的认识中得到的"一多不分"；也即由"一多不分"生生为贵关系承载着的天地宇宙自然万物和人类自己构成的一个大生命体系和大生命过程；这样的一种哲学文化，是人类原初如何看待和理解天地宇宙自然万物，是用什么认知方法理解和认识人类生存生活的这个大场域，是在对人类自己和它的大场域基础上，形成的是什么样的思维方式，形成的是什么样的社会观、人生观，形成的是什么样的意志和意愿，是以一种什么样的人的行为抑或动物行为活着和做着事情，是使用什么样的语言、语汇和叙事话语来讲述自己的意志、意愿和行为。不能不说，就是这四个字："一多不分。"就是将天地宇宙自然万物和人类自己，皆看成一个大生命体，看成是同一个生命的生生不已的过程。一切的一切都是内在的"一多不分"的，如同"道"字博大精深意义的相系不分、自然生存关系。也就是"以生生为贵关系为本"的，而不是"以单子个体一己独立性为本"的。用一句话说，它就是儒家"仁义礼智信"的，不是个人主义意识形态的。今天要搞的"文明对话"，一定是人类这个哲学文化"一多不分"意义的"文明对话"。

"一多不分"的"和文化"能与"一多二元"的意志、意愿和行为搞"和而不同"吗？只要有条件，是可以的。这个条件是什么？这个条件就是"一多不分"的"和文化"有能力给予"一多二元"的"不和"意志、意愿和行为在利益上的考量觉得是合算的，不可缺少的另一个能力，就是在力量对比上有制动本质上"一多二元"的"不和"意志、意愿和行为的能力。必须看到，"一多二元"的"不和、冲突"的意志、意愿和行为只是人类少数人基于假想的谬误哲学文化，哪怕是在"一多二元"谬误哲学文化主导的社会和文明中，它的"不和、冲突"的价值观和行为也是违反大多数人的意志、意愿的。"一多不分"的"和文化"的"文明对话"叙事听众对象，不是少数顽固不化的"个人主义意识形态"的"一多二元""不和、冲突"人生观的浮躁者，而是广大的人民，人民才是"人同此心、心同此理"的。这是说，"一多不分"的"和文化"是属于这少数人之外的所有人的，"不和、冲突"的意愿和行为，只是属于少数人身上的，只是私人资本利益的人和替维护私人资本利益的政治服务的。

"一多不分"的"和文化"所做的"文明对话"：1. 要用比较中西哲学文化语言，讲清什么是"和"，讲清中华文化是以"和文化"为主流的文明传统，讲清"和"意味着人类命运的共同和生生不已贵生关系的内在不分，讲清"一多不分"的"和文化"的天地宇宙万物自然和人类自己理解和认识、认知观、思维方式、人生观、社会观和语言结构的"生生为贵关系为本"。这是用言语讲述"一多不分"的意志、意愿和行为。2. 在行动上，示范给它，"一多不分"哲学的意志、意愿、人生观和行为，为什么是"和"的，是怎么样去"和"它的，而不是去"斗"它的。3. "一多不分"的"和"，得到回应如果只是"一多二元"的一味地向"一多不分"的"斗"，"一多不分"也不是庸俗地、一厢情愿讲"和"的，而是根据情势需要或者采取不理睬，或者也据理力争地"斗"回去，但这是被迫，目的还是为了"和"。"一多不分"的"和文化"提倡娴熟老练地把握"斗"的战略和策略，"斗"以"和"、以"不斗"为目的。正像汉字"武"，用"戈"是被迫，目的是为了"止戈"。如果想不到这些，无条件讲"文明对话"，以为"和"是唯一，是一切，是绝对，这种态度在事实上是放弃"和"，这是对"不和"的妥协，是南辕北辙，达不到可对话的"和"条件的。

向"一多二元"的"不和、冲突"的意愿和行为去求"对话"或者"和"，是不应当否认需要斗争的，而且是讲究斗争的，是以斗争为必要手段的。它有不可抗拒的学理逻辑，因为向"不和、冲突"妥协、让步，所能达到的不会是"对话"或者"和"。"和"就是要包含斗争的，没有斗争，就不会同"不和、冲突"有"和"的发生。这是对"和"的简单理解者难以想象的。在这个范畴中求"对话"或者"和"，必须是以"和"为目的，以斗争为手段，二者的统一是必需的。可以说，向"不和、冲突"者求"对话"或"和"，是一种追求，是策略，是技巧，是留有余地，是艺术，是求主动；有主动的"对话"或"和"是真"和"，失去主动的"和"，是"同则不继"，是适得其反，是"同而不和"！所以，"文明对话"或者"求和"不是不讲矛盾，不是一团和气。一团和气是愚蠢，是安慰自己，前面等着的是失败。斗争的"和"是辩证法，是智慧，是生生不息，是不可战胜的。

既然讲"文明对话"，必须首先得懂得什么是文明，要懂得汉语"文明"同西方概念"civilization"作为互译词，为什么并非是等同含义的词。英文词"civilization"是"城市化"，是手段，是科技，但汉语中"文明"不是这个含义，而是人类实现自己与天地宇宙自然万物可持续生存和发展必然条件的人的精神道德和智慧。在人工智能发展的问题上，人类必须掌握人工智能的手段，而不是被人工智能掌握，不是人类被引向自己的毁灭。

所谓"文明""文化"，是人类如何让自己立于天地之间，这是最核心的智慧。文明是生养什么样的人，是生养"人"，还是生养"禽兽"。辜鸿铭先生有十分犀利、透彻的解释。他说："如今要想评估一个文明的价值，我们最应关注的问题不是其所建造的或能建造的城市是如何宏伟，建筑是如何华丽，道路是如何通达；不是其所制造或能制造的家具是如何典雅舒适，仪器、工具或者设备是如何巧妙实用；甚至也与其创造的制度、艺术和科学无关：为了评估一个文明的价值，我们应该探求的问题是人性类型，也即这种文明产生了什么类型的男人和女人。事实上，男人和女人——人的类型——是文明的产物，正是它揭示了文明的本质和个性，可以说，揭示了文明的灵魂。"一句话，称得起文明的，是生养出辜先生指出的男人和女人：谦和、乐观、善解人意、顾全大局、达观和敢于担当、正义凛然的男人和女人，而不是怯懦、贪婪、耽于声色和背信弃义、苟活诡谀的人。必须关注中西方语言的结构不同的文化含义。文明和 civilization 不是同一个词，不含有对等含义。不了解这个差别，就会混淆范畴，混淆逻辑，混淆叙事意义，这样是无从谈论"文明对话"的。

三、用"一多不分"哲学反思"五四精神"

2019年，是五四运动一百周年，是一百年走到一个转折点，来到一个堪称"百年未有之大变局"。中国不再是那个挨打中国、分裂中国、千疮百孔中国、失魂落魄中国、"东亚病夫"中国。中国今天迈出的最重要的脚步，是精神脚步，是高擎"人类命运共同体"大旗的脚步，更是第二次人类启蒙和新时代文明的脚步。今天在比较中西大的格局中用"一多不分"哲学反思和重新阐释"五四精神"，直接关系着中国和世界未来的走向和前途。

进行百年反思，首先和极其重要、应当看到的是，"五四精神"给人们的启示：只有马克思主义和中国传统文化的融通，才是世界文化的前途。否则人类没有前途！其他个人主义意识形态一翼的意志和意愿和行为、话语，所说"德先生""赛先生"，越来越表明是倒行逆施、将人类引向自我毁灭的方向的。我们今天对五四运动应该怎么看？必须深刻认识近现代以来"一多二元"式的误读。

1. 中华民族需走完认识西方的过程。"五四"时期，是中国对西方开始认识的阶段，出现对西方的不少误读。原因是那个时代西方列强用大炮打开中国大门，中国被迫签订屈辱的不平等条约。中国思想界在精神上变得不自信。中国对西方的认识是简单、误读的。因此，中华民族直到今天，仍需走完一个认识西方的过程，大批人仍盲目崇拜西方。中华民族知识分子中，有的个人已经完成了认识西方的过程，辜鸿铭算一个。梁启超、严复、孙中山都是一开始推崇西方，后来感到不对头，最后改变对西方的看法。人们一般只记住他们前期说的话，对他们后来的醒悟，没有给予充分注意。

2. 不要再留恋"德先生""赛先生"。这两个口号，今天仍有很多人向往不已。这其实是一个误读、误解。"德先生"不应该用汉语"民主"这两个字理解。它的英文是"democracy"，发音是"德谟克拉西"，针对的是古罗马政教合一政体，是反对教会统治，含义是取自古希腊城邦选举的多数票取胜制度。它被假设为具有普世价值，成为任何时间、地点的绝对真理。"赛先生"（也即科学），被用来否定基督教传统宗教信仰，因为上帝被否定、被排斥，文艺复兴和启蒙运动后，要用科学理性寻找唯一真理，其实是仍与基督教上帝唯一真理雷同的超绝概念。需要质疑所谓"西方先进中国落后"的话语，这是个西方中心主义政治意识形态的话语。

3. "现代性"这一概念，内涵是个人主义，驱动力是私有资本主义。理性和科学都是手段，不是普世真理，都转为服务个人主义的私人资本利益。在哲学上这是一个谬误。谬误之处在于人被假设为单子个体、互不联系。而不证自明的是，不存在互无联系的单子个体的人，人是关系构成的。所以"个人主义"是一个谬误，是宇宙观谬误。科学发展史揭示出科学是血腥的，是物质实力和统治手段。今天人类在科技上发达，而在与之配合的意识形态上却比原始人还要原始。科技被作为手段来利用，服务于一己自私之利，武力征服和积累个人私有财富。一个简单的例子，坚船利炮的建造，是为发动鸦片战争，为侵略中国。中国的人们理解现代思想需要明白，"文艺复兴"是流产的。除了否定传统道德，"一神"被用来建立个人主义的神圣合法性，"神"来赋予一己个人权利，保障一己个人的自由民主，为无限积累个人的财富做合法性的证明。"现代性"文化没有脱离超绝主义"神"的假设，"现代性"的"先进"含义是个人主义意识形态：人人都是单子个体，人为一己私利竞争，正是"现代"意识。

4. "五四精神"与儒家思想传统是不矛盾的。二者其实是中国文化传统内部结构在新时期的话语中做出的重新调整和延续。由同一个儒家传统在近代生出新儒家，生出马克思主义在中国土壤的中国化，还生出自由主义的中国模样。中国的自由主义爱好者是从中国传统理解的，跟西方原型的自由主义不是一个概念。五四运动好比一个盛水桶，里面的水原是自然、平稳的，或者说自给自足的。突然来了一场地震，外力的震动致使内部产生剧烈动荡。这桶水开始激烈动荡。要记住的是，桶里的水再厉害地动荡，也没有离开水桶的结构。水桶结构可比喻为中国文化结构，水动荡，各种思潮激荡，水桶的结构不变。当时中国各种思潮的纠结，互相撞击，很风潮，很时尚，却仍是保留着中国传统结构。

5. 马克思主义中国化是实打实的国学。说马克思主义把传统反掉了的人很多。一讲马克思主义在中国，就言必称孔子遭到五四开始的待遇，言必称"批林批孔"。有一种观点很流行，认为保留儒家传统的中心，不在中国大陆，而在边缘，在中国港澳台，甚至在海外。理由是中国大陆是马克思主义统治，马克思主义是西方的。其实这个说法没有多少根据。把中国和西方作为两个整体传统系统加以比照，正说明马克思主义的中国化形式，是中国哲学文化的现代形式，是集西学与国学精华之大成。现代用的"国学"一词，离开马克思主义中国化，是讲不清楚的。毛泽东思想是马克思主义中国化的理论成果，与中国哲学文化传统是一脉相承的。中国传统之所以能够在现代实现以马克思主义语言形式的重建，根本原因在于马克思主义的本身结构是与西方传统结构的决裂，是异军突起。它具有的内在联系性的运动宇宙观，使得马克思思想翻译为汉语之后，获得了与中国思想结构实现结合的最大可能。

6. "尊孔"和"反孔"不是对错的二元截然分水岭。历史并未给人们解决"尊孔"同"反孔"的必然正确与错误矛盾的定论。人们必须有开拓性思维，将二元对立的结扣打开，否则会永远徘徊在此亦一是非，彼亦一是非、不断循环的怪圈之中。如不能在历史怪圈中把握命运，必总是悲剧重复。今天"尊孔"又吃香了，所以五四运动错了吗？不能如此颠来倒去。理论和实践是很不一样的事情。知和行，实际是两回事，不可混淆。把正确理论付诸实践是不容易的事情。必须明白，不可以简单将理论付诸实践的失败，直接作为是理论本身的错误，草率地抛弃理论。儒家思想影响的一些具体朝代出现的治国理政问题和失败，不一定是儒家思想本身的道理导致的。其实容易理解，一个正确思想，由一百个人去执行，时间地点条件不一样，践行的结果一定是一百种情况。拿一篇英文，让一百个人翻译，翻译出来的也是一百个样子。翻译出错或者不当，不可以说是英文文章的错。"实践是检验真理的标准"虽是正确的，也不可以说，执行了，成功了，理论就一定正确，失败了，理论就一定不正确。理论付诸实践，其实失败概率极大，很大程度上都是理论本身以外的因素导致的，跟理论本身是否有问题无关。今天量子论的哲学启示是，一个整体体系，有一个微小地方发生紊乱，也会导致整个体系紊乱。成语"见微知著"，是说发现一点微小问题，可预见它将会酿成大错。所以，历代治国理政出的问题，是历代的人们自己的问题，不能简单笼统归咎于整体孔子儒学。

7. 因为五四运动反孔而否定五四运动是错误的。不能用今天的观点去否定前人。必须看到，在当时需要进行革命的事物之内，很多甚至完全坏的东西，都曾在儒家传统的名义下存在。在那个革命年代，要革命，首当其冲的是最表面招摇的东西。革命的直观、直截了当的暴烈行动，不是绣花，而是霹雳般横扫。首先就是打倒旗号，当时的"反孔""反传统"是历史自然、必然之事。

8. 从内在联系看，革命与孔子本身不是二元对立，而是相通的。革命的根本逻辑其实来自儒家思想。历代农民起义或革命，揭竿而起的口号"替天行道"，不少都是从儒家或其他传统汲取思想资源。不同的是，因有西方思想传入，马克思主义获得一次替代历代儒家思想作为革命意识形态的契机。马克思主义所以能够替代传统思想的意识形态功能，一方面是中国人对马克思主义的理解，是出于儒家或中国传统思想角度、方式的，另一方面，也是越来越多的情况说明，马克思主义在西方的产生，也与中国文化思想传到西方分不开。马克思主义本身蕴涵着诸多元素，容许人们从中国传统思想方面对它作出理解。所以，革命和孔子思想的关系，如不是作为非白即黑二元对立看待，就符合实际了。不是凡反孔就是错误，凡尊孔就是正确，或者反之。不是凡马克思主义就必要反儒学，凡儒学就必要清算马克思主义。而是去深入看二者之间的内在联系，它们有哲学宇宙观、人生观的相互融合之处。

9. 马克思主义才是西方先进思想文化。五四运动启示我们，西方先进思想文化是马克思的思想。马克思主义对私人资本主义的批判，在今天仍然是深刻有效的。世界来到了一个整个人类生存发生危机的困境，就是资本主义造成的。只有社会主义能够救中国、救世界。"德先生"不能用，必须加上无产阶级或社会主义的定语。只有这样才可同中国传统优秀的"民本"思想来到同一个范畴。笼统地使用"民主"只能是偷换概念。另外马克思对科学的定义是辩证唯物主义的。辩证法的"科学"探求的是内在联系。在中国发展科学需要分辨，它是资本主义利用的科学，还是马克思的同中国哲学文化一致的辩证法。辩证法的"科学"不是形而上学，不是手段，而是世界观。

10. 马克思主义让我们知道什么是资本主义。除了马克思主义，西方先进文化还包括20世纪自身内部涌现的批判理论和后现代主义思潮。它们要告诉我们：资本主义是邪恶、不道德、血腥、毁灭人类的，是少数人剥削和压迫人，剥削和压迫整个人类；工人劳动群众造反和反剥削、反压迫是合法的。工人劳动阶级只有建立自己的政治制度，彻底打碎现存资本主义制度的一切，才会得到彻底解放，无产阶级的天然力量是联合起来，实现共产主义，即无阶级的大同社会或人类命运共同体。今天中国提出"人类命运共同体"意义非凡。就是要从人与人不合理的阶级压迫关系中解放全人类，而且劳动者只有解放全人类，才能最后解放自己。这是马克思主义的核心思想，革命是"五四精神"的本质。因此，马克思主义同中国优秀文化传统在哲学层次上理论的融通、合一，同后现代思潮的对接，是解决今天中国与世界问题的必需。只有意识到这里，才来到中国确切立脚的地方。中国要意识到，自己其实是在与西方后现代主义对话。西方后现代思想是对接到中国古代老子、孔子、庄子那里，对接到中国"一多不分"的哲学文化——整个宇宙是一个生生不息的大生命过程，天地人万物宇宙是一个相系不分的大生命体。《易经》《道德经》等中国哲学文化经典皆是讲这么一个道理，马克思主义讲的也是同一个道理。

11. 中国没有西方概念意义的"封建主义"。什么是"反封建"，不能笼统而言，要更确切地认识。"反封建"是反对清王朝的腐败统治，是反对历史各朝代出现的腐败统治，反对历史周期性的腐败糟粕文化，反对脱离中国优秀传统文化主流的"民本"和"政德"的资治通鉴而带来民不聊生的社会动乱状态。中国现代用的"封建"一词，是从翻译西方"feudalism"得来。而其实，中国没有等于西方历史文化意义的"封建社会"。"feudal society"（"封建社会"）是指欧洲特有的个人军事割据独裁的"prince"（"君主"）政权，是马基雅维利的概念。而中国是中央集权制度，主流哲学文化的含义是"治国理政"，是《易经》《道德经》和儒家经典一脉相承基于民为邦本的"政德"。这是西方传统根本没有产生的中国特色悠久历史的治理思想。西方一路走来的政治思想离不开从古希腊就开始的个人主义。比如，《道德经》专门针对"王者"提出必要条件。照《道德经》说的，"王者"必须把个人置于与天地一起。一个国家领袖必须是毫不自私的，是将自己身体视为宇宙、交付于人民的。他的心须是以老百姓心为心，要为百姓代受一切痛苦和屈辱。这正是现代的共产党人。共产党人体现着最具体最突出的中华优秀历史文化传统要求，具备做带领人民前进先锋队的条件和方略。中国没有西方式的"封建主义"是今天必要重新认识的问题。这是在比较中西哲学文化传统的哲学阐释研究中，逐步认识到的。

李约瑟是一个具有马克思主义立场的学者。他早就提出过中国说的"封建"和"封建主义"，不是作为翻译西方概念的"feudalism"原本的含义。中国的"封建"或"封建主义"实际上是中国传统特有大一统制度的历史周期性出现的剥削压迫性腐败统治，是附会到"封建"或"封建主义"概念上的。

12. 中国的糟粕文化是"精华文化"在动态中转化不恰当地转化成的不好意愿和行为。中国说的"封建"或"封建主义"，就是现代以来常说的糟粕文化。区分中国文化中的"精华"与"糟粕"，其实"糟粕"就是"精华"向它反面的转化，是本来"一多不分"文化变为绝对的、不内在联系的"二元对立、形而上学"的，变为不实事求是的、不恰当的，变成单向单线关系的。领导同群众之间，变为长官意识的下达强制命令。本不应该是这样的，领导同群众关系是相互的，是协同一致的。这是一个简单的变为"糟粕文化"的例子。糟粕文化是转化为不恰当的，由相对性转化为绝对性的。比如"修齐治平""学而优则仕"是优秀传统思想，但在现实社会中，转化为"书中自有黄金屋""光宗耀祖"等绝对性观念，向糟粕转变了！还有"君君、臣臣、父父、子子"，现代以来一直被视为封建等级关系，其实原本它们作为精华文化是相互性关系。它向"糟粕文化"转化发生在实际实施之中，由双向相互性关系，变为单线单向的上决定下关系，变成"糟粕文化"了。这种例子比比皆是，只要对中国优秀传统思想文化的"一多不分"宇宙观、认知观、思维方式、人生观，做了"过犹不及"的实行，导致想法、做法、说法，统统变为偏颇的"糟粕文化"。因此，不能将中国优秀哲学文化传统在现实社会运作中向"文化糟粕"转化的现象，一概而论作为整体的中国哲学文化否定掉，扩大化地将整个中国文化否定掉。这等于连同洗澡水一起，将孩子倒掉。

13. 不可误读马克思主义历史观。对在中国使用"进步""发展"这等字眼要有敏感，不要将它同西方主流传统上帝计划的目的论历史观混淆。中国文化环境使用"进步""发展"两词，是马克思主义历史观，有进化的历史观意义。单线单向走向世界末日历史观，自由主义、个人主义，黑格尔历史观的"进步"，都是超验目的论的历史观，越是"进步"，就越接近世界末日。美国学者Fukuyama（福山），声称"个人主义自由民主"是人类历史走向终点的最后意识形态。所以马克思主义的、中华传统哲学文化的、进化的，与今天世界时尚流行的"发展""进步"说法，必须加以区别，否则会误判。

14. 马克思主义不是解决生产力的理论，而是解决阶级剥削和压迫的理论。资本主义的生产力发达，是以阶级压迫为前提、以少数人剥削压迫多数人为前提的。只有社会主义、共产主义是解决阶级剥削压迫的，是解放全人类的。在这个逻辑之中，资本主义是束缚生产力的，共产主义才是解放生产力的。解放生产力，是作为解放工人群众的手段，不是直接根本的目的。马克思是说资本主义束缚生产力，束缚人。还有一层意思，对私人资本而言，不产出利润的生产力是弃之不用的。科学再发达，科学再先进，只要不产生利润，就不会被采用。资本主义束缚生产力发展，本质上是束缚人本身作为生产力。人本身是自然的人，也是生产力，把自然的人束缚了，也就束缚住了生产力。"束缚生产力"不是对"私有资本的生产力"束缚，而恰恰是它的自由把人变为私人资本奴隶的生产力，使劳动力带有价格，成为市场商品，与解放生产力反其道行之。

15. 鲁迅和"讨伐文化劣根性"。中国曾发生过对中华文化"讨伐文化劣根性"的潮流，其实是一个悲剧性的上当受骗。大量文章和书籍都在做"讨伐中国文化"这种上当之事。今天必须认识到，近现代讨伐中国文化劣根性的思潮，是缺乏对西方传统的了解和误读、误判造成的，是中国人近现代走的弯路。十分幸运的是，中国自己的优秀传统文化适逢马克思主义和毛泽东思想，尽管腥风血雨，仍然长成参天大树，阻止中国走向充当非常强势的资本主义、自由主义、个人主义附庸的歪路，而且越来越对比较中西哲学历史文化传统大格局形成趋于成熟的认识，否则不堪设想。

在这个问题上，对有人将鲁迅归入"讨伐文化劣根性"人物，必须说两句。鲁迅是向剥削、压迫性的腐败统治开火的，是革命性的。将鲁迅同一般"讨伐文化劣根性"历史现象相区别的一个根本不同，是鲁迅的立场是站在人民群众这一边的，是站在共产党领导劳苦大众进行革命这一边的。这是同走向资本主义、个人主义文化的"讨伐文化劣根性"历史思潮的分水岭。鲁迅先生表现的坚决反帝、反腐败统治的大无畏精神，恰鲜明反映出中国文化中代表人民反抗压迫的傲骨脊梁的民族精神。因此不能在表面上看待批评社会压迫和文化现象，简单粗暴地将鲁迅先生革命先驱的精神对待为"讨伐文化劣根性"一翼。对这一问题，今天必须要有更深刻的认识，而不能停留在简单的二元对立思维定式，要一分为二地看问题，用辩证法思维认识问题。鲁迅先生代表的恰恰是中国文化的根本精神——革命精神、反抗精神。今天不可以借"批评了中国文化"为由，否定鲁迅精神。否定他，反映的是我们方向的迷失。理由很简单，如果没有鲁迅先生的精神，没有五四运动，没有革命精神，今天中国不会这样强大、自主地站在世界舞台上。所以，一定要有辩证法思维，要历史地看问题。"对旧文化要批判地继承"，"取其精华，去其糟粕"，"古为今用"，在今天看，就是批判和警惕中国传统特有转化而成的"糟粕文化"，就是那种优秀传统治国理政思想因为腐败而转化的压迫人民的不贤不能统治。尤其反对两面派文化、形式主义、阳奉阴违文化、周期性腐败文化。

  "文明对话"抑或中国文化走出去的途径，势在必行的途径，是比照哲学文化的阐释方法，是比照"一多不分"和"一多二元"宇宙观、认知观、思维方式、人生社会观以及彼此各自的一套特色语汇。非如此，不同"文明"是达不到一个相互理解的阶段的，是谈不上中华文化走出去的。在中国要推而广之以"一多不分"同"一多二元"文化语义环境相对照的阐释方法论，以解读一切呈现在今天的人类生存和生活的行为和相互关系，解释当今这个人类世界，改造人类世界观，创建一个新文明和新世界。

反思中西宇宙观中的生命哲学

单 纯

(中国政法大学人文学院教授)

一

我们以往谈论"生命哲学"(the philosophy of life)仿佛只是局限在"人生哲学"(the philosophy of 'human' life),而在全球化时代的今天,可持续发展所蕴含的生态伦理已经将人生哲学与生态环境密不可分地联系在一起了:不仅是人的肉体"生命"需要相宜的生态环境才能够得以存在和维系,而且作为具有生命质量和意义的"生活"也不能游离于相关的家庭环境、社会环境和自然环境而独立存在,这些"环境"也都被赋予了"系统生态"(systematic ecology)的含义,即"家庭生态""社会生态"和"自然生态"。而我们现在要讨论的"生命哲学"的问题自然也就要关涉到"学术生态"。如果仅仅是从动物学或者生物学的立场考虑"生命哲学",如拉马克的《动物哲学》所述的情况,无论是"用进废退"还是"获得性状遗传",其获得的结论则仍然是关于生物或动物生命体的哲学,而不是关乎人的社会生命的哲学,充其量不过是西方近代所谓"自然哲学"(natural philosophy),而不是"生命哲学"。

那么,现代学术语境下的"生命哲学"是什么呢?照我的理解应该就是"生命的学术生态学",即以各学科交叉的原则来思考现代社会中人存在的生命的完整的含义,用现代西方流行的术语讲是"学际学的原则"(the principle of interdisciplinary science），即移植一个人体的生命器官，甚至"克隆"一个人体生命，不仅仅要考虑科学和技术上的可能性与现实性，还要考虑人类的情感、审美、伦理、法律和自然观等各种人文和社会因素。这种"生命哲学"不仅关乎生物学和医学，而且还关乎伦理、法律、心理学、政治、宗教和生态等学科，只有建立在这些学科和谐基础之上的"哲学"，才称得上是一个现代意义的"生命哲学"。从理论上讲，现代社会和思想背景下的"生命哲学"，是从古代宗教的"天赋性命"，近代自然科学的"进化生命"，到现代的"生态生命"的继承和转化的结果，表现出人类认知和思想从宗教的遐想，到实验科学的观察，再到系统生态学的解释这样一个人类精神探索的持续过程，将历史上各种"分门别类"的"科学"发展成为注重学科间的区别与联系的学术生态，成为当代人类文明的共通话语，如经济学中从"增长发展"到"可持续发展"，物理学中从"牛顿力学"到"量子力学"，数学中从"精细数学"到"模糊数学"，化学中从"矿物化学"到"生物化学"，哲学中从"第一哲学的形而上学"到"宗教哲学""知识论"和"价值论"，等等，这些人类精神活动的继承、发展和转换，给我们的启示就是，关乎世界和人生的任何一类核心问题，都必须以联系、发展和比较的视野来观察和反思，否则都难逃思想浅陋和盲人摸象之讥。

就"生命"本身的意义讲，它显然不仅仅是一个生物学或动物学的概念，按照中国人通俗的说法，生命不仅仅是一种"吃喝拉撒睡"的存在状态，佛教称之为"臭皮囊"，西方人谓之"血肉之躯"（flesh and blood），即中国人所谓"行尸走肉"者。如果"生命"在各种文化或哲学传统中，其意义不仅仅限于生物性或动物性，那么还有什么其他的意义吗？当然还有，那就是体现在宗教、伦理、社会、法律、心理等多方面的意义，这就形成了一个关乎"生命"的学术生态，即关于"生命"的世界观的学问。古代希腊人说"哲学是人对于智慧之爱"，其"智慧"就是人对各种知识特别是宇宙观（cosmology）构成要素的概括和总结。所以，对于前苏格拉底学派的人来说，哲学中的智慧就是各种不同的宇宙论解释，这种不同的解释反过来又构成了探索者自身的生命意义，因此而形成了他们各自的哲学。对古希腊哲人来说，这个时期哲学其逻辑内涵就是宇宙人生论，即我们后来所理解的"宇宙观与人生观的统一"。佛教所谓的"三法印"，也是从其"宇宙观与人生观的统一"，即从宇宙万物的动态现象"诸行无常"，通过对宇宙万物演变的规律性认识"诸法无我"，最终到生命意义终极追求"涅槃寂静",也是将"宇宙观"(通过知识论)与"人生观"统一成一个学术生态系统的。与希腊人的"爱智慧"一样,佛教称之为"转识成智",即从"形而下的知识"转化成为"形而上的智慧",从亚里士多德的"物理学"(physics)转化为"物理学之后"(metaphysics),不过此"之后",并不是"空间位置"和"时间系列"上的意义,而是"逻辑"意义上的,犹如佛教的"转"不是物理机械意义,而是"因明学"意义的转化。

二

将"生命"放在一个学术生态语境中来探讨,实际上就是放在一个广义的"哲学"语境中来探讨,这样"世界观"就成了"生命哲学"的题中之义。我记得读过一种美国 20 世纪 50 年代版的《学生百科全书》,其中对"哲学"一词的定义是:"哲学是一种关于世界的学问,因为人的心灵能够认识到什么样的世界,他才能知道他在此世界所处的地位,而且才能按照其所处的地位决定其生命的意义。"按照中国传统的人生哲学的观点,这个定义可以简略地解释为:心小天地大,心大天地小。宋代儒家哲人陆九渊有个著名的人生哲学的观点,叫作"宇宙便是吾心,吾心便是宇宙"。此"吾心"当然不是肉体的"心脏","宇宙"也不是"大尺度物理学"中的"宇宙",而都是指通过"心灵"认识而获得的"宇宙观与人生观的统一"。这自然就是一种具有哲学意义的生命观,而且他本人还坚信这种生命观是人类社会中具有普遍性的反思:"东海有圣人出焉,此心同也,此理同也。西海有圣人出焉,此心同也,此理同也。千百世之上至千百世之下,有圣人出焉,此心此理,亦莫不同也。"[①]他的这个哲学诠释在我们日常的生活中被表达成为:人同此心,心同此理。因为是对人类生命的普遍反思,所以,我们在探讨其永恒的奥义时都是从比较的角度——无论是东西比较、古今比较、形而下与形而上比较、自然科学和人文科学比较、生死比较、凡俗与神圣比较、主客比较、个体与群体比较、人生观与宇宙

---

① "年谱",《陆九渊集》卷三十六,中华书局,1980 年,第 483 页。

观比较等等——来思考的。因为是无限性的多元比较,势必会找到最大公约数,即西方人自柏拉图开始强调的"共相",也可以揭示出宇宙人生的奥义,人通过对"宇宙"(universe)的反思,其方法是"无限多元的"(universally),而最终获得的才能称为"宇宙人生的奥义"(universality)。有了这个学术思想背景,我们才能理解为什么英国哲人怀海德(Whitehead)说:"世界自柏拉图之后的哲学都是在为他写脚注。"[1] 而美国哲人爱默生则更进一步说:"有了柏拉图的《理想国》,世界所有的图书馆都可以付之一炬,因为书籍的思想精粹都被汇集在其中了。"[2] 这些话都是可以与陆九渊的上述思想相互发明的。不过,照柏拉图的想法,人的生命的永恒价值并不在于其自身,而在于其绝对的对立面的"理念世界";人生的意义不过在于不断地"回忆"理念世界中的相应理念,这样"生命"就逻辑地成为"证明"理念世界"全善性"(the Form of Good)的工具,导致基督教教父哲学和中世纪经院哲学走上了"神本主义"的理路,形成了十分独断的以上帝、逻各斯和天国来世为中心的西方思维定式,以至于文艺复兴、宗教改革、哥白尼革命、康德的去工具化的人生论、达尔文进化论以及弗洛伊德的心理主体确认等思潮群起而反叛,演变成为西方科学与宗教、哲学与神学、凡俗与神圣、纵欲与禁欲、怀疑论与理性主义、意志自由与客观规律的约束等等关系之间的张力与冲突,使"和谐"成了关乎生命的身心心理关系、社会的伦理关系以及自然的生态关系中的"奢侈品",演绎成人类近代现实生活中的各种思想流派、社会各阶层、各民族的宗教派别和各不同的意识形态的国家政权间的激烈冲突、争斗,甚至是杀戮。西方近代所表现出来的这个特点,是可以追溯到其源头的柏拉图理念论的,其优点是为人类的生命确立了一个崇高的绝对目标,其缺点是否定生命本身的价值——它的具体性、经验性、主体性和个性,他的理念论哲学通过基督教的教父哲学实际上破坏了"宇宙观与人生观的统一"。拉斐尔的名画《雅典学院》形象地展示了这一点,其中亚里士多德的姿态也表达出了他对其师的这种破坏性的不满,即我们熟知的那句话:我爱吾师,但我更爱真理。

---

[1] 参见 "Preface" to Konstantin Kolenda, *Philosophy's Journey: A Historical Introduction*, Addison-Wesley Publishing Company, Inc. 1974。
[2] 转引自许渊冲著《追忆逝水年华》,三联书店,1996年,第107页。

幸好，在西方哲学传统中，还有一个柏拉图弟子亚里士多德的理路，其生命哲学足以矫正柏拉图理路对于"宇宙观"的偏执——基督教正是借用了这种偏执，才能在《新约》中造出上帝可以"无中生有"地制造宇宙万物。而亚里士多德则在"宇宙观"（cosmology）开出了一个"四因说"的传统，与"理念论"的一元性相比，突出了"质料""动力"和"目的"因的多元意义，大大拓展了宇宙的客观内涵，这样便为中世纪西方思想者寻找到了更多地发挥自己思想创造力的空间，培育了文艺复兴、地理大发现、宗教改革、近代科学、启蒙思想、社会革命、工业革命等近代化运动所必需的主体的人的理性和动力，这是西方宇宙观的变化对人生观的一次史无前例的激活。其特点是促成了西方人从古代和中世纪的绝对客观主义（the wholly otherness，像上帝、逻各斯、天国来世、永恒的自然规律等）向绝对的主观主义（the subjective-oriented dogma，像人类中心主义、功利主义、唯意志论、印象主义、意识流等）转向，最极端的情况诱发出了个人英雄主义、种族主义、颓废主义等摧残自我或他人的生命价值的思想病毒，导致后现代思潮对之进行全面的反思和清算。习惯于后现代思维的学者不断地提出疑问：现代西方社会生活中的各种思想病毒变种其源头是不是柏拉图和基督教的"宏大叙事"（mega-narrative）中的"宇宙观"？如果是，人生观将如何摆脱其一元论的控制而寻找到一个中庸性质的安全岛？因为从一元论的宇宙观急转到一元论的人生观产生的是同样的悲剧性效果，所以要在"上帝一元独大，则人活得战战兢兢"和"上帝死了，人活得肆无忌惮"之间寻找到一种中庸性质的平衡。这个两难的问题目前仍然困扰着西方的思想界。

英国诗人科勒里奇（Coleridge）说过一句名言："西方的哲人如果不是天生的柏拉图主义者，就是天生的亚里士多德主义者。"[①]这句话如果联系"哲学是宇宙观与人生观的统一"这样的定义和拉斐尔《雅典学院》中的柏拉图和亚里士多德的形象来看，是可以说明西方哲学传统中这种一元论偏执性的：柏拉图手指向的是天，而亚里士多德手指向的却是地。其实西方许多重要的哲学著作就是用这幅画作为封面的，例如《伟大的对话：哲学史导论》（*The Great Con-*

[①] Konstantin Kolenda, *Philosophy's Journey: A Historical Introduction*, Addison-Wesley Publishing Company, Inc. 1974, p. 66.

versation, *A Historical Introduction to Philosophy*, by Norman Melchert, by Mayfield Publishing Company, 1991.)，《理性之梦：从希腊到文艺复兴的哲学史》(*The Dream of Reasom*, *A History of Philosophy from the Greeks to the Renaissance*, by Anthony Gottlieb, W. W. Norton & Company, Inc., 2000.) 和《古代世界的哲学导论》(*Philosophy in the Ancient World*, *An Introduction*, by James A. Arieti printed by Rowman & Littlefield Publishers, Inc. March 28, 2005.) 等等。这幅名画所隐含的信息，从理论上讲是理性主义和经验主义的对立，但是联系到"宇宙观与人生观的统一"的哲学定义讲，就是一元论的宇宙观所必然导致的"逻辑困局"（logical dilemma）。西方自柏拉图和基督教教父哲学之后的发展都是在寻找突破这种困局，像迈蒙尼德（Moses Maimonides，1135—1204)、库萨的尼古拉（Nicolaus Cusanus，1401—1464)、马丁·路德、笛卡尔和斯宾诺莎所做的思想探索，都可以称为同样性质的"哲学的突破"（philosophical breakthrough)，体现了他们的哲学使命和生命价值。

三

如果说整个西方文明的传统是一个"2H"统一的传统，即"Hebrew religion"（希伯来人的宗教）和"Hellenistic philosophy"（希腊化时期的哲学），那么，它们的宇宙论都被基督教综合成了一种设计论或机械论的宇宙观。《圣经》开篇就讲上帝"无中生有"地制造宇宙万物，一如柏拉图哲学将宇宙万物解释成绝对理念的"拙劣仿制品"（poor copies）和普罗提洛新柏拉图主义中的"多"对于"一"的绝对依赖性，这样，以上帝或者逻各斯所代表的"宇宙单元"或如莱布尼兹的"前定和谐"，就成了宇宙观的核心和人生观的价值追求，表达了哲学家所理解的生命的全部含义。照罗素的说法，"中世纪神学原是希腊才智的衍生物。《旧约》中的神是一位全能神，《新约》里的神也是个慈悲神；但是自亚里士多德，下至加尔文，神学家的神却是有理智力量的神"[①]

[①] [英] 罗素著，马元德译：《西方哲学史》（下卷），商务印书馆，1997年，第111—112页。

可见，在西方哲学的传统中，对于"神"的理解表达的正是"宇宙观与人生观的统一"，自然也表达出"2H"的统一。依我看来，从统一的立场讲，犹太教时期的神可以称为"义神"（以"上帝的选民"和"应许之地"所表达的哥们义气的那种神，不够真正宗教求善的含义，所以斯宾诺莎称其为"神学政治论"——这个新的哲学解释给他自己惹来了杀身之祸），柏拉图思想中的神就是"理念神"（the holy idea reflected universally in all poor copies，宇宙万物皆神圣理念之拙劣衍生品），基督教的神是"爱神"（universal love，博爱成为三种民众的必然选择和精神追求：那些不为罗马市民法——基督教形成之后才产生了万民法——保护的千百倍于罗马市民的帝国臣民，那些成千上万的处于犹太教之外的"非上帝的选民"，那些属于"一多关系"中的绝大多数在柏拉图的宇宙论中以铜和铁做成的农民和工人），经院哲学的"理性论证之神"，斯宾诺莎的"宇宙万物自然之神"，康德的"道德自由之神"以及弗洛伊德的"人类心理之神"，这些多元性质的"神"代表了多元和历史发展的宇宙观，同时也反映出相应的人生观，即生命哲学。如果这个观察可以成立，则我们可以概括出神的三个基本特点就足以将"宇宙观与人生观统一"的哲学的奥义揭示出来。这三个特点分别是"造物的上帝"（creator）、"制定规律的上帝"（lawgiver）和"救赎人类命运的上帝"（savior）。这三个特点也很可以与中国哲学的特点相互借鉴和发明。中国学者传统上都喜欢以司马迁的人生哲学为自己学术使命的参照系，即"究天人之际，通古今之变，成一家之言"（《报任安书》）。如果按照范文澜先生的说法，中国文化的传统是一种"史官文化"，即"左史记言，右史记事，事为《春秋》，言为《尚书》"（《汉书·艺文志》）。则其哲学即为"春秋大义"，这是中国人生理想成为"义人"的标准，所以，孟子说"孔子成春秋而乱臣贼子惧"（《孟子·滕文公下》）。作为中国"义人"或人生哲学典范的"圣人"的标准和前提都是宇宙论的——天，但它却是与人生哲学和谐交融的，所以用不着特别地标志其为"绝对他在"或"超越性的理念"，中国人的宇宙论化生出万物完全是出于善意和生命情感，不是靠神迹和客观规律，所以它的宇宙观与人生观的统一就被顺理成章地解释成为"天人合一"，人的生命的终极意义就自然地包含在宇宙论里，是"士希贤，贤希圣，圣希天"①。

但是，我们从柏拉图的"理念世界"或基督教的"creator""law-giver"和"savior"里面很难找到类似中国天人和谐那种类型的宇宙观与人生观的统一性，在西方哲学的传统中代表人的主体性的生命哲学往往要经过革命性的反叛才能被揭示出来，如斯宾诺莎的"泛神论"、康德的"道德形而上学"和克尔凯郭尔的"存在主义"，它们必须要将传统世界观中"绝对他在性"的神圣权威解构之后，才能确立人的主体性生命意义。由于西方传统的宇宙论的超越性、客体性和绝对他在性，生命的主体性意义总是被抑制或蔑视的，这就使得强调主体性的思想特别受到推崇，如马丁·路德的"因信称义"、康德的"自由意志"以及克尔凯郭尔的"真理就是人的主体性"（truth is subjectivity），不过，可悲的是，像克氏这样开风气之先的存在主义大师仍然不敢说这是自己的独立见解，而是将它追溯到拿生命去唤醒人们主体自觉的苏格拉底："对于克尔凯郭尔而言，'外在地在那儿'的只是'一个客观的不确定性'。无论他对柏拉图的批评是什么，他的确从苏格拉底对无知的断言中找到了这种真理概念的一个好例子。因此，他说：'因而苏格拉底的无知正是这一原则的表达，即永恒真理是与存在着的个体相关的，而苏格拉底始终以他个人经验的全部热情持有这一信念。'"② 在西方这种机械论和设计论的宇宙观下面，宗教徒的生命意义是信仰上帝，爱上帝，最终等待上帝的救赎，而哲学家的意义则是认识上帝所制定的规律，按照认识到的客观规律而理性与自由地生活。这两者形式上确实有些不同，但本质上是一样的，他们都在"神人对立"或"客主对立"关系中来确立主体的人的有限意义。这一特点，即便我们拿"近代哲学之父"（the father of modern philosophy）笛卡尔的箴言"我思，故我在"来分析也是这样。从表面上看，"我思"是在确立主体的人的独立思想地位，但是实际上，他只是在拿"思考客观真理"与"感官经验的客观真理"做比较，以见理性的思想比感性的直觉更容易获得客观真理，而我们思想的对象本身仍然是一个以外在的上帝为代表的绝对客观真理："我们理解为至上完满的、我们不能

---

① 周敦颐：《通书·志学》，《太极图说·通书·观物篇》，上海古籍出版社，1992年，第14—15页。
② *Socrates to Sartre: A History of Philosophy*, Samuel Enoch Stumpf, printed by McGraw-Hill, Inc. 1993, p. 486.

领会其中有任何包含着什么缺点或对完满性有限制的东西的那种实体就叫作上帝（Dieu）",因此"在上帝的观念里,不仅包含着可能的存在性,而且还包含着绝对必然的存在性。因为,仅仅从这一点,他们绝对用不着推理就可以认识到上帝存在"①。既然上帝已经作为一个无限完满的客观真理而存在,"我思"的结果无论如何是不能超越它的,充其量只能无限地接近它,因为它是"我思"的最高标准和思考者的最终人生目标。正因为如此,西方人所能给予笛卡尔的最高赞誉也只是说他是一个"二元论"者,上帝的那一元是绝对不能动摇的,而笛卡尔这一元只是史无前例地肯定了"我思"的主体性地位,但其存在仍然是以不削弱上帝作为绝对真理和思考的终极的标准那一元为前提的。

四

在笛卡尔之后,西方人津津乐道的还有康德的"道德形而上学"主体论,因之顺便把他称为"近代哲学的第二父亲"（the second father of modern philosophy）。他在《实践理性批判》中讲了一个有趣的故事,以辅助说明"道德规律"在人的生命中的主体性意义。他的故事和分析是这样的：

> 经验告诉我们,我们心中的概念是有秩序的。比如,某人说在面临现成的对象和机会时,他的色欲难以控制。那么,我们设问,如果在那个机会现成的房子前竖立一个绞刑架,让他在房子里满足完色欲之后立刻就上绞刑架,他会怎样选择呢？我们立刻就能猜到他的答案。但是,如果他的君王想找个冠冕堂皇的借口处死某位正人君子,而以死亡相威胁要这位色欲之徒出来作伪证,尽管他如此强烈地热爱自己的生命,但是他或许就要犹豫权衡一下才能做出回答。他此刻毫不犹豫地承认自己在回答这个难题时要犹豫一下。他这一犹豫说明他要根据"应该"来进行判断,这就是他

---

① ［法］笛卡尔著,庞景仁译：《第一哲学沉思集》,商务印书馆,1996年,第162、164页。

的自由。这个事实说明，要是没有道德律，他就不知道怎样进行判断。①

康德在这里假设——前提是上帝是"law-giver"——的各种"规律"中，第一个出现的"规律"是生物学意义上的"色欲"生物律，那么绞刑架则是第二个"规律"，是社会法律，两相比较，社会法律在人的生命选择中要优越于生物律，而第三个出现的"规律"就是"道德律"，这是由"应该"和"自由意志"所暗示的，没有说出来，但是这个"好色之徒"的"犹豫"却说明了"道德律"对于法律的优越性。因为所有的"规律"都来自上帝，所以，这位"好色之徒"的最终的"自由"也只是"分享"（柏拉图的 participates in）了上帝的"自由意志"并遵循了上帝神圣的"道德律"而做出了高于生命本身的实践选择，照中国人讲是"杀身成仁，舍生取义"。

但是，康德毕竟还是西方人，宗教的文化基因仍然遗传在他的生命里，所以他的哲学并不能开出一个"神人合一"的传统，这既是西方传统的特点，也是他这个在知识论方面完成了"哥白尼式的革命"的哲人的局限，这一特点我们可以从另外一段为中国人所津津乐道的名言中看出。康德在对《实践理性批判》作最后的结论时说：

> 有两样东西，我们越是经常持续地思考，它们就越能使我们的心灵充满日新又新的惊异和无限增添的敬畏，这就是我头上的星空和心中的道德律。我不仅仅是在黑暗迷茫中或者超越我视域之外的境地里猜想它们，而且是在我面前亲眼目睹着它们，将它们与我感到自己存在的意识直接联系起来。就星空而言，我在感觉可及的外在世界中占有一块地方，星空就从这里开始将我与外界联系起来，不断地向外拓展出去，直到世界之外的世界，星系之外的星系，以至于到这些星体的无始无终的永恒运动之中。就道德律而言，它起始于不可见的自我，即自我的人格，然后将这个自我呈现在一个只有知性才能认识的、真实而永恒的世界里，我认识到我与这个世界的联系不像在感觉世界中的那种纯粹是偶然性的联系，而是必然和普遍的联系，既然如此，这种联系也可以延伸至所有可见的感觉世界。从前面那个无限星空构成的世界来看，我作为一个被造的动物其存在小得几乎

---

① *Critique of Practical Reason*，by Lewis White Beck，Macmillan Publishing Company，1993，p. 30.

可以忽略不计，仅是宇宙中的一粒浮尘而已，其来于星空而又复归于星空，被莫名其妙地赋予生命的时间极为短暂。而从道德律来看，则刚好相反，由于我的人格，我这个理性存在者具有了无限的价值；道德律使人的生命摆脱了人的动物性乃至整个感觉世界对他的局限。道德律为人的存在设计了终极目标，这就可以作为人具有超越性的推论，这个终极目标就是不以肉体生命的时空局限性来限制人的发展，而是使人的生命的价值可以无限延伸。①

康德这里所谓的由自我人格所呈现的、仅为知性所认识的世界，在他的"批判哲学"体系里，不能被看作是"真实而永恒的"，只能被看作是"具体而延绵的"，因为它受必然而普遍的自然规律所支配，"真实而永恒的"应该是与灵魂和上帝同处一境的"物自体"世界，那里的支配性的法则是纯粹理性的"自我立法"，前者是知性认识的对象，后者是理性直观的对象或敬仰的对象。人虽然身体是宇宙中的"一粒浮尘"，但其心灵的最深处却存有纯粹理性，与"星空"中的意志、灵魂和上帝同处一境，康德称之为"来于星空，归于星空"，基督教传统则说人是"来于尘土，归于尘土"，其中既有造物主的形象、灵魂，也有他的意志。我们从联系人的身体的经验世界一直按照知性的范畴思考下去，最终就会达到超越知性的"物自体"世界，在那里意志自由、灵魂不灭、上帝存在都是统一的，都是道德律的源泉，也是人们持续思考最终会得到敬仰的对象的原因。佛教经典里常说"言语道断，心行处灭"②，就是将人的知性范畴所思考的对象限制在"言语"和"心行（心念）"所针对的"现象"世界，而超越它们的"物自体"世界，则是"真如"世界，是"言语"和"心念"无法达到的境界，是与言语断开的"道"和心念寂灭的"处（所）"或"涅槃"，它们都只是信仰的对象，是僧肇所说的"圣智幽微，深隐难测，无相无名，乃非言象之所得"者。③

　　康德在讲敬畏"道德律"和"星空"时，实际暗示了"道德律"与"星

---

① *Critique of Practical Reason*, by Lewis White Beck, Macmillan Publishing Company, 1993, p. 169.
② 《仁王护国般若波罗蜜多经》（卷一"观如来品"），见《大正藏》第8册，东京大藏出版株式会社，1988年，第836页。
③ 《般若无知论》，僧肇著，张春波校释：《肇论校释》，中华书局，2010年，第75页。

空"之间的世界，其中有天体物理学解释的"天空"，有机械物理学解释的"处于运动状态的物质世界"，有生物学解释的"生物世界"，有人文社会科学解释的"社会生活"，这些都是可以用范畴解释的规律性的"现象"世界，唯独与宇宙精神同冥一境的"星空"是超越"自然王国"的"物自体"世界，它将自己的"自由意志"呈现为"绝对命令"，赋予道德律以神圣性和神秘性，成为人的理性所敬仰的对象。康德自己在《实践理性批判》的其他场合明确讲到了理性与人的敬仰的关系，我们不妨拿它作为"敬畏道德律"的脚注：

> 敬重永远只是针对人而言的，绝对不会针对物。物可以震撼我们的本能，甚至引起我们的喜爱，如果这些物是指动物（如马、狗等），或者像海洋、火山或猛兽这样的物，可以引起我们的恐惧，但这些物都不能唤起我们对它们的敬重。还有某些与此类情感相似的情感，如羡慕，既为一种感情（惊奇）也可以用于对物的感受，像高山峻岭，数字无穷变换的量，邈远的天体，体现在许多动物身上的矫健与敏捷，都是会引起我们羡慕或惊奇的。然而这些感觉都不是敬重。人也可以（像物一样）成为喜爱、恐惧，或者羡慕甚至是惊奇，但此刻的人仍然不是被敬重的对象。人的幽默、勇气、力量、权位也都可以激发出我们上述的情感，但这些仍然不是我们对人的敬重。丰特耐曾说："我对伟人鞠躬，但我的心灵却不对他鞠躬。"我倒是要加一句：对于一个位卑的普通人，如果我感受到他在道义方面高于我，则不论我愿意与否，我的心灵都会向他鞠躬，不论我外表是如何地昂首挺胸以免他忽视我优越于他的外在地位。为什么会这样？因为他的榜样给我树立了一个法则（道德律），以至于我的行为相形见绌。这个法则能够被遵守显然是因为它具有实践意义，是通过人的行为展现在我的眼前的。即便我意识到自己身上也存有一定程度的这种道义品质，我仍然对他保持敬重。尽管全善在人的身上总是不全的，但是体现在经验例子中的道德律却能够消解我世俗的傲慢情绪，因为尽管其善不是全的，但他展现在我眼前的行为足以使我体会到一种道德标准。善作为一个理念在道义者的行为中不全，在我自己身上也是同样的，只不过自己没有意识到罢了。不论我们愿意与否，敬重都是我们对德行不由自主的礼赞；对体现善

的德行我们至多只能在外表上掩饰我们的情感，但在内心深处不能不油然生起敬重。①

我们对人世间的丰功伟绩都会给予赞赏，但那种赞赏都是与对象的经验性质或者数量、程度相匹配的，唯独对于体现道德伦理的行为我们的赞赏与其经验性质或者数量、程度无关，此时的赞赏是出自心灵的，具有神秘性，是为表达感情而"油然"产生的，所以不能以经验性质的范畴描述它。为了区别这种赞赏的意义，康德选择了用"敬重"（respect）这个词，它的对象具有形而上学的本体含义，与"纯粹理性的理念"诸如意志、灵魂和上帝属于同一性质，所以道德律就是纯粹理性在实践中的运用，"敬重"道德律和信仰宗教中的形而上学本体属于同一逻辑。

通过"敬畏"星空和"敬重"道德律，康德揭示了人所要表达的不同于科学知识的情感，它们是专门奉献给类似于宇宙观中上帝的"物自体"世界的那些纯粹理性理念的礼赞，这种主体的情感不像知性范畴那样表达出"必然而普遍的"性质，但却折射出了宗教信仰与科学知识的界限，既肯定了科学知识的确定性，也否定了传统神学垄断科学和哲学的独断论，为宗教寻找到了安全的避风港——与道德律同属"物自体"世界，而那里充满了知性无法肯定或否定的神圣性和神秘性。宗教或道德律的这一特点在中国古代的先哲思想中也不乏精彩的先例。先秦儒家的大哲孟子就曾用"天爵"和"良贵"来解释道德的神圣性和神秘性，他说："有天爵者，有人爵者。仁义忠信，乐善不倦，此天爵也；公卿大夫，此人爵也。古之人修其天爵，而人爵从之。今之人修其天爵，以要人爵；既得人爵而弃其天爵。则惑之甚者也，终亦必亡而已矣。"又说："欲贵者，人之同心也。人人有贵于己者，弗思耳矣。人之所贵者，非良贵也。赵孟之所贵，赵孟能贱之。"（《孟子·告子上》）照他的逻辑，"天爵"和"良贵"都是超越人的经验世界的价值的极限，是出于神圣的"天（星空）"而又只能为人所"弗思"（"弗思"而有即理性之直观）的最尊贵的价值，自然也就是人所信仰的对象。他将道德视为一种神圣的存在（天爵），又将人的价值追求方式解释为神秘的心灵体验（良贵），这就可以帮助我们从本体论和方法论

---

① *Critique of Practical Reason*, by Lewis White Beck, Macmillan Publishing Company, 1993, p. 80.

的统一性上更好地理解康德的道德哲学的意蕴。因此，我们不妨将康德《实践理性批判》的最后结论中的两个关键词组合成一个统一的概念，即将"星空"和"道德律"解释成"天良"。康德说理性存在者与非理性存在者之间的最大区别是可以体现为信仰的"星空"和"道德律"，中国人根据孟子的"天爵"和"良贵"思想将"良知未灭"和"丧尽天良"视为人与非人的标准。这两个传统都说明了道德律的普遍性和相同的价值内涵。

五

在康德的批判哲学中或在西方人的"神人关系"中，"星空"是"道德律"的源泉，是崇敬的对象，它的逻辑前提是上帝作为"造物主""规律源泉"和"天国救赎"这样的"无限完满性"（summum bonum），人的生命的意义认识它，崇敬它并照自己的理解和崇敬去实践。而在中国"天人合一"的传统中，却用不着这样，因为在中国人的"心性"里面都自然地蕴涵着"神圣性"，他只要"良知未灭"就可以成为西方上帝那样的"圣贤"，所以，儒家的人会毫不犹豫地说："人皆可以为尧舜"（孟子），"途之人皆可以为禹"（荀子），"满街都是圣人"（王阳明）。但是，在西方传统中，他们却不能说"满街都是柏拉图"，"人人皆可道成肉身"，因为，正如尼采所言"最后一个基督徒死在十字架上了"，上帝只能有一个，这样才能证明其绝对存在；道成肉身也必须被信仰成为"三位一体"，这样相同的肉身才能被区别出凡俗与神圣。当代美国学者赫伯特·芬格莱特（Herbert Fingarette）写了一本让西方人觉得不可思议的书，取名为《以凡俗为神圣》，她以基督教"神人分离"的传统来观察中国"天人合一"的传统，必然会得出这样的结论；如果她能够读懂儒家"群经之首"的《周易》里的宇宙论思想，即"天地絪缊，万物化醇；男女构精，万物化生"，"乾道成男，坤道成女；乾知大始，坤作成物"①。并将此中国式的宇宙论与《圣经》中的宇宙论"太初有道，道与上帝同在，道即是上帝。这道一开

---

① 《系辞》，见邓球柏著《白话易经》，岳麓书社，1993年，第451页。

始就与上帝同在。万物通过他而产生,没有他,什么也不会产生"(《约翰福音》1：1～3)作一比较,她也许应该说儒家思想是"凡俗就是神圣",这样才能看出"宇宙观与人生观的统一"在中国哲学中的特性。照我的判断,正是因为中国哲学有这种"天人合一"的特性,隋唐传入中国的佛教才呈现出与其母国印度很不相同的精神面貌,即从"般若学"转向"涅槃学",其突出的特征就是"一阐提亦可成佛",这是中国哲学中的"伦理性质的宇宙观"与"众生皆有佛性"的必然的相互发明,其结果在儒家的人生论中表现为"尽心知性以至于命",在中国式的佛教——禅宗中的人生论中表现为"见性成佛",在中国道家的哲学中表现为"孔德之容,惟道是从"(《道德经》第二十一章,道既然是宇宙本体,自然也就是人生的终极目标)。当代新儒家中的牟宗三及其弟子为什么那么喜欢康德的"道德形而上学",大陆的那些强调主体性的哲学研究者为什么那么喜欢柏格森直觉主义的"生命哲学"和尼采的"酒神式的个人意志论"(Dionysian individual will),原因正在于他们的反叛中所表达的人生理想在中国"伦理性宇宙论"中有着一个悠久的思想传统。进而言之,在西方的"神人二分"的传统中强调主体性的人生论都是通过异化和反叛来体现的,而当代中国学术界却是要通过对"天人合一"传统的认知和回归才不断地体现出"心性之学"的主体价值。为什么会出现这种奇怪的当代思想状况?这个反差和对比值得中国学者痛切地反思。

欧洲"中国热"逆转
与"西方中心"论诞生

董乃强 董小年
(北京师范大学图书馆研究馆员)

17世纪中期到18世纪的一百多年间,欧洲大陆掀起了一股"中国热",尽情地涤荡着中世纪的腐败黑暗。但在18世纪末,整个欧洲都在以法国大革命为榜样对黑暗势力做最后的清扫时,"中国热"却出人意料地突然逆转为"西方中心",其中究竟藏有何种玄机?我们在此作一探寻,以求教于方家。

一、"礼仪之争"——"中国热"逆转的根由

"礼仪之争"是从1610年到1939年发生在中国本土的天主教传教的一件大事,起始时间几与欧洲17、18世纪"中国热"同步,但延续的时间比"中国热"的一百多年还要长上一百多年。

其实,1299年《马可·波罗游记》一问世,就引起了欧洲宗教界和世俗势力的重视。宗教界着眼于尽快把富庶的东方变作可传播耶和华神"福音"的地区,世俗则重在寻求供本国发展的海外市场与土地。共同的愿望促成了15世纪末欧洲的"大航海时代"与"地理大发现"时代。"西学东渐"就成为这个时期的特征。

天主教耶稣会士利玛窦抵达中国并摸索出尽量不违中华传统文化的传教方

法，颇具可行性。但利玛窦去世后其方式即被继职者否决，从而引发了天主教内多明我会与耶稣会对中国信徒尊孔祭祖是否合乎天主教教义的争辩，称为"礼仪之争"。后来争到罗马教廷，教皇英诺森十世在1645年通谕禁止中国天主教徒祭祖祀孔，之后，教皇克雷芒十一世亦于1704年对中国教徒再次发出禁约。1721年（清康熙六十年）康熙皇帝在看到教皇禁约后下旨："以后不必西洋人在中国行教，禁止可也，免得多事。"此后，雍正、乾隆、嘉庆、道光诸朝虽礼遇和重用西方传教士，但均遵祖训严禁其传教。到了1939年，教皇庇护十二世才撤销了对中国教徒祭祖祭孔习俗的禁令，"礼仪之争"告终。

从上述公开的史实看，"礼仪之争"不过是一件闹大了的小事，但如果深究，就会看到它背后深藏着的两种不同文化。

一般认为，中国传统文化是由儒、释、道三家共同构成。这三家对待人世"彼岸"的态度是：儒家孔子"未能事人，焉能事鬼"，"祭神如神在"等未明确有无鬼神的表述，给后人开启了一个无限大的想象空间和探索空间；道家和佛家的学说又在人们面前展现出一个多神的世界。儒、释、道三家对待世俗的态度是：道家和佛家仅只身行于世且与人为善、余无所求；儒家则是重视人际关系、讲求亲情伦理、仁爱道德、家国情怀。其中最为突出的是释、道两家的"慈悲""为善"与儒家的"人之初，性本善"，构成了中华传统为人处世的基点。

基督教（含天主教派、东正教派和基督教新教派）文化中最基本的两条：一即"不要称地上的人为父，因为只有一位是你们的父，就是在天上的父。"即每个人的父亲都是耶和华神，也就是说地上所有的人都是创世主耶和华造出来的，与他们世俗家庭中的父母没有任何关系；地上所有的人与人之间也没有任何关联，每个人只对耶和华神负责。二是人人都背负"原罪"，"这就如罪是从一人入了世界，死又是从罪来的"。即每个人都得承受亚当与夏娃在伊甸园不听从耶和华神吩咐而犯下的罪过，故而"人从小时心里怀着恶念"。人既为罪恶之身，即无地位高低贵贱之分，其生存于世的意义就是赎罪。赎清了罪才能重返天堂。

可见中华传统文化重家国群体与基督教文化突出个体、中华传统文化讲人性善良与基督教文化讲人皆为罪恶之身是完全不同的。这正是天主教传教士企图用基督教文化取代中华传统文化的最大难点。

美国文化人类学家鲁思·本尼迪克特早在20世纪40年代就将有无神或多神信仰的东方文化定义为"耻感文化",将有一神信仰的西方文化定义为"罪感文化",明确了东西两种文化分属道德层面与律法层面。正如习近平主席在亚洲文明对话大会开幕式上的主旨演讲中所指出的:"每一种文明都扎根于自己的生存土壤,凝聚着一个国家、一个民族的非凡智慧和精神追求,都有自己存在的价值。人类只有肤色语言之别,文明只有姹紫嫣红之别,但绝无高低优劣之分。认为自己的人种和文明高人一等,执意改造甚至取代其他文明,在认识上是愚蠢的,在做法上是灾难性的!如果人类文明变得只有一个色调、一个模式了,那这个世界就太单调了,也太无趣了!我们应该秉持平等和尊重,摒弃傲慢和偏见,加深对自身文明和其他文明差异性的认知,推动不同文明交流对话、和谐共生。"

二、"中国热"逆转的导火索

一般认为,导致欧洲17、18世纪百多年"中国热"的突然逆转,在于英使马戛尔尼1793年(清乾隆五十八年)率团访华的失败。

从表象看,清廷因马戛尔尼在面见乾隆皇帝时坚持单膝跪地而不双膝着地磕头行"觐见礼仪"发生争执,从而慢待了英国使团,致使他们访华失败。马戛尔尼回到英国后即嘲讽中国说:"清政府好比是一艘破烂不堪的头等战舰。"其随员安德逊在《马戛尔尼航行中国记》中夸大渲染道:"我们像要饭的一样进入北京,像囚犯一样被监禁在那里,而离开时简直像是盗贼。"自此,"马戛尔尼访华受到清朝不平等待遇"的说法便完全改变了欧洲人对中国的好感,中国富庶文明的形象被完全颠覆,"中国热"也迅速下降到了冰点。至今国内诸多史家还据此指责清政府以"天朝上国"自诩,闭关锁国,致使中国"与当时正处于雏形的'WTO'失之交臂"。

但法国皇帝拿破仑·波拿巴却说:"外交官拒绝叩头就是对皇帝不敬。……中国人拒绝得对。……觐见中国皇帝却要遵行英国的习俗,这是没有道理的。"而更不为绝大多数人所知的历史事实是:马戛尔尼在出发前,英王室只要求与中国达成四项协议即可。但马戛尔尼到达中国后却向清廷提出了六项要求，除两项是要求开放通商口岸与禁收高额关税的正当条款，另外四项条款则是要求清政府准许英商在北京设立享有种种特权的"洋行"，将舟山附近一座海岛割让英商居住及存放货物，在广州附近划出专用土地供英商自由往来而不得干涉，凡英商自澳门运至广州的货物均得享受免税或减税待遇。

英国首次派出专使访华就提出如此强横无理的要求，那么，到底是不应许此种要求的中国"与当时正处于雏形的'WTO'失之交臂"呢，还是与甘当英国殖民地失之交臂？

乾隆皇帝虽然年事已高，但并不糊涂。他阅过马戛尔尼提出的要求，又通过刚俘获的廓尔喀间谍得悉英国东印度公司已获得了印度孟加拉邦的统治权，正对本国西藏构成威胁，深知英国使团此次访华并非寻求平等贸易，而在于侵略殖民。出于初次交往不宜当面戳穿的考虑，故而转在"觐见礼仪"上面做起了文章。

这种说法的史实根据是：英国牛津大学教授沈艾娣博士在研究了《英使马戛尔尼访华档案史料汇编》的六百份军机处、宫中档、内阁、内务府文献后指出，其中只有一两份文件涉及"觐见礼仪"，其他几乎都是在马戛尔尼使团离开北京前后，乾隆皇帝对各地颁布的严守海防口岸，特别提醒舟山、澳门要提前备兵，加强军事防御、防止英国突然袭击与切勿提高关税、防止英国据此挑动争端的旨意。

正是因为中方对"觐见礼仪"背后史实的善意隐匿，而英方也绝不会主动公开自己的殖民意图，这就放任了众多英文文献对马戛尔尼访华"觐见礼仪"之争的大肆渲染。这些文献一味强调中国自大愚昧、不肯与别国平等贸易等等"无状恶行"，试图造成一种"英国向中国倾销鸦片是正当的""英国与中国打仗是有道理的"舆论。结果造谣得逞。19世纪初，此种舆论喧嚣于欧洲，"中国热"就在这一背景下逆转而为"西方中心"。

三、"中国热"逆转的国内因素

马戛尔尼嘲讽当年中国是"一艘破烂不堪的头等战舰"的话并不为错，他在中国清朝初期顺治、康熙、雍正、乾隆四帝统治时期，也就是被后世誉为"康乾盛世"期间能说出这样一句话来，已证明他确为一名相当称职的外交官员。因为马戛尔尼凭借他敏锐的观察分析能力，已看出清朝表面繁盛背后所隐藏着的衰败。

首先，建州满族以较中原社会后进的农奴制文化、以较中原地区人口数目少得多的背景入主中原、建立政权，所产生的自卑与恐惧心态是必然的。清朝克服此种心态的办法就是采取高压统治。

其次，乾隆年间各级官吏贪污腐化的程度达到了清王朝统治时期的顶峰。

再次，使后进经济操控先进经济，例子之一是清王朝根据建州满族游牧民族不尚农耕的实际，采用了以农业补贴牧业的税收倒贴制度。这种为满足满族贵族要求而采取的异常经济政策，使国家财政每年要向朝廷倒贴农业税白银两千万两。这种主次颠倒的税收政策严重地阻碍了国家经济的正常发展。例子之二是，在清王朝统治了两百多年之后，中国的手工业产量，特别是铁和布匹这两项指标性的手工业产品的总产量，都始终未能恢复到明朝末年的水平。1840年左右，中国手工业产量仅为世界工业产量的6%。无论是总产量还是在世界的比例排名，都不及二百年前的明末。

在上述种种打压摧残之下，中华传统文化日渐凋零、国力渐衰。马戛尔尼访华后不久，乾隆皇帝退居太上皇之位，清朝的"盛世"果然没能维持太久便走了下坡路。

这里必须强调的是，清朝由衰而亡是内因与外因共同作用的结果：如果仅是内因，维持王朝较长时期的统治并非不可能；但外因是当时西方各国殖民侵略之风大起，欧洲诸国蜂拥抢占中国土地。文明礼仪之邦难抵奉行丛林法则的强横武力，这也加速了清朝的衰败。

四、"西方中心"论的诞生

从马戛尔尼访华失败、"中国热"降温始，欧洲人的思想也发生了逆转，从认为东方一切优异变为一切唯西方独尊的"西方中心"论，认定西方人是

"耶和华神的骄子"，是人类文明的"主宰"。

在笔者看来，"西方中心"的产生是有其宗教原因和经济原因的。宗教原因是，欧洲数千年来的传统是信奉基督教，基督徒牢记《旧约·创世记》中耶和华神所说："要生养众多，遍满地面，治理这地。也要管理海里的鱼，空中的鸟，和地上各样行动的活物。"尊崇耶和华神的吩咐并认真履行"治理"和"管理"是每位教徒应尽的义务与职责，无可指摘。经济原因是，欧洲世俗一贯奉行重商主义政策，在15世纪末大航海时代开启后，有能力远航的国家都先后在各大洲占据了"海外新大陆"，开拓了原料、商品与劳动力市场；又在18世纪工业革命后用机器扩大了生产与销售规模，且在不断扩大本国"海外新大陆"的范围，以致英国由一个岛国迅速成为"日不落帝国"。这样，有几百年海外殖民扩张和掠夺经验的欧洲人，自然会把自己认定是人类文明的"主宰"。

许多人以为中国的"海禁"是中华文明落伍的根源，笔者却以为中国人即便泛轮海上，也远学不会欧洲人的行为。自15世纪初的1410年始，明朝郑和七下西洋，历亚、非、澳等若干大洲地区，船队所到之处没有血腥屠杀，没有强制占领，只有诚信互易、缔结盟友。这是儒家主"仁"，以"和而不同"原则处理国际、人际关系的结果。再说儒家从不以血统、种族、地域考量某人某地的统治是否合法，而是用道德与文化加以区分，《春秋公羊传》"夷夏之辨"表明，孔子认为符合或赞同一定道德文化标准的诸侯国就是"夏"（即中国），不符合或不赞同此种标准的诸侯国则是"夷"；夷、夏二者虽道德文化不同，但各诸侯国的地位并无高低贵贱之分，"四海之内皆兄弟也"，儒者奉行至今。

中国自古以来的经济政策就是重农。重农不在于耕者占据土地的多与广，而在于能否使用改良农具与精耕细作的方法不断提高耕地单位面积的产量，故无须到海外去争抢土地。在中国人眼中，粮食安全是立国大事，经商只不过是往返贩运、起互通有无的作用，并不能在实质上往国库里增添财富。因此古代在给"士农工商"四民排序时，"商"被排到了最末。

正是这样的儒家文化传统，决定了中国人从不把自己认作是人类文明的"主宰"。

几位西方学者则从历史真伪视角论说"西方中心"论。他们首先将"西方中心"定义为是从西方角度看待整个世界的隐含信念，是自觉或下意识感觉到欧洲对于世界的优越感。其次公开"西方中心"的两种表现形式：即古希腊哲学家亚里士多德建议他的学生亚历山大大帝对（中东波斯地区的）马其顿人用对付奴隶的办法进行统治，是为"西方中心"论的古代表现形式；德国哲学家黑格尔关于西方文化决定世界历史发展方向的命题，是"西方中心"论在近代的经典形态。最后从语言文字学入手，揭示欧洲人在"中国热"中获取中国智慧后造假作伪的事实。例如意大利神职学者安尼乌斯就是受教会委托，以所得中国文献为根据，假借古人之名，虚构了"古代"希腊、罗马、埃及、巴比伦和腓尼基的历史，写下了十七部"历史著作"。这些书虽然出版不久就被戳穿是在造假作伪，安尼乌斯本人也因此变得臭名昭著，但这些伪史至今还在作为研究西方历史的"原始资料"。作伪史者还有法国的神职学者斯卡利杰、德国的神职学者珂雪（基歇尔）等等。而这些虚幻的西方"历史原始资料"正是"西方中心"论赖以存活至今的基础。

其实早在17世纪，英国著名科学家牛顿就写下《古代王国编年史修正》一书，指出"古希腊""古埃及"等在很大程度上是被伪造的。英国科学家弗朗西斯·培根也说：所谓"异教（指埃及、希腊、罗马、波斯和巴比伦等）的古代历史"几乎都是由无稽神话和不可信的莎草纸残片所构成的。这种指责之声一直延续至今。现代西方学界甚至有人说，欧洲在16世纪后才开始有信史。美国密歇根大学英语系主任大卫·波特指出，"'西学'是汉字密码的展开，欧洲的近代化就是'中国化'"。早在1970年代，英国史学家汤因比就曾断言，重创人类与自然的西方主宰必将终结。

当前，在回顾欧洲百多年"中国热"的突然逆转和"西方中心"论的诞生时，我们要衷心感谢西方学者们的点拨提醒；我们自己更应该认真研究一下17世纪至19世纪这段中外历史，以找回中国历史的真实面目，增强我们对民族文化的自信！

汉字的本质
——与法国学者汪德迈先生的对话

王 敏

(日本政法大学名誉教授)

一、关于汪德迈先生

汪德迈先生1928年出生在与荷兰接壤的法国北部边境。他的母亲是城里人,父亲的法语里带着荷兰土语。父母口音的明显差异使他从小对语言十分敏感。从少年时期开始,汪德迈就学习过德语、荷兰语、俄语、英语等西方语言。后来随着研究兴趣的发展,他开始接触并慢慢学习掌握了汉语、印地语、越南语、韩语等东方语言。汪德迈一生致力于汉学研究、中国研究、亚洲研究。1951年,他在巴黎大学获得法学博士学位,同年开始在越南、中国香港、日本、韩国、中国内地执教。1975年,获得法国博士。

从20世纪50年代到90年代,他在亚洲多个国家进行了四十多年的实践性研究。在这期间,先后三次赴日或留学,或任教,或任职。这三次经历具体的时间分别为:第一次是1959年—1961年,在同志社大学留学;第二次是1964年—1965年,担任京都大学的客座教授;第三次是1981年—1984年,担任日本法国会馆馆长。前后六年的日本生活是他在学术生涯中取得累累硕果的时期。

在亚洲各国积累了丰富的实践性研究之后,他返回法国,在巴黎第七大学等执教。1973—1979年于巴黎大学,1979—1993年在巴黎高等学院经历了研究的最前沿，1988—1993年担任法国学术顶峰远东学院院长，法兰西学院通讯院士。

二、汪德迈先生与日本

先生的博士论文《王道》的上卷完成于1977年，下卷完成于1980年。1986年出版的《亚洲文化圈时代》，是其博士论文的一部分，汪德迈在日本完成了该部分的撰写。在2016年9月（北京）和2017年2月（巴黎）两次采访中，笔者了解到先生对汉字文化圈的期待，对西方文化的建议以及对汉字文明前景的展望。其间，汪德迈先生由衷感慨："我的亚洲研究、中国研究以及汉字研究的契机真正始于日本。"

汪德迈先生回忆，自己在学生时代关于日本的了解很少，仅仅知道在"二战"中作为侵略国家的日本所在的地理位置。1951年到越南赴任中的所见所闻加深了汪德迈关于日本作为侵略者罪恶深重的印象。日本给被侵略的国家及地区带来的难以消除的灾难，让他一度犹豫不决是否接受赴日留学的指派。然而，在实际体验中，一般日本人真挚的态度使他对作为侵略国日本的看法发生了巨大的变化。日语与越南字喃文、韩文的共同源头促使汪德迈将今后的研究聚焦在汉学、中国学、亚洲学的根基——汉字研究上。

虽然改变汪德迈人生方向的正是笔者脚下所踏的这方土地——日本，但是引领他学术航向的是戴密微教授。戴密微教授（1894年9月13日—1979年3月23日）执教于瑞士、法国的东方学重镇——巴黎东方文学院，从事敦煌文献研究、佛教研究、汉诗翻译，担任《通报》（T'oung Pao）主编长达三十年。正是这位教授推荐汪德迈到日本留学。

汪德迈结束两年的日本留学后，戴密微先生又指定他下一个训练科目是去香港大学留学。汪德迈曾于1961至1964年在香港与饶宗颐教授共事，研究中国古文字学和语言学，自此尊饶先生为老师。饶宗颐先生曾任香港大学校长，是中国学术研究的泰斗，"中国的国学大师"，被称为"东方的列奥纳多·达·芬奇"。汪德迈在香港期间经常去饶宗颐先生的家里接受先生的个别指导。汪德迈先生告诉我,他有三位"终生的恩师"。第一位是巴黎东方文学院的戴密微教授;第二位是日本的恩师——同志社大学的内田智雄(1905—1989)教授,该教授是中国思想史、中国制度史、法制史的专家;第三位便是饶宗颐先生。

通过采访汪德迈先生,笔者进一步加深了解先生对日本汉学文化的贡献,以及对著作中所涉及的观点的理解。

先生所说的"希望认识到日本作为汉字文化圈前沿的自我意识及责任",这给我留下了深刻的印象。但是,我担心"现在的日本国家形成的顺序是否不对"?"作为社会发展的优先顺序,比起政治来,是不是应该优先提高文化方面及人的意识"?

关于日中关系,先生认为:"日本只有与中国保持和平,才有希望。目前,中国在文化方面进行大量的投入,日本应该把它理解为是一次好的机遇,积极参与、积极配合。"

谈到日本文学与汉学,精通日语的汪德迈先生最爱读的是夏目漱石和小泉八云的作品。他评价二位的创作是把作者的心情捧在手上,是让人容易理解的名作。在学问方面他尊敬除白川静、吉川幸次郎之外的日本汉学家。

在先生的心里饱含这三份热爱:一份对日本,一份对中国,还有一份是对祖国法国的爱。

通过与汉字文化圈的比较,汪德迈先生对西方停滞分析出两个具有说服力的原因:第一,西方过分偏向个人主义,亚洲共同体精神及其生活方式可以成为西方的参照;第二,西方个人主义的合理性通过法律得以强化,而亚洲尤其是日本式的公司经营方式,以及由此渗透的个人生活方式十分重视个人与个人之间的纽带。他说,"亚洲人在努力地理解西方,西方人也应该付出同等的努力回应亚洲"。

三、"新汉字文化圈"

1986年,《亚洲文化圈的时代》法语版正式出版。第二年该书就被翻译成日语，1987年6月1日大修馆书店出版由福镰忠恕翻译的《亚洲文化圈的时代——政治·经济·文化的新旗手》日文译本。相比之下该书的中文译本比日文译本晚了整整二十年。2007年，该书的中文译本《新汉文化圈》（陈彦译，江西人民出版社，2007年）才正式面世。该书分为五个部分：序论部分概括汉字文化圈的过去与现在；第一部分阐述经济局面，分析汉字文化圈所爆发的独特的经济发展活力，及其所具有的统一构造的经济发展；第二部分分析政治局面，提出日中关系的和解与密切化是民众的意愿，朝鲜半岛诸问题朝着合作的趋势发展，中国大陆与台湾、香港、澳门再统一的问题，并认为化解中越危机关键在于中苏关系；第三部分探究汉文化圈共同拥有的最好的媒介——汉字、儒教传统和其文艺复兴；最后结论部分提出新文明形态出现及其构成。

汪德迈先生提出的"新汉字文化圈"是"把汉字作为共有的最佳媒介，通过儒教传统的文艺复兴和经济发展的相乘作为，亚洲呈现出了新的文明形态"。它将使"由欧洲造成的东亚的敌对关系，根据汉字文化圈内各国国民自己的意愿朝着和解及合作的方向改变前进的路径"。

四、"新汉字文化圈"与经济增长

该书从社会学的视角，根据1974年的日本数据资料和日本经济企划厅统计的1961—1981年世界国民生产总生产值，指出汉字文化圈的经济增长位于世界前列（除越南之外）。此外，书中明确指出汉文化圈的经济在20世纪60年代到80年代取得了近一倍的增长，之所以取得如此令人瞩目的发展成果，日本的贡献功不可没。

接着，该书根据20世纪60年代的中国现状，对三十年后中国经济的高速增长进行了预测。由此推导出一种独特的"汉字文化"的分类法，"根据在1960—1978年期间的亚洲各国的增长率的顺序来进行分类的话，位于前沿的就被亚洲汉字文化各国所占据"。这种分类法将拥有共同的汉字历史文化的地区设定为一种新的"汉字文化圈"，就其范围内不同国家与地区的经济增长率作为素材进行整理、抽样。关于经济增长，迄今为止没有人留意把汉字文化圈这一地区的集中增长作为焦点来分析。因为那时使用的是把处于同一水准的国家放在同一平面进行排列的常用的方法。因此，当时就把中国划分在了不发达国家的行列，而把数值高的日本划分在了发达国家的行列。然而，如果用"汉字文化圈"作为价值基准来进行考察的话，会得出不同的结论。如果我们将近三十年来汉字文化圈内主要国家与欧洲发达国家的经济增长率进行比较的话，那么欧洲各国的停滞就是显而易见的了。

我们往往把欧美作为经济发展的固定模式。然而，汉字文化圈过去所取得的成功并非都采用与欧洲同样的方法和过程。汪德迈先生在其著作里列举了日本式的成功范例，比如公司食堂、集体旅游、制服、同乡会（同县会）、终身雇用制等，这些制度和形式体现出一种共同体主义的倾向，这恰恰是汉字文化圈所共有的一种特征。

在欧洲的汉学家眼里，汉文化圈有两个最大的共同点："使用筷子"和"使用汉字"。汪德迈先生把具备这两个特征的所有的人描述为"侧影相似"，并认为其相似性根源于汉字的本质。

我们来探究一下汉字的本质。根据汪德迈先生近六十年的研究成果，他认为汉字的雏形——甲骨文之所以产生，是由于人类"创造"性的"思维"与"活力"所致。这种思维与活力伴随着这种文字的演变一直隐藏在汉字文化中。伴随着王朝和时代的变迁，汉字的书写字体经历了甲骨文、金文、小篆、现代汉字、繁体字、简体字……字体的变化，但其所潜藏的"创造"要素及其活力的遗传基因没有改变。为了验证这一点，汪德迈先生详细地研究了从甲骨文到现代汉语文字，断言"这些特性不会受到意识形态和政治的影响"。汪德迈先生由此立论，中国经济从长期的停滞到20世纪80年代末爆发增长的"秘诀"之一是汉字的创造性活力所带来的。只要使用汉字，其中源源不断喷涌而出的创造性思维和活力是不会停滞的。即使是处于长期的冬眠状态，所潜在的创造性思维和活力的根源，也将会迎来复苏期，促进社会发展和经济增长的关联性互动。

以上便是汪德迈先生关于汉字所潜在的与经济具有关联性的研究概略。

五、汉字的作用——非语言学的功能

在本节，笔者将基于汪德迈先生的汉字研究，表述自己的点滴考察意见。

汪德迈先生所提出的"新汉字文化圈"，就方法论而言，在把握亚洲人在创造汉字的思维与活力上，从非语言学的视点来探讨"汉字的作用"，将汉字文化圈作为一种地域性研究，将其引入社会学领域。虽然我深知这种方法需深思熟虑，但我希望能使用汉字文化方法论。

汉字作为一种文字，兼具音、形、意三个层面的功能，而且这三种功能在汉字文化圈内产生了分离。同一个汉字会出现不同的注音。音与意的分离，使得汉文化圈内的人即使无法进行正常的口头交流，也不阻碍书面的交流与传播。例如，在多民族多语言的社会，汉字作为共同的符号具备了相互传达的功能。孙中山与日本的交流之所以能成为美谈，正是发挥了通过汉字进行笔谈的结果。此外，以日本为主的亚洲各国之所以引进汉字，就是认识到了汉字的表意功能，可望达到"书同文"的境地，是克服语言不通的障碍的最好利器。

笔者认为，汉字圈的人们具有多重语言技能。就像欧洲人一样，除了使用各自的母语以外，大多数人都能够掌握具有普遍性的公共语言：英语或法语、德语，甚至更多的语种。汉字圈的生活者也是在使用本土语言的基础之上，同时接受汉字文明的润泽，运用汉字在汉字圈内从事公共活动和促进相互交流的。

汉字除了传播提高生产力的知识以外，更深层次的是汉字思维中所承载的富于创造性的价值与理念。这些理念通过汉字来传达，如粒子般散在，成为连接汉字使用地区的知识性的纽带。汉字作为一种文字，其意义可以剥离语音而存在，它是汉文化思想传承最根深蒂固的能量所在。

汉字的第二个剥离语音的要素是象形，汉字看其形状在某种程度上就能猜测其意思。例如"雨"，看到其字形便可以想象、猜测到它的意思。可以把它看作像图画一样的东西。与现代带人借助相机和影像能够把它可视化，相对应的是古代的汉字在过去遥远的年代已经尝试实现了可视化。因此，把汉字当作语言符号来处理已经达到了极限。一个个汉字各自具有独立意义的同时，也可以和其他汉字组合成新的意思。如"活"加"力"就组合成"活力"这个新词一样，具有产生新词的创造力。所以在超越"语言"这一意义上，建议学习汉字，这肯定会成为理解亚洲、认识中国的捷径，此外也可以读懂中国人、汉字文化圈、亚洲人思维。

为了把握现代汉字文化圈的综合信息和实际情况，应该将汉字文化作为认识事物和构置思想、铺垫逻辑的方法论。汪德迈先生经过六十多年的研究成果检验、确认了汉字文化方法论的可行性。

我造访汪德迈先生故乡时的情景再次重现眼前。先生用日语告诉我，对于孩子来说，父亲的威严令人恐惧，就像江户时代的谚语所表述的那样，是发射"地震、雷电、火灾"的可怕的老爷子。

今天，我依然经常想起喜欢京都的酱菜和茶泡饭的先生的笑容。

黄宗羲的经世学与西学

孙宝山
(中央民族大学哲学与宗教学学院教授)

明代末期,经世学在内忧外患中迅速兴起,并取代心性学成为时代风尚;与此同时,西方传教士带来的西学影响也在逐渐扩大。黄宗羲(字太冲,号梨洲,又号南雷,明万历三十八年至清康熙三十四年,1610—1695)正是在这样一个激荡的时代中成长起来的,可以说是明末清初经世学与西学交汇中最具有代表性的人物。以下笔者将从心性学到经世学的转换中对黄宗羲经世学的形成、西学对其经世学的影响以及其经世学吸收西学的模式等问题进行探讨,以此揭示中国传统学术在西学传入后所展现的新的变化轨迹。

一、从心性学到经世学

明代前期,学术的基本形态是以程朱为代表的理学。永乐十二年(1414)十一月,明成祖朱棣下令翰林院学士胡广,侍讲杨荣、金幼孜等纂修《五经》《四书》的集注及周、程、张、朱关于"性理之言"的汇编。胡广等奉命在东华门外开馆,日夜兼修,光禄寺朝夕供给饮食。① 永乐十三年(1415)九月,《五经大全》《四书大全》《性理大全》完成,明成祖阅后亲自题写《御制序》,

---

① 《明太宗实录》卷一百五十八,台北"中央研究院"历史语言研究所,1984年。

下令刊刻，颁布天下，对于其将发挥的政教功用给予了很高的期待。① 三部《大全》的纂修完成正式确立了程朱理学的正统地位，《四书大全》更是科举考试的主要依据，明代士子自蒙童就开始学习，程朱理学由此而成为明代前期的基本学术形态。明代前期学者大多谨守程朱理学宗旨，不敢有大的改动，正所谓"此亦一述朱，彼亦一述朱"②。明代中后期，以陈白沙和王阳明为代表的心学勃然兴起，在民间形成了很大的声势，给明代学术带来了一股新风。尤其是阳明心学在王艮、王畿等阳明弟子的推动下一时风行天下，甚至取代了程朱理学在民间的支配地位，成为主流的学术形态。到了明代末期，社会弊端不断积累，内忧外患日益加深，整个国家面临生死存亡的巨大危机。面对此种危局，无论是程朱理学，还是阳明心学，都难以提出切实有效的解决办法，黄宗羲说：

> 奈何今之言心学者，则无事乎读书穷理；言理学者，其所读之书不过经生之章句，其所穷之理不过字义之从违。薄文苑为词章，惜儒林于皓首，封己守残，摘索不出一卷之内。其规为措注，与纤儿细士不见长短！天崩地解，落然无与吾事，犹且说同道异，自附于所谓道学者，岂非逃之者之愈巧乎？③

> 儒者之学，经纬天地。而后世乃以语录为究竟，仅附答问一二条于伊、洛门下，便厕儒者之列，假其名以欺世。治财赋者则目为聚敛，开阃扞边者则目为粗材，读书作文者则目为玩物丧志，留心政事者则目为俗吏，徒以"生民立极、天地立心、万世开太平"之阔论铃束天下。一旦有大夫之忧，当报国之日，则蒙然张口，如坐云雾，世道以是潦倒泥腐，遂使尚论者以为立功建业别是法门，而非儒者之所与也。④

儒学都具有治理国家、安定天下的经世指向，程朱理学和阳明心学自然也不例外，但它们关注的重点毕竟是在心性修养层面，与社会现实会产生一定的距离，它们的学术视野也往往局限在语录章句方面，缺乏广博的知识和实际的能

---

① 《明太宗实录》卷一百六十八。
② 黄宗羲：《明儒学案》卷十《姚江学案》，黄宗羲撰、沈善洪主编：《黄宗羲全集》第七册，浙江古籍出版社，1985年，第197页。
③ 黄宗羲：《留别海昌同学序》，《黄宗羲全集》第十册，第627—628页。
④ 黄宗羲：《赠编修弁玉吴君墓志铭》，《黄宗羲全集》第十册，第421页。

力，面对危机四伏的现状，不是采取逃避的态度，就是如坐云雾、束手无策。于是人们谈论心性的热情大为降低，一些有志之士转而致力于政治、民生、军事等与国家治理直接相关问题的研究，他们迫切希望通过对这些问题的研究找到挽救国家危亡的切实可行的办法，从而使经世之学（简称经世学，当时也称经济之学、佐王之学或王佐之学）成为时代风尚，经世学可以说是在对程朱理学和阳明心学的反思与批判中形成的。明末经世学风形成的标志是明崇祯十一年（1638）完成的《皇明经世文编》，该文编由陈子龙、宋徵璧、徐孚远等人编辑，内容遍及政治、经济、法律、军事、民生、教育、历法等各个方面，堪称明代的经世百科全书。黄宗羲与陈子龙都具有经世情怀，彼此交情深厚，黄宗羲曾为余姚县出现的疑案向时任绍兴推官陈子龙代为申诉，使两人免于死罪[1]，黄宗羲的经世学可以说是陈子龙在明末倡导的经世学风在清初的延续和发展。

就黄宗羲的个人经历而言，他出身于官宦家庭，他的父亲黄尊素是"东林"的重要成员，对现实政治有着强烈的关怀。他自幼便继承了"开物成务"的家学传统[2]，留心经世致用的"佐王之学"。黄尊素等"东林"人士因与以魏忠贤为首的"阉党"进行抗争而被害死在狱中，黄宗羲年纪轻轻便卷入了残酷的党争之中。他决意拼上一死也要为父亲鸣冤复仇，崇祯帝即位后，"阉党"失势，他联合"东林"其他子弟上疏朝廷对"阉党"要员进行了快意复仇。此后，他又广结名士，频繁地参加各种会社活动，并加入了当时最大的会社复社，参与了驱逐"阉党"依附者阮大铖的《留都防乱揭》事件。他虽然十七岁就遵父命拜心学大家刘宗周为师[3]，但其心思并未放在理学和心学这样的心性学上，"聊备蕺山门人之一数耳"[4]。他先是日思夜想如何鸣冤复仇，后又忙于科举、交游，所往来的大多是致力于"佐王之学"的豪杰之士[5]和胸怀阔达、对世间俗物不屑一顾的奇特之士[6]，希望直接通过政治实践来改变政治状况，

---

[1] 见《思旧录·陈子龙》，《黄宗羲全集》第一册，第362页。
[2] 见《明儒学案》卷六十一《东林学案》四《忠端黄白安先生尊素》，《黄宗羲全集》第八册，第862页。
[3] 见黄炳垕《黄梨洲先生年谱》卷上"六年丙寅"条，《黄宗羲全集》第十二册，第20页。
[4] 黄宗羲：《恽仲昇文集序》，《黄宗羲全集》第十册，第4页。
[5] 见黄宗羲《思旧录·周镳》，《黄宗羲全集》第一册，第352页；黄宗羲：《徵君沈耕岩先生墓志铭》《陈定生先生墓志铭》，《黄宗羲全集》第十册，第370、383页。
[6] 见黄宗羲《万悔菴先生墓志铭》，《黄宗羲全集》第十册，第288页。

以挽救当时内忧外患的危局。清军入关渡江南下后，他招募家乡子弟数百人组成"世忠营"，加入了浙东拥戴鲁王的抗清队伍。他从十四岁随父进京开始接触政治，从十九岁进京申冤开始从事政治实践活动，后来又参加抗清活动，断断续续坚持了十余年，几度面临生死危险，一直到四十七岁才结束动荡。这种曲折复杂的经历在历代儒家学者当中都是非常罕见的，为他后来提出具有创造性的经世思想提供了实践基础。

浙东抗清斗争失败后，黄宗羲满腔壮志抑郁难伸，于癸巳九月①（南明监国鲁八年，清顺治十年，1653）完成《留书》八篇。他希望后人能够实行他的主张，不使他的著述流于空言。《留书》集中体现了他反抗"夷狄"入侵、保卫"华夏"文化、重建"华夏"国家的民族思想，这正是"其书不可不留"②的原因。清康熙元年壬寅（1662），永历帝在云南遇难③，黄宗羲闻讯"始有潮息烟沉之叹"④，对明朝复兴的希望彻底破灭了。为了规划未来，他开始撰写《明夷待访录》，于康熙二年癸卯（1663）完成⑤。他根据秦晓山传给胡翰的"十二运论"对历史的演化加以推算，以为不久会有"圣王"兴起，一改自周敬王甲子以来的漫长"乱运"，将历史带入全新的"大壮治运"，他著书的目的是期望二十年以后应运而生的"圣王"在驱逐清朝之后能按照他所设计的蓝图重建"华夏"、恢复"三代"。⑥ 正是基于此种考虑，他在此书中对中国的政治传统进行了深刻的反思与批判，提出了一套完整的政治变革理念，并以此为依据对政治制度的重建进行了创造性的构想。

黄宗羲在学问上虽然师承刘宗周，但二人的风格还是存在较大差异。刘宗周继承了心性学的学风，一贯主张从身心修养、道德教化入手去改善政治状况，屡屡被崇祯帝斥为"迂阔"⑦；但黄宗羲早年对讲求心性修养的理学和心学并不专注，也不太喜好甚至有些轻视，而对正在兴起的经世学表现出很大热

---

① 见黄宗羲《留书·自序》，《黄宗羲全集》第十一册，第1页。
② 《留书·自序》，《黄宗羲全集》第十一册，第1页。
③ 黄宗羲：《永历纪年》，《行朝录》卷五，《黄宗羲全集》第二册，第167页。
④ 全祖望：《书〈明夷待访录〉后》，全祖望撰，朱铸禹汇校集注：《全祖望集汇校集注》中，上海古籍出版社，2000年，第1391页。
⑤ 见黄宗羲《明夷待访录·题辞》，《黄宗羲全集》第一册，第1页。
⑥ 详见拙作《〈明夷待访录〉的写作意图辨证》，《中国哲学史》，2007年第2期。
⑦ 见黄宗羲《子刘子行状》卷上，《黄宗羲全集》第一册，第216页。

情,热衷于参加各种会社活动,希望直接通过政治实践来改变政治状况,《留书》和《明夷待访录》正是他对政治实践进行系统总结和深刻反思的成果。直到后来他因参加抗清被清朝缉捕而逃亡深山找出旧时藏书研读,才逐步走上心学之路①,并撰写了《明儒学案》《孟子师说》《宋元学案》,而且他倡导的心学淡化本体、强化工夫,也具有强烈的经世学色彩。

二、西学对经世学的影响

《留书》和《明夷待访录》是黄宗羲经世学在理论方面的代表著作,从这两部著作可以看出他的经世学包括范围是非常广的,涵盖政治、经济、法律、军事、民生、教育、官制、取士等各个方面。在取士方面,他对明代以时文取士导致人才凋落的弊端予以了批判,对明末"科举"制度改革失败的教训加以总结,认为明代"取士"制度的根本弊端在于"严取宽用",只通过"科举"一种方式选拔士人,使其无法通过其他途径脱颖而出,而一旦通过了"科举"的最终考试,就马上授予官职,致使许多官员难以胜任。为了克服上述弊端,他根据"取士也宽""用士也严"的原则,提出了以多途"取士"代替单一"科举"的制度构想,其中特别值得注意的是有"绝学"一项:"绝学者,如历算、乐律、测望、占候、火器、水利之类是也。郡县上之于朝,政府考其果有发明,使之待诏。"② 在科举取士盛行的时代,历算、乐律、测望、占候、火器、水利等这些各具功用的学科受到冷落而不断衰落,甚至难以找到通晓的人才,黄宗羲曾数次感叹自己费尽心力掌握"绝学"后不但无处可用,而且连个可交流的人都没有:"自某好象数之学,其始学之也无从叩问,心火上炎,头目为肿;及学成,而无所用。屠龙之技,不待问而与之言,亦无有能听者矣。"③"余昔屏穷壑,双瀑当窗,夜半猿啼伥啸,布算簌簌,自叹真为痴绝。

---

① 见黄宗羲《恽仲昇文集序》,《黄宗羲全集》第十册,第4页。
② 《明夷待访录·取士下》,《黄宗羲全集》第一册,第19页。
③ 黄宗羲:《王仲㧑墓表》,《黄宗羲全集》第十册,第259页。

及至学成，屠龙之伎，不但无所用，且无可与语者，漫不加理。"① 正是基于此种现状，他才提出在"取士"制度加入"绝学"一项，从而为从事历算、乐律、测望、占候、火器、水利等冷僻学科研究的士人提供出仕的途径。他不但大力提倡"绝学"，而且下了很大功夫去研究"绝学"，并且取得了很多出色的成果。在历法方面，共撰有十部著作：《授时历故》《授时历法假如》《西洋历法假如》《新推交食法》《回回历法假如》《春秋日食历》《时宪历法解》《大统历法辨》《大统历推法》《监国鲁元年丙戌大统历》《监国鲁五年庚寅大统历》；在算学方面，撰有六部著作：《气运算法》《勾股图说》《开方命算》《测圆要义》《圆解》《割圆八线解》；在乐律方面，撰有《律吕新义》。②

黄宗羲提倡"绝学"当然是明末清初经世学风的一个具体体现，但与西学的影响也是密不可分的，上面所列他撰写的"绝学"著作中的《西洋历法假如》《时宪历法解》就是研究西方历法的。他在《赠百岁翁陈赓卿》一诗中写道："西人汤若望，历算称开辟。为吾发其凡，由此识阡陌。"③ 从这里可以看出，他对历法的研究是受到了西方传教士汤若望的启发。他把火器列入"绝学"也是由于意识到西方火器技术精良、威力巨大，他说：

> 欧罗巴国欲行其教于日本，其教务排释氏，中国之所谓西学也。日本佞佛，乃杀欧罗巴之行教者。欧罗巴精火器，所发能摧数十里，举国雠日本，驾大舶，置火器，向其城击之。日本谢罪，大舶始退。④

基督教传入日本，给日本遵奉的佛教带来很大冲击，日本于是对基督教徒进行迫害，招致了欧洲国家的报复，欧洲国家凭借火器的巨大威力迫使日本谢罪。黄宗羲为抗清曾与冯京第等赴日本乞师，并作有《日本乞师》和《避地赋》⑤，对日本有很多真切细致的描述，欧洲国家凭借火器使日本谢罪这一事件无疑给他的内心带来很大的震撼，从而使他充分认识到了火器的重要性，所以将火器也列入"绝学"当中。很有意思的是，在火器的问题上，黄宗羲与其师刘宗周

---

① 黄宗羲：《叙陈言扬句股述》，《黄宗羲全集》第十册，第36页。
② 详见吴光《黄宗羲著作佚总表》，《黄宗羲全集》第十二册，第267页；杨小明：《黄宗羲的科学成就及其影响》，吴光等主编：《黄梨洲三百年祭》，当代中国出版社，1997年，第177—187页。
③ 黄宗羲：《南雷诗历》卷三，《黄宗羲全集》第十一册，第293页。
④ 黄宗羲：《海外恸哭记》，《黄宗羲全集》第二册，第219页。
⑤ 《行朝录》卷八，《黄宗羲全集》第二册，第180—183页；《避地赋》，《全集》第十册，第611页。

的态度形成了鲜明的对比,御史杨若侨曾向崇祯帝推荐汤若望监造火器,刘宗周对此断然予以反对:

> 迩来边臣于安攘御侮之策,战守屯戍之法,概置不讲,恃火器为司命。今破城陷邑,岂无火器而然哉?……不恃人而恃器,国威所以愈顿也。汤若望唱邪说以乱大道,已不容于尧舜之世,今又作为奇巧以惑君心,其罪愈无可逭,乞皇上放还本国,永绝异教。……火器终无益于成败之数。国家大计,当以法纪为主。①

他对边关将领不讲求消除祸患、抵御外敌的策略和攻守驻扎的战法而依靠火器来维系命运安危予以了强烈的批判,认为正是不依靠人的力量而依靠武器的威力才导致城邑失陷、国威受挫,火器对于成败结果并没有帮助,国家大事要以法律制度为基本依据。明末的危局是历代弊政长期积累而导致法律废弛、制度涣散、民心背离等所造成的,并不是简单依靠火器御敌就能轻易解决的。刘宗周所言并非没有道理,但他把火器这一有远大发展前途的热兵器仅当作"奇巧"来看待,无疑表现出了很大的轻视态度,而黄宗羲则将其视为"绝学",表现出很强的前瞻性,两者形成了鲜明的对比。黄宗羲对刘宗周关于火器的态度非常清楚,上面这段话就出自他的记录,他与刘宗周在对待火器的态度方面出现这么大的差异,一方面与他重视经世学有关,另一方面则是由于他通过日本乞师深刻认识到西方火器技术精良、威力巨大所致。在对待汤若望的态度方面,黄宗羲和刘宗周作为儒者都对其传播的基督教持批判态度,但刘宗周由此而对其完全予以否定,并且强烈要求将他驱逐回国,而黄宗羲则对其传播西方历法的贡献给予了充分肯定,并且承认自身历法的研究是受到了汤若望的启发,从这里可以看出黄宗羲对西学还是有一个比较公允的态度。黄宗羲作为儒者对算学表现出异乎寻常的兴趣,也与西方数学传入而受到激发有关,他在《叙陈言扬句股述》中说:

> 句股之学,其精为容圆、测圆、割圆,皆周公、商高之遗术,六艺之一也。自后学者不讲,方伎家遂私之。……珠失深渊,罔象得之。于是西洋改容圆为矩度,测圆为八线,割圆为三角,吾中土人让之为独绝,辟之

---

① 黄宗羲:《子刘子行状》卷上,《黄宗羲全集》第一册,第235页。

为违天,皆不知二五之为十者也。……此特六艺中一事,先王之道,其久而不归者,复何限哉!①

在他看来,"句股之学"是周公、商高遗留下来的学问,属于儒家六艺之一,后来儒家学者不再讲求,于是方术研究者将其独占秘不外传,而使其长期被埋没起来,西方人却把它承接过来,并改变名目带入中国,中国人要么推崇为绝无仅有,要么驳斥为违反天道,根本不知道这原本就是中国固有的学问。正是受此激发,他才费尽心力去研究算学,希望将中断了的儒家"绝学"续接起来。在他的带动和启发下,他的儿子黄百家和弟子陈训都对算学产生了浓厚兴趣,并且悉心钻研,取得了丰富的成果,这篇序文就是他为陈训的算学著作《句股述》而作。

三、经世学吸收西学的模式

上述《叙陈言扬句股述》那段话也被视为黄宗羲倡导"西学中源说"的证明,而"西学中源说"往往又被视为妄自尊大、盲目排外,黄宗羲也因此受到一些人的非议。但应该看到,在中国与西方相遇之前,在中国人的观念中,中华是天下的中心,是唯一的文明世界,中华即代表天下,中华之外是蛮荒的四夷。事实上,中华文明也的确长期处于世界文明前列,并且不断向周边辐射。所以当黄宗羲等明末清初学者看到那些从西方传入的学问时,自然不会相信这是西方独立创造出来的成果,而他们回头审视中国固有的学问时又恰恰发现了类似的东西,于是就不免产生了美好的误会——"西学中源说"。其实,"西学中源说"也并非完全子虚乌有,像众所周知的火器、罗盘、造纸、印刷、制瓷、制丝等重大人类文明成果就是由中国发明而传入西方,又回流中国、普及世界的。"西学中源说"尽管并不完全符合事实,但在西方文明传入的初期,对中国人积极吸收西方文明和大力发展中华文明是起了很大促进作用的。黄宗羲正是在"西学中源说"的激励下,才在历法、算学、乐律等方面投入巨大热

---

① 《黄宗羲全集》第十册,第35—36页。

情进行研究,并主张将这些学科列入"绝学"加以发展,以使其能够得到复兴。直到清末,许多学者在吸收西方文明方面依据的还是"西学中源说","改革思潮"代表人物陈炽就以此为据对以"西学之器"弘扬"先王之道"的合理性和必要性加以阐述:

> 形而上者谓之道。修道之谓教,自黄帝、孔子而来,至于今未尝废也。……形而下者谓之器。是道之粗迹,先王遗意之所存,经秦政之酷烈熏烁而迁流于西域者。天将以器还中国,而以道行泰西,表里精粗,交易而退。人情之所便,天意之所开,虽圣人复生,其能拂人情、违天意,而冥行独往、傲然其不顾哉?故知彼物之本属乎我,则无庸显立异同;知西法之本出乎中,则无俟概行拒绝。①

他主张通过对中国器物制度的改革和对西方器物制度的引入恢复"三代",他所说的"形而上"之道指的是"三代"的礼仪道德,"形而下"之器指的是"三代"的器物制度,"形而上"之道自黄帝、孔子以来一直传承了下来,"形而下"之器则由于秦始皇的焚书坑儒而失传,但辗转流传到西方得以发展起来,现在中西交汇,为"道""器"复合、恢复"三代"提供了绝好的机会,盲目地拒绝西学绝对是不明智的举动。

"西学中源说"与东汉时期佛教传入中国之后出现的"老子化胡说"非常相似,根据此说,老子骑着青牛西出阳关,经西域至天竺,化身为佛,创立佛教,教化胡人,佛教后来又从天竺经西域反过来回传到中国。"老子化胡说"当然并非事实,但在佛教传入的初期为其传播和普及带来了很大的便利,因为由此说法自然可以得出一个结论:既然佛教是中国人创立的,现在又回到了故里,那么中国人还有什么理由拒绝呢?"老子化胡说"最早可能是佛教徒出于传教的目的而创造的,这虽然给佛教的传播和普及带来了便利,但另一方面也降低了佛教的地位,抬高了道家或道教的地位。当佛教在中国逐渐发展壮大形成气候之后,佛道两家就不可避免为此而发生争执。与"老子化胡说"相比,"西学中源说"对于西学的传播和普及所起的作用更加广泛而持久,负面作用也更小,决不能简单地将其视为自我麻醉、精神胜利而予以否定。同时还须指

---

① 陈炽:《庸书》内篇卷上《自强》,赵树贵、曾丽雅编:《陈炽集》,中华书局,1997年,第8页。

出的是,"老子化胡说"是把佛教说成原本是由中国人创立的,而"西学中源说"只是说科学技术原本是由中国人创立的,而不是说基督教原本是由中国人创立的,这是两者的显著不同之处。正因为如此,黄宗羲并不把历法、算学、火器等科学技术看成是西学,而是把它们当作中国固有的"绝学"。从他上面所说的"欧罗巴国欲行其教于日本,其教务排释氏,中国之所谓西学也"这一段话可以看出,他所说的"西学"实际上指的是基督教。对于基督教,他基于儒家的立场而采取批判的态度,并且对像徐光启之类的儒者支持基督教的传播颇有微词:"为天主之教者,抑佛而崇天是已,乃立天主之像记其事,实则以人鬼当之,并上帝而抹杀之矣。此等邪说,虽止于君子,然其所由来者,未尝非儒者开其端也。"[①] 所以严格地说,黄宗羲倡导的并不是"西学中源说",而是"科学中源说"。他认为科学技术是中国固有的学问,并将其列入经世的"绝学"当中。当然,从历史事实来看,他的这一举动很大程度上是受西方传教士带入的西方科学技术影响所致。

在明末清初这样一个激荡的时代,黄宗羲一方面将心性学导向了经世学,另一方面他又把西学纳入经世学,从而成为明末清初经世学与西学交汇中最具有代表性的人物。由于受西方传教士带入的西方科学技术影响,他在历法、算学、乐律等方面投入了巨大热情进行研究,并主张将这些学科列入"绝学"加以发展,以使其能够得到复兴,他吸收西学的模式是以科学技术为内涵的"西学中源说"即"科学中源说",这一学说不仅对他发展和复兴"绝学"起了巨大的激励作用,而且对后来中国人积极吸收西方文明和大力发展中华文明也起了很大的促进作用。

[①] 黄宗羲:《破邪论·上帝》,《黄宗羲全集》第一册,第195页。

文化自信背景下的文明交流与互鉴初探

张靖华

（北京青年政治学院人文素质教育中心教授）

　　文化是一个国家、一个民族的灵魂。古往今来，世界各民族都无一例外受到其在各个历史发展阶段上产生的精神文化的深刻影响。文化自信是一个国家、一个民族生存、发展的基础。习近平总书记多次指出："历史和现实都表明，一个抛弃了或者背叛了自己历史文化的民族，不仅不可能发展起来，而且很可能上演一幕幕历史悲剧。"

　　文化也是不断发展、成长的过程。坚持文化自信，绝不是文化的自我封闭、孤芳自赏。相反，民族文化只有在文化自信的背景下，积极展开与不同文明之间的交流、对照、合作、互鉴，才能融合、共生、发展、进步。

一、文化与文化自信

　　我是农村娃，在我眼中城市有着与生俱来的"神秘感"。小时候怎么也想象不出城里人怎么"上楼"，所以就用农村常见的生活、事物解释城里人"上楼"，我觉得他们应该有一种像"飞鸟翅膀"一样的工具——于是直接想到了"簸箕"。每个人腋下夹着两个簸箕，站在楼下扇动"簸箕"飞上楼去。

　　我十二岁第一次到呼和浩特，看到楼房的时候，终于明白了原来上楼有"楼梯"。但随后我仍然用熟悉的乡下人上房顶常用的"木头梯子"给小伙伴描述城市的楼梯："楼梯"就是拐几道弯的木头梯子连在一起。

我在想,这个故事一方面说明我对城市生活的不熟悉,陌生、没有见过啊!另一方面也说明我对农村生活的自信。蹬着梯子上房顶,端着簸箕倒垃圾,这就是我的生活状态,就是我已有的知识和我对世界的最初体验。我用自己熟悉的生活解释未知世界、陌生领域。

其实,人人都喜欢用身边的事物、自己已有的观念解释生活、理解世界。这就是《易经》"近取诸身,远取诸物"之谓也。我们是中国人,我们在中华大地生存、繁衍,我们身上流淌着中华五千年文明的血液。不管你承认不承认,我们的思维一定会带着中国传统文化的因子,而文化在我们每个人身上的影子一定是我们最为独特的标志。

陈寅恪先生的《唐代政治史述论稿》是研究唐史的经典著作,被学界评价为奠定了现代唐史学的基础。大家知道,许多学者都认为李氏家族为陇西李氏。而陈寅恪则认为,李唐来自赵郡李氏,后冒充陇西李氏。他在书中提道:"李唐先世若非赵郡李氏之'破落户',即是赵郡李氏之'假冒牌',其血统原是华夏族,后与胡夷混杂,宇文泰入关之后,曾令相从之汉人改以关内诸州为其本望,即在此时,李唐改赵郡郡望为陇西郡望。"当然,至今学界对于李氏家族身世依然没有定论,但这绝不影响许多人对大唐盛世的向往,梦回唐朝。陈寅恪对李氏家族身份的质疑的意义在于,他诠释了这样的观点:无论李氏家族是胡人还是汉族,民族身份并不重要,而文化身份才是思想意识的决定性因素。

对于个人来说,文化身份非常重要。对于一个国家和民族来说,文化是民族的历史标识,是人民的精神家园。文化,归根到底是一种生产与生活方式。同一共同体内的成员,通过这种方式改造客观世界及其自身,在此过程中形成的物质成果、社会机制与思想观念共同建构出了文化的家园。文化就像空气一样,无处不在、无时不有。筷子是文化,刀叉也是文化。我们置身于文化之中,无法摆脱、不可自拔,就好像我们无法揪着自己的头发飞离地球一样。

文化各有特点,不分高下,无所谓优劣。文化只有认同。对于自己已有文化的认同就是文化自信。文化自信是民众对民族自身禀赋、文化价值的充分肯定、悦纳和积极践行,是对其文化生命力保持坚定的决心和信心。文化自信是一个民族增强凝聚力的精神基础,也是一个民族走向强盛的重要标志。文化自信是一个国家文化软实力的直接表现,也是一个国家核心竞争力的重要组成部分。文化自信是实现中华民族伟大复兴中国梦的信心、勇气和力量源泉。今天,我们要进行伟大斗争、建设伟大工程、推进伟大事业、实现伟大梦想,都离不开中华优秀传统文化所激发的精神力量。

二、文化自信的缺失与传统文化的断裂

今天,为什么我们一再强调"文化自信"?就是因为今天的中国有太多的"文化不自信",万圣节、圣诞节、情人节等等"洋节日"铺天盖地,甚至有人觉得不过"洋节"似乎已经落伍。而我们的传统节日还有多少人在过呢?

就拿七夕节来说,我们首先从名称上来说就已经输了一筹。这个"以爱情为主题,以女子为主角"的传统节日也不再叫七夕节、乞巧节或女儿节了,而是改称"中国的情人节"。殊不知"情人节"前面加了定语"中国"两字就暴露了我们文化自信的短板,还是脱不了西方"情人节"文化的影子。

我们总觉得传统的不如现代的,外国的总比中国的强。其实,这也是文化不自信的表现。

有意思的是,1931年,圣雄甘地出席英印圆桌会议时,身上裹一块旧布、谈笑自如,令高傲的英国绅士们目瞪口呆。这就是印度人的文化自信,不以别人的是非为是非,不以别人的标准为标准,他们心中有自己的主张,这就是自信!有文化自信的印度人,不管有多少外国人在场,坚持用手抓饭吃!毛主席喜欢自由自在,会见外宾时对某些清规戒律很反感。例如,西方礼宾习惯,在重大礼仪活动中,要身着黑色服装,穿黑色薄硬底皮鞋,被毛主席拒绝了。他风趣地说,外宾要见我毛泽东,还是要看我的皮鞋?1972年2月,会见美国总统尼克松时,毛泽东穿的是圆口布鞋。

中国人目前缺乏文化自信的原因较多,但部分要归因于中国传统文化的断裂。近现代以来,中国传统文化面临着四次冲击。而这四次冲击都与我们的文化自信有关。每冲击一次,文化就愈不自信一次,我们文化上就多一份自卑,或对自己文化就多一份否认。

第一次冲击是清末到民初的新政。在这次改革当中，尤其是1901年清政府颁布了《兴学诏书》，倡导全国建立新的学堂，这次改革当中传统文化跟教育体制、教育相分开。第二次冲击是"新文化运动"。"五四"以来的很多东西都是"新文化运动"的重要组成部分，知识分子层面严重地去否定自己的传统。第三次冲击是20世纪六七十年代。这一时期，把很多传统的东西彻底否定掉，中国传统文化一度成了落后和封建的标志。而第四次是改革开放。中国的经济得到了空前的发展，中国人生活上富裕了，但在精神上日益贫乏。在这种文化自卑情结中，我们丧失了话语权，思想体系、话语体系受到西方文化的影响，中国本土意识、文化主体立场逐渐式微。

我们今天增强文化自信，应走入历史深处，深入理解中国的文化血脉和文化土壤。中华优秀传统文化是我们赖以生存的精神土壤，在几千年的文明发展史中成为我们的精神支柱，并且还将在未来的社会发展和民族振兴中发挥积极作用。坚定文化自信，要理解历史文化发展的一脉相承性，必须尊重自己本民族的历史文化，尊重本民族的社会习俗，尊重本民族的生活模式，坚持本民族的发展方式，坚守中华民族的精神家园。因此，我们是否有文化底气，我们的文化自信是否坚固，关键在于心底里是否有着对中华优秀传统文化的深刻体悟和广泛认同。科学地对待中华优秀传统文化，为我们找到了传统与现代结合的方式，也为我们树立文化自信、坚定文化自信奠定了基础。弘扬中华优秀传统文化，是我们坚定文化自信的核心，只有做到了将我们优秀的价值信仰、道德审美体系充分阐扬，才有可能在文化竞争的格局中做到不被外界迷惑，始终坚守并深刻体认自己的文化价值观，并以一种平等、豁达、自豪的心态积极参与到全球的文明对话当中。

三、以经典为载体，传承核心价值理念，构建文化自信

坚持文化自信关键是要"不忘本来，吸收外来，面向未来"。这里主要谈"不忘本来"，继承和发展中华优秀传统文化的问题。

文化自信，是一个民族"对自身文化价值的充分肯定，是对自身文化生命

力的坚定信念"。我们要在建设中国特色社会主义的进程中,选择自己的方式,发出自己的声音,走出自己的道路,建立文化自信,就必须重视中华优秀传统文化,这是中华民族重要的精神资源。

十八大以来,习近平总书记多次谈到文化自信问题。2014 年,他在北京大学师生座谈会上的讲话中指出:"中华文明绵延数千年,有其独特的价值体系。中华优秀传统文化已经成为中华民族的基因,植根在中国人内心,潜移默化影响着中国人的思想方式和行为方式。"在纪念孔子诞辰 2565 周年国际学术研讨会暨国际儒学联合会第五届会员大会开幕式上的讲话中他强调,"文明特别是思想文化是一个国家、一个民族的灵魂。无论哪一个国家、哪一个民族,如果不珍惜自己的思想文化,丢掉了思想文化这个灵魂,这个国家、这个民族是立不起来的"。2016 年,在庆祝中国共产党成立 95 周年大会上的讲话中他指出,"文化自信,是更基础、更广泛、更深厚的自信",是实现中国梦的精神支撑,是中华民族伟大复兴不竭的动力源泉。2017 年,在中国共产党第十九次全国代表大会上的报告中他指出,"文化是一个国家、一个民族的灵魂。文化兴国运兴,文化强民族强。没有高度的文化自信,没有文化的繁荣兴盛,就没有中华民族的伟大复兴"。

"坚定中国特色社会主义道路自信、理论自信、制度自信,说到底是要坚定文化自信。文化自信是更基本、更深沉、更持久的力量。"文化自信之所以能够成为建立"四个自信"的基础,建立文化自信之所以需要重视中华优秀传统文化,就在于中华优秀传统文化是我们中华民族几千年来深刻的经验积累和价值积淀,代表了专属于中华民族的思维方式和行为习惯,是我们中华民族自身的精神信仰和行为准则。概括起来讲,优秀传统文化,是中华民族屹立于世界民族之林的核心竞争力。

要依托中华优秀传统文化建立文化自信,就需要准确把握我们这个民族的文化得以生存和发展,并具备长久生命力的历史根基。一方面,一代代的文化巨匠和思想巨人,以其卓越于常人的智慧编写的经典著述,是中华优秀传统文化传承、创新,不断向前发展的文本载体;另一方面,中华优秀传统文化中所蕴含的优秀价值观念,是传统文化的核心和精髓。它既与中华民族的思维方式、行为习惯、社会需求相契合,又以清晰而准确的概念反映了我们这个民族认识世界、追求真理的成果。

"以经典为载体，传承核心价值理念"，共同构成了中华优秀传统文化具有强大生命力的历史根基，只有正确认识和准确把握这一历史根基，我们的文化自信才是有源之水、有根之木，我们才能在建设中国特色社会主义的进程中，"获得坚持坚守的从容，鼓起奋发进取的勇气，焕发创新创造的活力，具有独特的精神世界，坚定自身的价值追求"。

（一）中华文化经典是中华优秀传统文化的文本载体

中华优秀传统文化，是中华民族的经典文化，是我们先民几千年来的历史经验总结、生存智慧精粹。当今社会，"无论是建设中华民族共有精神家园，抑或是建设社会主义核心价值体系，最终都是要以文化为载体的。而经典文化作为其中的骨干部分，永远都是文明发展的根基、创新的土壤和发展的动力"。然而，要准确认识、接纳先民的智慧和经验，实现传统文化与时代发展的接轨，与社会需求的契合，就要求我们重视中华文化经典。

第一，中华文化经典著作在形成时，就提出并解答了人类社会发展的根本问题，其世界观和价值观具有本源性。"经典著作乃是在每一个时代都具有当代性的书籍。"钱穆指出"中国文化乃由一民族或一国家所独创，故其文化演进，四五千年来，常见为'一线相承''传统不辍'"，而且很早的时候，中国文化就已经以"融凝为一"的观念，看待与思考"国家"和"民族"问题。《论语》《老子》这些文化经典，都十分关注早期中国应该如何治理、华夏族群应该以什么作为基本社会规范的问题。《论语·为政》提出："道之以政，齐之以刑，民免而无耻；道之以德，齐之以礼，有耻且格。"《老子》第三十八章则提出："失道而后德，失德而后仁，失仁而后义，失义而后礼。"也就是说，在孔子和老子这些先哲看来，最适合中国社会的治理法则和社会规范是"道德"，是仁义礼智信等一整套伦理价值规范。即使在当今社会日益多元、构成要素日益复杂的情形下，"中国优秀传统文化，可以为治国理政提供有益启示，也可以为道德建设提供有益启发"。

中国优秀传统文化中蕴藏着解决当代人类面临的难题的重要启示。雅斯贝斯将产生过孔子、老子、孟子及柏拉图、释迦牟尼等思想巨匠的那个时代称为"轴心时代"，并说了一段著名的话："人类一直靠轴心时代所产生的思想和创造的一切而生存，每一次新的飞跃都回顾这一时期并被它重新燃起火焰。"20

世纪 90 年代美国学者亨廷顿在《文明的冲突与世界秩序的重建》中，整体上描述了东亚人在其经济上获得成功之后对其文化独特性的强调及其文化自信的复兴，具体论述了中国的情况。他以"赞美儒教是中国进步的根源"来描述当时中国复兴着的文化自信。2000 年，几十名诺贝尔奖获得者聚会于巴黎研究世界的发展，会议所取得的共识之一是，"人类要在 21 世纪生存下去，必须要从 2500 年前孔夫子那里去寻找智慧"。

第二，中华文化经典著作的阐释和发展，无不与当时的社会发展需求相契合，也说明了经典的知识体系本身具有极大的包容性。任何一种观念被记录并形成文本之后，它能否成为文化经典，就看它在阐释和发展过程中，能否对新的社会问题作出适合当时社会需要的解答。中华文明经典著作的形成，也经历了这一历程。《春秋》一书，寄托着孔子在礼崩乐坏的时代挽救世风、维护周礼的强烈愿望。而在汉武帝时期，面对汉初以来的社会发展累积的问题，董仲舒依然能从其中找出"罢黜百家，独尊儒术"适合当时社会现实治理的思路。而北宋王安石则直接组织参与对《周礼》一书的诠释，并从中"梳理出一套理财的理论以作为变法的根据，并作为回应反对派的思想武器"。

可以说，经典形成的历程本身，就已经说明了经典自身具有巨大的诠释空间，其知识体系具有极大的包容性。不同时代，人们对经典见仁见智，总能从其中寻求到解决时代问题的启示。

（二）传统价值观念是中华优秀传统文化的核心内涵

中华文化从其产生到发展，都是一代代人根据自己所面临的具体的人生问题、社会问题而作观察、体验、思考、实践的活动。经过这一过程所沉淀下来的，就是最符合中国社会发展实际、最符合中华民族思维习惯、最符合中国人民心理诉求的传统价值观念体系。这是优秀传统文化的核心内涵。我们弘扬中华优秀传统文化，建立文化自信，就必须从根本上触及并接受传统价值观念中的合理成分。这不仅有助于我们更加深刻、准确地认识传统文化，而且有助于我们更好地践行社会主义核心价值观。下面，从个人层面、社会层面、国家层面来了解传统价值观念的主要内容。

个人层面，传统价值观念特别提倡修身养德。也即中华文化的传统是十分注重个人的德性修养、身心修养。这从根本上说明了中华文化是属于"人"

的文化，是关注"人"的文化，是以"人"为主体的文化。徐复观指出，对人性的认识和探究，不仅是中国哲学思想的主干，而且"也是中华民族精神形成的原理、动力"。对人的认识，实际上包含了几个方面，即人对世界的认识，人对自身的认识，以及人对自己如何更有意义地生存在这个世界上的认识。先秦时期，《庄子·齐物论》："六合之外，圣人存而不论；六合之内，圣人论而不议；春秋经世先王之志，圣人议而不辩。"也就是说，中国人在很早的时候就已经超越自己日常生存的狭小地域，去认识和思考更加广阔的生存空间，以至于他们最后将这个超越个人、涵盖广袤的认识对象称之为"天"。"天"作为一种思想观念的提出，说明我们这个民族已经形成了将人类自身、将生命个体放置在整体世界中去考察的思维习惯。在这个基础上，我们的先民充分认识到了生命的渺小和可贵，从而对人类的生存世界有一种敬畏。他们也认识到"天地万物是人类赖以生存的物质基础，破坏了这一基础，就会损害人类本身"。从而，人们希望通过遵从而不是违背世界的运行规律，也即传统文化中的"道"，来实现自身的有序发展。

由此，传统文化呈现出这样一种清晰的轨迹：人们不断地认识"道"，不断地提升自身素养来符合"道"的要求，希望最终达到"天人合一"的境界。北宋思想家程颐就讲"凡学之道，正其心，养其性而已。中正而诚，则圣矣"。至于具体的修养功夫，则是"孝其所当孝，悌其所当悌，自是而推之，则圣人而已矣"。这就要求每个人在现实中能够积极遵从社会的基本伦理道德和社会规范，将个人的生命融入整体社会的发展中去。只有这样，才能更加充分地实现人生价值。

社会层面，传统价值观念特别强调伦理道德。在长期的发展中，一种奠基于亲缘社会的伦理观念逐渐稳定下来，并成为传统中国社会发展的基本运行规则。一方面，亲缘关系作为维系传统社会的重要纽带，它直接促生了以"孝乎惟孝，友于兄弟"（《论语·为政》）为代表的家族伦理价值观。传统社会之所以如此重视"孝"观念，就在于它能够维持宗族血缘关系的稳定，尤其在巩固"父—子"关系这个宗族社会的核心关节上，具有重要的作用。而且，"孝"也是一种重要的精神信仰，维系和凝聚着一个个社会的基本组成单元——家族——的稳定发展，从而带来社会的稳定发展。另一方面，传统中国社会的治理体系和社会秩序，是建立在亲缘社会基础上的，因此，它必须将"礼""义"

"忠""信""和"等观念纳入它的政治伦理价值追求中。"忠"是从一般意义的忠信、诚敬、尽心转化而来的，并非指忠于君主个人，而是忠于自己的职责、操守、为社会或公众利益考虑。如《论语·宪问》："子路问事君。子曰：'勿欺也，而犯之。'"是说臣下可以为了追求真理而犯颜君上，这就是忠。《左传·桓公六年》："上思利民，忠也。"是说在上位的人以给民众谋利为职责，这就是忠。可以说，只有在这个层面上，"忠"才可能成为积极的儒家政治伦理价值观。另外，传统社会发展中，以礼治家体现的孝亲、友善，人文教化倡导的仁爱、和谐，经济活动必需的敬业、诚信，维系了中华民族数千年的有序发展，成为整个民族认同、接纳并践行的核心价值观念。

可以说，中华文明的传统价值观念，深刻影响了中国政治、文化传统的形成。它生发于社会的伦常观念、生活习俗，成为严格意义的法律之外，社会运行必须遵循的规范，也成为全体社会的精神追求。而且在长期的发展中，它已经深入中华民族的骨髓和血液，成为我们的文化基因。正因如此，"现代中国民众的道德观念与传统的道德观念也是血脉相通的"。

国家层面，传统价值观念特别注重以德治国。以德治国首先强调"以民为本""以人为本"。《孟子》中就有"民为贵，社稷次之，君为轻"。因为在传统中国社会的发展中，国家的税赋、兵力以及一切社会财富的创造，都来源于人民，都依靠人民。从本质上讲，是人民群众推动和主宰了社会的前进和发展。因此，唐太宗才会发出"君，舟也；人，水也。水能载舟，亦能覆舟"的感慨。其实这种认识，对我们今天的社会发展依旧有重要的指导意义。习近平在出席金砖国家第五次领导人会晤时就着重指出："我们将坚持以人为本，全面推进经济建设、政治建设、文化建设、社会建设、生态文明建设，促进现代化建设各个方面、各个环节相协调，建设美丽中国。"这已经成为我们当前国家建设的一个重要指导原则。其次，以德治国的核心内容是"仁政"。所谓仁政，就是以伦理道德观念作为政治、经济、文化发展的主要纲领，行"爱人""爱民"的仁慈政治。《孟子·梁惠王上》："施仁政于民，省刑罚，薄税敛，深耕易耨，壮者以暇日，修其孝悌忠信，入以事其父兄，出以事其长上。可使制梃以挞秦楚之坚甲利兵矣。"这就要求国家的管理者要时刻保有一份爱民之心，以国家的发展和生民的福祉为职责，要有一种"苟利国家生死以，岂因祸福避趋之"的担当精神、仁爱精神。

当前国家正在全面推进依法治国，这是现代社会发展的必然趋势。与此同时，我们也依然要加强以社会公德、职业道德、家庭美德、个人品德为主要内容的道德建设，尤其在国家层面，我们要十分重视通过道德建设提高全体社会的公民素质，为法治社会的发展营造一个良好的环境，将"德治"作为"法治"的重要支撑。

从以上三个层面的论述我们看到，传统文化的"核心精神乃是一种人文道德教育"。这种人文道德教育，涉及社会发展的方方面面，它将国家、社会、个人都纳入其中。国家作为社会的管理主体，它要担负起社会有序发展、人民幸福生活的责任，尤其是身处其中的管理者，要有一种"先天下之忧而忧，后天下之乐而乐"的忧患意识、担当意识。只有如此，生活其中的人民才有一种大家庭的归属感。个人作为社会的基本构成，它要积极融入这个社会，遵从社会规范的约束和引导，妥善处理人际关系，同时要积极投身社会建设、创造社会财富、实现人生价值。只有如此，我们的国家才可能更加有效地集聚社会力量和社会资源，获得健康、有序的发展。

四、以"中国文化主体性"建设为基础，积极开展文明交流互鉴

中国文化自信应该来自"中国文化主体性"建设。费孝通先生从文化社会学的角度定义了"文化主体性"。文化主体性即对现代化的"自主的适应"。我们重视中国文化主体性的建设，充分吸纳传统文化的营养，但绝不盲目排斥外来文化，更应该促进不同文明之间的交流、对照、合作、互鉴、融合、共生、成长。正如鲁迅先生评价汉、唐文化气魄时所言："那时我们的祖先对于自己的文化抱有极坚强的根据，绝不轻易动摇他们的自信，同时对于别系文化抱有极恢廓的胸襟与极精严的抉择，绝不轻易地崇拜或者轻易地唾弃。"

内省的文化自信、多元的文明交流互鉴，二者都是文明进步、文化繁荣的必要条件。中国从来都拥有开放的文化体系，中国文化也一直能够悦纳、吸纳、融合不同文明。在亚洲文明对话大会上，习近平主席以《深化文明交流互鉴　共建亚洲命运共同体》为题发表主旨演讲，再次申明了中国人"文明交流

互鉴"的主张。文明交流互鉴，既是中国作为文明古国、文化大国的人类文明进步担当，更是中国文化自信的充分彰显。

文化自信是开展多元文明交流互鉴的基础和动力。一种文明，只有不断认识清楚自我的来历、形成过程、具有的特色以及未来发展趋势等，对文化的发展历史、演变趋势有理性的把握，才能在多元文明的交流互鉴中积极坚守本民族的优秀传统，才能以更加开放的胸怀，与其他文明展开对话交流、互鉴共生、融合发展。"人类只有肤色语言之别，文明只有姹紫嫣红之别，但绝无高低优劣之分。"文明起源不同，发展的道路也不同，文明因差异而多姿多彩。对自身的文化越是自信，越会积极地敞开胸怀，与其他文明展开交流对话。只有树立坚定的文化自信，才能敞开胸怀，接纳一切文明的优秀成果。只有在文化自信基础上，展开深层次的文化交流、文化往来，才能实现真正意义上的多元文明之间的平等交流互鉴。

文明交流互鉴是文化自信的重要表征。历史来看，宏阔、壮丽、开放的汉唐文化，都是文化交流、互鉴的结果。如果没有文化自信，不可能有与西域广泛的文化交流，更不可能有"九天阊阖开宫殿，万国衣冠拜冕旒"的盛世。而不断加强文化交流，又是文化自信的重要表征。文化自信实际上是一个更基础、更广泛、更深厚的自信。改革开放、"一带一路"倡议，都是人们对自身拥有的文化价值和文化生命力具有充分的信心的背景下开展的积极文明交流互鉴，其实也是文化自信的重要表现。

在文明交流互鉴中佐证文化自信、增强文化自信。文明交流互鉴，是不同文明之间相互鉴别、对照、比较，然后在交流、融合和相互借鉴学习中实现共同进步和发展。"和实生物，同则不继"，在多元文明的交流互鉴中，我们不断认识中华文明"天人合一""道法自然"等整体性思维的独特魅力、价值，不断了解吸纳一切人类文明的优秀成果，萃取精华、为我所用，不断为中华文明注入新鲜血液，推动中华文明不断创新、发展。只有在不同文明的交流互鉴中，才能知己知彼，珍视中华文明未曾中断的意义价值，定位中华文明在世界人类文明体系中的坐标。因此，在文明交流互鉴中确立的文化自信，才是广阔、深刻的真正意义上的文化自信。

传统与现代

儒学之总体的再定义

辛正根

(韩国成均馆大学儒学大学院教授)

一、定义的不存在及其定义的困难

我在一些场合作自我介绍时,常常由一般的学习学业说到专业研究。当说到我的专业研究是"儒学"时,往往会受到一些意想不到的提问。"学儒学就可以游学吗?"(注:韩语的"儒学"和"游学"发音相同)。这用时尚的话来说,就是听起来像一种幽默笑话,可又无聊找不到笑点。但是,在韩国,只要是一定程度的东洋哲学研究者,就一定会在某种场合至少听过一次这样的经典小插曲。学习人文科学或是古典的人,听到儒学这个词语,都能理解其含义,但确实容易混淆为与儒学同音异义的游学[1]。

换个角度的话,这个故事实际上就说明儒学对一般人而言仍是不太为人所知的。在与人对话时,听到了某个词,就会由发音联想到指示对象。听到"儒学"这个词的发音,人们通常会在一瞬间考虑"那是什么意思",继而马上会联想到"啊,那是远离居住地到大城市或者外国去学习"的游学。当然,在继续与对方交谈中,就会发现自己脑中浮现出的"游学"与对方所说的"儒学"不是同一回事,于是再考虑"那是什么意思",接下来就会纠正自己的谬误。

---

[1] 儒学和游学同音异义的关系是韩语的一种发音现象。而在汉语里,儒学念"ru xue",游学念"you xue",和韩语不同,不是同音异义的关系。

"哦，原来那个人说的'儒学'不是自己所想的'游学'，好像指的是与孔子相关的思想。"

这个小插曲告诉我们一个现实，那就是，人们还没有能够明确区分作为思想的"儒学"与表示到大城市或海外去学习的"游学"这两个词语。当然，日常所经历的事情与抽象学问之间难易程度不言自明。与"学习儒学"相比，"去游学"则耳熟能详，简单易懂。但是，作为思想的儒学，即便再难，如果有一定经验而且定义明确，那就另当别论了。因此，一听到"Yuhak"（注：韩语的儒学与游学发音相同），马上联想到去海外（或都市）游学，而没有想到表示思想的儒学，其理由可以说有两个抽象的现实。一是儒学的定义不明确，以至真相不明；另一个是由于第一个原因使得儒学被认为是令人难以接近的学问，也就是拒人于千里之外的学问。

人各有其名。有时与某人相会交谈需呼其名。在起一个将来被人称呼的名字时，通常会考虑赋予其名字以特定的价值和意义。然而，称呼或者被人称呼这种行为里面，名字里所包含的价值和意义并不重要。名称只不过是区别于他人的一个表示音阶的符号而已。如果同名，就根据身体特征在名称前加"大"或"小"，或者单纯在名称后加"a"或"b"以示区别。

可是，如果那个人活跃在某个领域成为评价的对象时，名称的特性就变了。例如，朝鲜时代击退日本军的忠武公李舜臣将军，如果没有正当的根据而把李舜臣说成逆贼，把"李舜臣"与"逆贼"结合在一起，就属于不妥的用法而受到抨击。这是因为"李舜臣"这一名称是和救国英雄或忠臣联系在一起的，只能按照这一思路加以使用而不能加上"逆贼"这一污名。这时的名称就不是识别符号，而是给予特定评价的对象。因而这一名称只能在"李舜臣不是逆贼"或"李舜臣是忠臣"这样的语意中加以使用。

儒学不是称呼某一个特定人物的称呼。但儒学是指与人不同的某个对象的名称，这是毋庸置疑的。如果把儒学用于"作为美国的建国思想……"这样的语意中，我们就会提出批评，指责那样的内容与儒学无关。这样的批评，言外之意就是儒学已经具有非此莫属的内容，只能作为特指固有内容的名称加以使用。

那么"儒学"可以不具有特定的价值和意思，只是单纯表示它和兵学、农学、墨学以及物理学、化学等在音阶上的差异吗？不是这样的。物理学和兵学都具有与儒学不同的音阶,同时还表示各自所研究的独特领域。农学和物理学分别具体与农业和自然对象紧密相连,因此在江河海洋管理水产资源不叫农学而叫水产学,世界上存在的物质和元素不作为物理学而作为化学的研究对象。从这些例子我们知道,儒学是有别于农学及物理学而拥有固定研究对象的学问。如果可以认为农学的"农"和物理学的"物理"分别表示各自固有的研究对象的话,那么儒学的"儒"应该也具有同样的含义。也就是说,儒学是研究"儒"的学问。"儒"可以说是表示儒学区别于其他学问特征的决定因素。这样,有关儒学定义的头绪就理开了。

可是再深入思考一下就会发现和预期的不一样,有困难了。前面说过的农学的"农"和物理学的"物理",不用经过深奥的思维和复杂的推论,对各自的研究对象具体指什么也一目了然。只要不是对农业和自然一无所知,那么就能简单把握农学和物理学是以什么为研究对象的学问。因此就农学和物理学的研究对象,发生深刻的争论是不可能的①。而反过来看儒学的"儒",就不像农学的"农"、物理学的"物理"那样一目了然了。因此,要确切地给儒学下一个定义,首先必须理解什么是"儒"。

虽然有希望能够给儒学下定义,可不能说完全没有困难。因为儒学在不同的时代,有诸如道学、圣学、性理学、朱子学、阳明学、新儒学等多个不同的称呼。我们知道,一旦阐明儒学的"儒",那么给儒学下定义就是顺水推舟的事情,可是这样一来,又陷入了对象只有一个名称却有多个的一实多名的新的困境。抽象名词的意思虽然难以把握,而一实多名则使困难成倍增加。这样,即便阐明了儒学的意思,可是那个意思(一实)是否可以涵盖"多名"还有疑问。

为了解开这一疑问,又出现了从未思考过的新的问题。第一,在阐明儒学含义的同时,有必要理解道学、圣学、性理学、朱子学、阳明学、新儒学等一实多名意味着什么。第二,在阐明一实多名的各个名称时,有必要明确哪些是相似的,哪些是不同的。第三,有必要明确一实多名是否具有超越时空的普遍

---

① 现在的学际研究(inter-disciplinary research)不限定专业领域,与类似或相近学问进行协同研究的倾向更加明显。其结果就是特定的学问研究的对象出现扩大的倾向。因此,有些过去不是特定的学问研究的主题,而现在则成了研究主题。为了排除这种趋向,就特定的学问研究对象发起深刻的论争,那并不是学问的特性使然,而是与研究者的理解有关。

特性。另外，不同之处是否只是普遍特性之中的偶然现象。第四，有必要明确当代儒学如果发挥其规制性，是否可以区别于此前的一实多名而被冠以新的名称。

如此这般越思考越觉得为儒学下定义要适应一个新名称不是简单的事情。需要考虑的因素很多，而且各要素相互复杂地纠缠在一起。于是尝试以此文探讨儒学的定义。在探讨新的定义前有必要对既存的儒学定义进行考察。

二、定义方案及其评价

虽然前文曾断言儒学没有定义，但并不是说完全没有定义的方案。既存的儒学定义都是一些追求明确含义的研究，但都不可避免地有其局限性。关于这一点大致有两个问题值得商榷。第一点，使用人物或专业术语，那么一般人则难以理解。第二点，对定义里出现的用语有必要加以定义。本来，下定义使用的用语应该是没有必要再进行说明的用语，这个原则可以说没有得到遵循。本文对既有的成果及其局限性进行客观的总结，在此基础上试图探讨儒学定义这一高难课题。

由于无法对每一个方案都进行探讨，这里仅以韩国、日本、中国的具有代表性的事例和在韩国广为使用的辞典进行探讨。

（一）韩、日、中具有代表性的事例

在这里遴选出近代以后研究儒学，并对后来研究产生较大影响的事例。这些事例的选择并没有绝对标准，只是由于为大多数研究者所参照所广为共有。

1. 柳正东等《儒学原论》(1978)

柳正东在四人合著的《儒学原论》里负责序言的执笔，他并没有坚持必须给儒学下一个概念性的定义这种观点。他从形成及根本思想的角度去探讨儒学，对渊源、孔子、意义、变迁进行了论述[①]。因此他没有给出"儒学是什

[①] 柳承国、柳正东、安炳周、李东俊：《儒学原论》，韩国成均馆大学校出版部，1978年，第11—31页。因为由柳正东执笔写"序言"，所以以他为合著的代表。

么"这样规定性的定义。只是为了疏导议论，在本书的头一个章节对儒学的形成作了概括。

>儒学继承了中国夏、殷、周三代（尧、舜、禹、汤、文、武、周公）的文化，直至孔子才得以确立。（《儒学原论》第11页）

接下来阐述了三代的文化以及孔子、儒学的意义和变迁。但是对这一概括不能给予过高评价。值得注目的是这一开篇之文是否贯穿整篇文章。核心部分有以下两点。

在序言里论述儒学的形成过程，可是却在开篇之文的末尾写到"得以确立"。这就是说儒学因孔子而告一段落。儒学本来有一个变迁的过程，本书却表明是孔子使儒学得以完结。

孔子使儒学得以完结，却不是从无创造了有。他继承了三代文化，并加入了三代文化里所欠缺的部分。因此孔子是在继承了三代文化之后发现不足并把两者结合起来才使儒学得以确立的。那么可以认为儒学是由继承（三代）和发现以及统合（孔子）这两部分构成的。而对这两部分的比重如何进行评价则直接关系到对于孔子的评价。

对于上述儒学的形成，在论述了以下核心部分的同时，明确了儒学和孔子的特别关系。但总觉得难免有些遗憾。

该书把儒学的形成聚焦到尧、舜、禹、汤、文、武、周公及孔子等人物上，却没有给出儒学是什么这一正统性定义。人物固然是说明儒学形成的重要因素，但没有提及人物所共同拥有的价值取向，儒学的形成容易被忽视为仅仅是人物的替代。

如果说孔子继承了三代文化使儒学得以确立，那么继承与确立的关系至关重要。对于儒学的形成，如果把重点放在继承，那么孔子的比重就会减轻；如果把重点放在确立，那么孔子的比重就会增大。所以说有必要明确规定继承与确立的差异。

即便是孔子进行了继承与确立，可是他在政治、社会地位上与作为圣王的三大人物相比，还是有很大差别。圣王管制现实、提供秩序这种方式与孔子进行继承、确立的方式也绝不相同。因此有必要议论继承与确立的正统性和现实性存在于何处。

从整体来看，柳正东对于儒学形成的概括是把重点放在人物上的，而对儒学是探讨什么的学问没有明确其内涵。特别是如果对尧、舜、禹、汤、文、武、周公及孔子等人物没有预备知识，那么要把握儒学的定义是非常困难的。有必要下一个不以预备知识为前提，仅凭定义及说明中的词语意思来理解儒学的定义。

2. 武内义雄《儒教的伦理》（1941）

日本在东亚的近代史上最早开始系统地研究儒教。韩国和中国在因帝国主义侵略而沦为殖民地半殖民地的情况下，开展救国求生存求独立的近代化运动。与帝国主义相比，韩国和中国必须同时解决救国与近代化这两道难题。结果导致儒学在韩国和中国以过去的内容和形式不能满足时代的要求，不仅受到"革新"的压力，也试图努力谋求变化，但还是被作为与时代使命背道而驰的封建价值而加以否定，当时这样的倾向比较强烈。

相反，日本搭上了国际潮流的顺风车，在亚洲成为唯一的帝国主义国家，并对过去的传统文化和思想进行再清理。而当时的日本儒学研究也是以"大东亚共荣"的旗帜为理论依据，带有主张忠孝一致的皇道儒学倾向，这是毫无疑问的。尽管如此，儒学不是按个人的生活方式和共同体秩序的基准加以信奉的信仰体系，而是接近于客观明确其含义内容的学问研究的对象[①]。后者可以说是开了儒学近代研究之先河。当时在中国，儒学不仅被视为闪耀着昔日光芒的传统文化，而且还是照亮未来之路的信仰体系。

> 儒学是孔子创立的学说，在教义上继承了尧、舜、文王和武王之道，内容上以诗、书、礼、乐、易、春秋六经为核心，主张仁义之道。（《儒教的伦理》第17页）

武内义雄的主张由四部分构成。其中在孔子和继承这方面和柳正东的主张没有多大差异。柳正东以夏、殷、周三代文化为尧、舜、禹、汤、文、武、周公等杰出人物所共创，武内义雄则把三代文化作为道义，人物方面共提示了尧、舜、文王、武王四位圣王。

[①] 户川芳郎、蜂屋邦夫、沟口雄三、赵成乙、李东哲译：《儒教史》，理论与实践，1990年；第二次印刷1994年，第13—30页。原来本书是作为《世界宗教史丛书》第一卷计划由西顺藏和赤冢忠执笔的，由于两人分别于1984年、1983年去世，就改由现在的作者执笔。户川芳郎执笔写《序章如何看儒教》，在这一章节里介绍了日本学者的多种定义。本文将对武内义雄的主张加以介绍。

其他特征表现在以下两个方面。

孔子继承尧、舜、文王和武王之道，创立了以六经为核心的儒学。孔子不仅继承了四圣人之道，还发掘了儒学赖以确立的思想资源即六经的内容。这样，孔子不仅吸收了过去圣王的言行，还整理了有文字记载的经典。

儒学有多种多样的概念和丰富的思想。但归根结底可概括为仁义。相对于佛教的慈悲，基督教的博爱，儒学拥有以仁义为核心的价值取向。

上述武内义雄的定义有一个优点，那就是提示了孔子与六经的关系以及儒学的核心价值。只是由于篇幅问题，记述不长，这是本书的局限性。

另外，孔子所继承的尧、舜、文王和武王之道与核心内容相同的六经有何区别，他没有阐明这个问题。如果两者内容完全相同，那就只不过是同语重复而已，因此有必要明确两者的差异。如果做到这一点，那么就可以对创立儒教的孔子的作用作一个客观的评价。

而且，他没有提及由孔子创立的儒学（儒教）发生的历史变化。因此，只是把孔子尊为儒学创始者，却没能积极地去总结儒学后学者是如何继承与发扬孔子的儒学的。

孔子主张仁义之道，那么至少仁义不包括在圣王之道或六经内容里。关于这点还有讨论的余地，但也是容易被忽视的部分。虽说仁义是儒学的核心，可是孔子在《论语》阐述了仁义礼智等多个德目，也没有深入地去阐述德目之间的关联。是墨子把仁义连起来称呼使用，孟子加以继承下来的[1]。

从整体来看，武内义雄的主张巧妙地抓住了孔子继承整理创立儒学的四个要素，而对孔子创立儒学后的继承与发扬缺乏正确的记述，也没有顾及论究儒学的变化。

3. 冯友兰《原儒墨》（1935）

冯友兰意欲把中国哲学纳入近代学问的框架并赋予中国特色。他在早期就对诸子百家学问的起源抱有浓厚的兴趣。他执笔写就了《原儒墨》和《原儒墨补》，考察记述了以儒家和墨家为主的多个学派的思想起源[2]。在此基础上开

---

[1] 与此相关参照了辛正根的《人性的发现——仁思想的历史与文化》，而学社，2004年。
[2] 《原儒墨》1935年4月发表于《清华学报》，《原儒墨补》于一年后的1936年4月发表于《清华学报》。

始执笔写中国哲学史①。

  所谓儒,是一种有知识有学问之专家,他们散在民间,以为人教书相礼为生。……这些专家,乃因贵族政治崩坏以后,以前在官的专家,失其世职,散在民间,或有有知识的贵族,因落魄而亦靠其知识生活。(《原儒墨》第 675—676 页)

  在儒之中,有不止于以教书相礼为事,而且欲以昔日之礼乐制度平治天下,又有予昔之礼乐制度以理论的根据者,此等人即后来之儒家。孔子不是儒之创始者,但乃是儒家之创始者。(《原儒墨》第 678 页)

冯友兰给儒学下定义的方式,有几点值得关注。

冯友兰把社会经济的变化和儒学的定义结合起来。因此他注意到了主导社会秩序的贵族政治在西周时代末期崩坏的状况。

随着贵族政治的崩坏,辅佐贵族的各种专家活动舞台由官场转移到了民间。冯友兰把在民间找到了活动空间的民间活动集团称为儒。社会的混乱和政治危机为新社会阶层的诞生创造了空间。

儒家则是超越了辅佐教育和礼仪的专家,成为探求支撑社会秩序制度的理论根据的集团。孔子就是这种集团的创始人物。由此看来,儒家尽管其渊源是在儒,但和儒不同,它发生了创造性的转换。

在上述冯友兰的主张里,他说明了贵族政治的崩坏导致儒的产生,再导致儒家的产生这种变化的过程,可以说是在那之前没有任何人指出过的真知灼见。但是,在他的主张里仍然有掩盖不掉的遗憾之处。

他虽然从因果关系的角度逻辑地说明了由贵族制度的崩坏到儒家诞生的过程,但是无法提出进化阶段的实证性的证据。也许是因为史料的局限性,所以他只是在伦理推断的层次上得出了定义。

为了说明孔子由儒的集团创始了儒家这一进化过程,就有必要议论孔子和儒的集团之间的关联性以及孔子对儒的集团具有的局限性采取的批判。如果不是这样,儒家的诞生就是没有任何积蓄过程的突然爆发的事件。

另外,冯友兰对孔子创始儒家之后的情况也没有做任何说明。有必要说

---

① 冯友兰著,朴星奎译:《全译版中国哲学史》上下册,1999 年,第 647—698 页。

明，随着社会经济的变化，是什么重要的契机使儒家发生变化并得以发展。如果没有这样的说明，那么儒家的历史形态只是一个事实上的存在而已。

从整体来看，冯友兰的主张是他从因果论的角度出发阐明儒家的诞生是伴随着社会经济的变化而出现的。但是他没有论及儒家的正统性。

（二）辞典的事例分析

辞典具有压缩专家的研究成果加以传播的特性，特别是刚入门的人会通过辞典掌握该学问所积蓄的知识。辞典好就好在它降低了初学者进入学问殿堂的门槛。从这个意义上来看，了解辞典里的定义和了解专家的研究成果一样都是有必要的。好的辞典可以帮助初学者理解学问知识，是该学问的良师益友；不好的辞典会误导初学者而使其中途心生厌倦。

1.《大韩民族文化大百科》里的"儒学"及"儒教"条目

《大韩民族文化大百科》正如书名所示，重点是逐条记述韩国民族文化的状况。儒学和儒教也一样，都是记述在韩国的情况。首先来看看它们的定义。

孔子及其弟子说教的经传以及作为根据后世学者提出的系统的学问（儒学）。

儒教是根据中国春秋时代（前770—前403）末期孔子系统化思想的儒学从宗教观点创作的词汇。按照创始者孔子的名称也称为孔教（儒教）。[1]

在"儒学"条目里，不仅暗示了记录孔子言行的《论语》的特别地位，还强调了后世学者的继承，重点在人物和经典上。而"儒教"的条目则强调了孔子的特别地位，还介绍了别称"孔教"，突出了宗教特性。这和儒教的英文Confucianism强调孔夫子也就是孔子的地位是一样的。

《大韩民族文化大百科》的定义以孔子为重点，但是没有提示儒学和儒教的主体性。如果从儒学和儒教的定义中去除"孔子"，那么其他内容就无法传递。因此可以说，偏重孔子的结果反而完全掩盖了儒学和儒教拥有的其他决定性的特征。

---

[1] 出处 http：//terms.naver.com/entry.nhn? docId=539115&cid=46649&categoryId=46649。

2.《斗山百科》里的"儒学"和"儒教"条目

辞典的条目因比重不同而出现分量上的差异。整体的说明可详细也可省略。在《斗山百科》整体说明的儒学条目里，不仅有孔子还提及孟子和荀子，还收录了汉帝国以后儒学的变迁。儒教条目里则阐述了孔子的特殊地位以及作为东西文明革新思想加以置评的意义，记述了孝和仁义这两条德目。相反，词目的定义则非常简明。

以孔子的学说为基础的学问（儒学）。①

以孔子为始祖的中国具有代表性的思想（儒教）。②

《斗山百科》把儒学和儒教都以孔子为中心加以定义。整体说明里反映了多样特性，定义中没有余地插入孔子以外的其他要素。于是如同在孔教词目里说明儒教也被称为"孔教、孔子教"一样，只不过都是孔子学说的同义语而已。

3.《宗教大辞典》中"儒教"的定义

同一个词目，辞典的种类不同，定义也不一样。这是由于学问领域不同侧重点也不同的缘故。编辑方针和执笔者的价值取向都反映在整体说明和定义中。儒教是哲学思想的研究对象，同时也是宗教学的研究对象。③ 宗教学关于儒教的定义如下。

在中国，前汉武帝根据董仲舒的献策，以儒家学说为基础的正统学派，之后直至清末成为王朝统治的国教的思想。……儒教的基本教义是五伦五常、修己治人、天人合一，是世俗的合理主义。④

《宗教学大辞典》里的定义可以从各个价值侧面加以注目。第一，前汉董仲舒的献策和武帝的采纳占了很大比重。也就是说，儒教的重点是在社会运营

---

① http：//www.doopedia.co.kr/doopedia/master/master.do?_method=view&MAS_IDX=101013000737301。

② http：//www.doopedia.co.kr/doopedia/master/master.do?_method=view&MAS_IDX=101013000732582。

③ 儒教的宗教性不仅在学界，在一般人之间也是由来已久的主题。与此相关联，参照韩国宗教研究会编撰的《复读宗教》，青年社，1999年；任继愈，安琉镜，琴章泰译，《儒教是宗教吗？》，知识与教养，2011年。

④ http：//terms.naver.com/entry.nhn?docId=630596&cid=50766&categoryId=50794。定义的整体内容除了引用文以外，共有四个章节。开始的章节以名词结句，之后是儒教的历史变迁及社会地位，最后提示基本教义。

的秩序原理方面而不是在伦理道德方面。第二，对活跃于春秋战国时代的孔子没有明确提及，只是作为整理了儒家学说的人物加以评价。第三，提及了儒教的历史性，儒教在前汉时代成了正统教派，直至清末一直是体制赖以维持的教学。第四，提示了五伦五常等四个儒教的基本教义。其中世俗合理主义是现代给予的评价，剩下三个都是儒教使用的概念。

从整体来看，它把重心放在儒教与现实的结合点，却不关注核心教义（理论与实践）的形成。它对儒教超越正统教派和体制教派而作用于个人人格以及社会统合乃至文化层面也毫不关注，也没有考察儒教对近现代的影响。

4.《21世纪政治学大辞典》中的"儒教"词目

儒学按照现代学问的分类，不是人文科学，而具有社会科学的特性。社会科学中，政治和儒学有密切的联系。这是由于儒教不仅探求社会原理，而且批判现实政治中的不合理以及不正当行为以谋求实现王道政治的缘故。信仰儒教价值的人，不仅研究儒教核心价值的经典，还参加社会活动以实现其价值。因此，儒教的知识分子通常具有学者—官僚或是知识分子—官僚的综合特性。从这个意义上来看，《21世纪政治学大辞典》里包含儒教词目就不是什么匪夷所思的事情了。

> 发生在中国的尊崇孔子思想的教派。一言以蔽之，儒教是集尧、舜、禹、汤、文、武、周公之道为大成的孔子的教派。儒教的宗旨就是，统合中国固有的思想，努力实践以孝、弟（悌）、忠、信为主的日常生活以完善道德，胸怀以仁贯穿于所有道德的最高理念，培养达成修身、齐家、治国、平天下的素养。①

《21世纪政治学大辞典》给儒教下的定义里，给予孔子以特别的地位，暗示了孔子统合整理了自古以来的固有思想这一功绩。但是两者之间的差别并不明确。也就是说，开头记述"尊崇孔子思想"，孔子集尧、舜、禹、汤、文、武、周公之道为大成，两者的关系并没有很好地表达出来。接下来的文章里说明"尧、舜、禹、汤、文、武、周公之道"是"中国固有的思想"，这里使用"中国"一词也不贴切。定义里还明确除了孔子继承先王之道以外，孝悌忠信

---

① http://terms.naver.com/entry.nhn?docId=728855&cid=42140&categoryId=42140.

为实践道德，仁为最高理念。从整体看来，虽然在儒教定义里强调孔子的地位，但并没有明确划分并说明哪里是孔子继承下来的，哪里是孔子创始的，以及儒教的发展变化。

三、儒学的定义

以上探讨了韩国、日本、中国具有代表性的学者给儒学下的定义以及辞典的事例。在这里，我想采纳以上部分研究成果，并从现代意义上重新下一个儒学的定义。新的定义分两种方式进行。首先以文章形式具体地把握逐条的定义，然后再进行综合叙述。

（一）逐条定义

儒学不仅对哲学与思想，而且对历史、文化、宗教、政治、军事、外交等多个方面都产生了巨大影响。正是因为儒学关系到的领域多种多样，所以对儒学进行合而为一的理解是比较困难的。在这里，首先把与儒学相关的领域进行逐条分类，再对其特性进行考察，通过这样的整理来确认儒学的多面性。

1. 先驱者：尧、舜、禹、汤、文王、武王、周公以及贤者等
2. 社会集团：儒
3. 综合者：孔子
4. 继承者：弟子集团、孟子、荀子、董仲舒、韩愈、朱熹、王守仁、李滉、丁若镛等
5. 先行研究资料：《易经》（集团智慧的文化史）、《书经》（文化英雄言行录）、《诗经》（诗歌与宴会文化）、《礼记》（集团智慧的生活史）、《春秋》（春秋时代的编年史）
6. 经典：《论语》及继承者们的著作，《孟子》《荀子》《春秋繁露》《朱子语类》《传习录》等
7. 目标：成为以自身内在之力来实现自我控制，解决社会问题，齐家平天下的圣人

8. 理论学习：讲读并理解六经及《论语》

9. 实践活动：举行各种场合的礼仪，对先祖及自然（天、地、日、月、社、稷等）还有文化与英雄实行感恩祭祀

10. 制度化：把孔子和他的伟大的继承者安置在文庙里，定期实行祭祀，参政以便把儒学价值运用于实践，设立乡校和书院，努力把地区共同体改造为儒国土

1～4 明确儒学主要人物。孔子以从与尧、舜等先驱者集团同时代的贤者集团继承来的思想资源为基础完善儒学框架，后继者再把孔子的业绩由哲学、思想、文化、宗教领域扩展到社会、政治乃至国际关系等领域。在这个过程中，不仅仅是中国的思想家，韩国以及日本众多的思想家也参与其中。于是，源自中国，在中国发展开来的思想体系就具备了超越国界发扬到世界各地的扩张性。

5～6 提示 1～4 的人物所著述的经典。与孔子相关的六经和《论语》都可以说是儒学经典。儒学虽然是孔子确立的，但最终孔子并没有经典问世。儒学是由孔子集大成的，其后相继出现的后继者把孔子没有明确的部分精巧而正确地昭明于世。于是经典陆续出现。同样的事例也出现在佛教。佛教不仅有释迦牟尼佛说的初期经传，其后还有小乘和大乘佛教相继问世。海印寺的大藏经正说明了这种特性。儒学最近也在进行名叫儒藏的经典的集结。

7～10 表示人们努力使儒学的价值内在化而后再还原于现实的制度化的一个方面。儒学者虽然没有类似佛教的僧侣、基督教的牧师和神父一样制度化了的司祭的存在，可是在日常生活和政治活动中进行自身修养的实践。因此，儒学者需要理解《论语》等儒学经典，并努力实现儒学价值的内在化，在此基础上去参政，通过儒学把理想化为现实。而且，在地区共同体中使儒学制度化于人们的生活当中。在处理国际关系上，儒学抑制战争与暴力，弘扬和平相处的价值取向。当然，儒学也有其时代局限性，它把农民起义看作是对体制的挑战，但没有儒学者充当将军前去镇压的事例。

因此，儒学者从来没有没落而是始终参与世界运营，维护秩序的宇宙管理者。因此世界上有数不胜数的文庙祭祀和怀念文人，产生了一种独特的儒学文化。在各地旅行时，经常可以看到在王朝时代为百姓行善政的皇帝或克服国难危机的将军的铜像，人们至今仍顶礼膜拜祭祀他们。文庙里供奉的不是单个人，而是作为一个系谱加以集体祭祀。如同王朝的历史铭记在宗庙一样，文人

的历史也铭刻在文庙里。换言之，文人不是受命于执政者去实行的部下，而是与执政者共同治理社会，有时还充当教师的角色把执政者引入儒学的世界并对之实行指导和鞭策。

现在，胸怀"儒国土"理想的人并不多，而研究关注儒学的人不在少数，而且儒学作为传统文化资产将永留青史并扩大民族的共同记忆。

韩国首尔文庙的大成殿

中国曲阜孔庙的大成殿

(二) 总体定义

以前，儒学是通过孔子等诸多人物以及修己治人、仁义、理气、礼乐等专业用语来加以说明的。因此如果不熟悉人物和专业用语，即使看到了儒学的定义，也很难正确地深入了解并产生共鸣。我打算不使用一个专业用语，只用现代语对儒学进行重新解释并阐明儒学的奥义。

儒学是一个价值体系。人们继承并终身学习它的文化，作为生活制度而习以为常，化为内在的力量陶冶自信的品质，平衡不足或过度的部分，使自己成为在日常生活和政治领域以及在处理国际关系时能最大程度发挥共生与和平价值的伟大人物。

以上定义虽然在形式上不使用人物和专业术语，但在内容上是以两者为前提的。具体说明如下。

"继承并终身学习它的文化，作为生活制度而习以为常"，是把人们接受文化教育比喻为学习礼乐。儒学使得人们在人伦关系上不会为所欲为，人们通过由传统孕育并制度化了的礼乐进行沟通交流。人们在相逢时，会怀着愉悦的心情通过仪礼进行问候。人们通过这种抽象化的形式上的交流可以成长为有修养的温文尔雅的人。尤为值得一提的是，这些方面不仅是哲学思想，而且还具有艺术和美学的特性，可以创造高尚唯美行为的艺术。正如把在体育比赛中的卓越反应表现为美或艺术性一样，气质高雅的言行不仅会产生恰如其分的时效性，而且会产生一种人见人爱的魅力。这种言行不是一蹴而就的，是在日常生活当中反复磨炼的结果。

"化为内在的力量"，儒学不是依赖超凡的神去解决个人或共同体的问题，而是依靠人的力量去处理问题。在儒学的文献里，也有一些关于信仰神的存在的记载，但那只是在人的努力与追求达到最大化及最高程度后的极限状态下时祈望的，而不是一开始就盼望奇迹出现。儒学所提的人的内在力量是基于性善说而构造化了的。因此，人具有可以在没有神的介入下独自创造道德世界的力量。由于环境的因素导致性善不为实现的事时有发生，但那不是实体不是永久性的，只不过是暂时受到压抑罢了。

"陶冶自信的气质，平衡不足或过度的部分"，表示人尽管具有性善的可能性，但也有各种差异。人们如果不能调节不足或过剩的部分，那么就会成为有问题的人。儒学使人们自身发生变化时的量的差异，或以二分法分为小人和君子（大人），或细分为小人、君子、贤者、圣人等等。人与技师（匠人）或艺术家一样，会持续陶冶自身的气质，想成为超越气质和环境制约的圣人。朝鲜的李滉在《圣学十图》、李珥在《圣学辑要》里明示了普通人成为圣人的方向和方法。

"使自己成为在日常生活和政治领域以及在处理国际关系时能最大程度发挥共生与和平价值的伟大人物"表明，儒学的价值不单纯是个人精神境界的提升或是超越人的极限，而是反映一个精神与肉体、理论与现实、个人与社会以及人与自然相结合的统合世界的问题。《礼记·礼运》里说，儒学价值得以实现了的社会就称为大同社会。世界上的所有存在尽管都有差异，但一定存在一个和儒学价值相连的链接点。在巨大网络之中的自我，在与他人链接的宿命当中调节速度和幅度，是会有一个共存的空间的。这正是儒学缔造的一个仁义礼智的世界。

结论

我不是主张我的儒学定义就是绝对正确的。以前的定义不能很好去理解儒学，反而产生误解；不能去接近儒学，反而远离儒学。"再稍微深挖下去就可以理解了"，遗憾的是过去时代一些人的无知和漠不关心。今后应该提供不以过去的知识为前提去理解儒学的机会。儒学的经典也不是非读不可的。孔子也不是公认的万世师表。经典想读的人可以去读，孔子对知道他的人或想去知道他的人是伟人是巨人。

本文提示的儒学的定义，排除了有必要说明的人物和专业用语。希望通过这样的定义，探讨对儒学的多种解释从而诞生一种单纯而优雅并且高效的"儒学"，使"儒学"成为不仅吸引专家还可以吸引更多大众关心的极富魅力的对象。殷切期望儒学能够拓宽视野和关心，走出中国和东亚成为世界文化和世界哲学，热情欢迎更多的人加入研究共同前进。

当今何以"为天地立心"

刘学智

(陕西师范大学哲学与政府管理学院教授)

张载所说的"为天地立心,为生民立命,为往圣继绝学,为万世开太平"的"四为"句,作为士大夫的使命意识影响中国达千年之久,直到今天仍然激励着人们为当代人类的命运而奋斗。这"四为"句其实不是并列的关系,其中"为天地立心"是根本的,只有"立心"了,才能"立命""继绝",并最终落实到"为万世开太平"上来。

我在一篇文章中,分析了何为"为天地立心"。简单地说,张载所说的"为天地立心",就是要求士大夫都应有一种使命担当,努力在全社会确立起以仁爱为核心的价值观,从而让每个人都能回归到善的道德本心,并通过主敬、立诚等工夫而践行之。唯有此,方可使民众有一个正确的精神方向,从而解决安身立命的问题。只有通过"立心""立命"的努力,方可建立起人类永久祥和的太平基业。《旧唐书》有"今新定天下,开太平之基"的话,是说帝王之事,必先平定天下,再开创"太平之基"。在古人看来,仅仅"平定"天下,不得言"太平",而"太平者,王道大成,图瑞毕至,故曰太平"(《毛诗注疏》卷第一),即只有实现仁政王道,天下吉祥,方可谓"太平"。不过,这还仅限于一朝之基业,张载"立心""立命"最终是要"为万世开太平",其所说的"太平",在时空上都发生了变化。从空间上说,不限于中国,而有了世界的视野;从时间上说,不限于当朝当代,而是永久的"万世"。说明张载是要在更广阔持久的视野和"民胞物与"的思想基础上,关注人类的命运,其目标是为人类开创万世祥和的基业。若将其"开太平"思想与他的"民胞物与""中国一人，天下一家"等观念联系起来，可以找到我们今天提出的建立人类命运共同体的思想要素。

古人对如何"为天地立心"做了非常明确的解释。其主要之点有：

一是怀仁守义，仁民爱物。孔子讲仁爱，孟子言守义，其目的就是为社会确立一种大家都须遵循的价值观。清初关学大儒李二曲（李颙）说："盖仁之与义，'为天地立心，为生民立命'。"（《义林志序》）从这个意义上说，往圣先贤所做的一切，如王心敬所说，诸如"《西铭》'一体之仁'，《礼记》'大道之公'，《大学》'明新至善之道'"（《司牧宝鉴序》）等，都是在"为天地立心"。所以，马一浮说："故'仁民爱物'，便是'为天地立心'。"（《泰和宜山会语》）先哲们力图把仁义道德转变成全社会成员自觉的努力，就是在"为天地立心"。

二是"慈祥利济"，"康济群生"。李二曲说："天无心，以生物为心，诚遇人遇物，慈祥利济，惟恐失所，如是则生机在在流贯，即此便是'代天行道'，'为天地立心'。"（《南行述》）意思是说，天"以生物为心"，故人当以利济万物，康济群生之心对待之，从而使万物生机盎然，"在在流贯"，此即"为天地立心"。显然，只有能把以仁义为核心的道德价值践行于社会生活之中，努力为民众的福祉而奋斗，在民族危难时奋力抗争、努力康济时艰的人，才是真正的在"为天地立心"。

三是"穷则阐往圣之绝诣，以正人心；达则开万世之太平，以泽斯世"（见王心敬《司牧宝鉴序》），就是"为天地立心"。古人强调的那种"正人心"，"泽斯世"的所有努力，都是在"为天地立心"。古圣先贤所倡导的怀仁守义、尊道贵德为核心的价值观，都是在为人们指引正确的精神方向，努力唤醒人们的道德自觉。李二曲指出，如果一个社会失去基本的良知，丧失了道德底线，甚至颠倒是非，混淆黑白，那么"天地之心"就"几不立矣"。所以作为知识分子，应该坚守基本的价值观，同时要关切民瘼，有"正人心"的责任担当，才算在"为天地立心"。如果"此心一毫不与斯世斯民相关，便非天地之心，便非大人之学，便是自私自利之小人儒，便是异端枯寂无用之学"。（以上李二曲语引《四书反身续录·二孟续》）可见，张载"为天地立心"，不仅有强烈的社会针对性，而且要落到实处。

张载以"为天地立心"为核心的"横渠四句",曾被习近平总书记多次引用①,且多是在言及知识分子应有家国情怀、责任担当时所说。当代政治家们所以一再引用"横渠四句",强调"为天地立心",一个重要的原因,除了表明自己应有的责任担当之外,是因为不仅"立心"仍然是当代人们精神生活领域极为重要的任务,而且是非常迫切的任务。在当今,人们的物质生活已经大大丰富了,但在精神生活领域却出现了严重的失衡,正如习近平总书记在纪念孔子诞辰2565周年大会上,谈及中国社会生活领域所面临的困境时所指出的:当今"物欲追求奢华无度,个人主义恶性膨胀,社会诚信不断消减,伦理道德每况愈下,人与自然关系日趋紧张"等等,也许正因为此,在现今社会,冲击社会道德底线的事目不暇接,诸如网络诈骗防不胜防,坑蒙拐骗司空见惯,食品安全令人担忧,生态危机日见加深,就连以往颇受人尊敬的医疗、教育工作者,有的也为金钱至上的庸俗价值观所俘虏。可以说,中国已经面临着严重的道德危机。这一情况发生的根本原因,是由价值虚无主义所导致的意义世界的失落和道德信仰的淡化所致,由此也更显现出知识分子"为天地立心"责任之重大、路途之艰难。

那么,在当今社会,我们何以"为天地立心"? 首先,最关键的是知识分子要担负起"正人心""变风气"的社会责任。"正人心",就是要解决好人的心灵境界和精神信仰问题,引导人们正确认识人生的意义。从文化传统上说,中国虽然没有如西方那样典型的宗教信仰,但是中国却有"一个特殊的以伦理道德为中心的集体主义"②,中国人可以在这种对伦理道德的崇信追求和以情感为纽带的伦理关系中,找到自身的精神家园。也就是说,要真正解决今天社会生活所面临的困境,就要通过"为天地立心"的努力,唤醒人们的道德本心和良知。中国人固有的精神信仰就是道德良知,按照王阳明所说就是"致良知"。若唤醒每个人的道德良知,其处事就有了道德的底线,就有了正义感和

---

① 2016年4月26日,习近平总书记在知识分子、劳动模范、青年代表座谈会上指出:"我国知识分子历来有浓厚的家国情怀,有强烈的社会责任感。'修身齐家治国平天下','为天地立心、为生民立命、为往圣继绝学、为万世开太平'"等思想,"为一代又一代知识分子所尊崇"。2017年3月4日,习近平在接见出席全国政协十二届五次会议的民进、农工党、九三学社政协委员时也引用了"横渠四句"。

② 何兆武:《西方哲学的精神》,清华大学出版社,2002年,第62页。

责任心，有了廉耻感和敬畏心，从而也就有了生命存在的意义。以此道德良心为精神生活的基础，中国人当今所面临的社会生活困境以及种种乱象，也就会从根本上得到遏止。其次，在确立道德良心的基础上立"义"。社会需要确立"正义至上"的价值导向。儒家所说的"义"从根本上说，就是正义原则。从规范伦理学的角度上讲，就是讲"行为正义"，就是要引导人们以社会规范来约束自己的行为，使之合乎社会正义。所以，"立心"就是努力引导人们把中国传统的以"仁义"为核心的道德价值观和践行社会主义核心价值观结合起来，形成既有文化根基又有时代精神的合乎正义原则、符合道义精神的正确价值观。如果人们能以仁爱、诚敬之心对待他人，以"义以为上"的正义原则、道义精神处理各种关系，就会收到如魏晋时王弼所说的"不攻其为也，使其无心于为也；不害其欲也，使其无心于欲也"（《老子指略》）的社会效果，当前社会存在的诸多失范行为就会从根本上得以消解。再次，重要的是，知识分子、思想工作者要有如曾子所说的"仁以为己任"的责任担当，自觉担负起"为天地立心"的社会责任。张载一生"于公勇，于私怯"，故其"勇于造道"，以担负起反佛老、正人心的历史使命。马一浮也说："教诸生立志，特为拈出，希望竖起脊梁，猛着精采，依此立志，方能堂堂地做一个人，须知人人有此责任，人人具此力量，切莫自己诿却，自己菲薄。此便是'仁以为己任'的榜样，亦即是今日讲学的宗旨。"顾炎武说："天下兴亡，匹夫有责。"在历史上每一民族危机的时刻，都涌现出许多可歌可泣的英雄人物，为挽救民族的危机挺身而出。在目前道德危机发生的时刻，每一位有良知的知识分子，也不能放弃"为天地立心"的历史使命，一定要挺起民族的脊梁，敢于迎难而上，这样才能真正践行张载所说"为天地立心"的历史重托。

略论中华传统优良文化在 AI 世代的重要性

方俊吉

(中国台湾中华维德文化协会荣誉理事长)

前言

  人类凭借着智慧的发明，让生活变得愈来愈便捷与舒适，而这些创造，也相当程度上改变了人际关系及人们的思维模式。近百年来，由于交通、信息等各种科技的急遽发展，无形中压缩了人们的空间距离，让人际乃至于国际间往来的速度加快，频率增高，相互影响的层面也快速地增加。于是，对各种问题的思维自然也多突破了往昔疆界藩篱的局限，同时，也激发了世人对全球事务"休戚与共"的意识，所谓"地球村"（Global Village）的概念于焉形成，而"全球化"（Globalization）的趋势也就成为无法抵挡的潮流。

  《周易·贲卦》彖云："观乎天文，以察时变；观乎人文，以化成天下。"放眼天下，由于计算机与移动通信用品的日渐普及，加之以所谓"AI"（Artificial Intelligence 的简称，即"人工智能"）的兴起，除了促使人们的生活节奏加快之外，同时，也造成许多人尤其是年轻的朋友们，沉溺于虚拟的世界之中，而扭曲了"价值观"。毋庸置疑的是，当人们生活在快节奏的生活环境下，难免因忙碌而迷失了方向。即所谓因"忙"而"惘"，因"惘"而"盲"。终致难免于因"盲"而"亡"。而今，显现在我们眼前的世界，则是"价值观"的混淆与"道德标准"的逐渐低落。换言之，由于自我的迷失，致使人们忘忽了生活的目的，也漠视生命崇高的意义，导致物欲驱役着人的思维，私心支配了人的言行。人们逐渐忘忽了现实生活所应把握的言行分寸，人性的尊严也在无形中遭到了践踏。人们的生活更在不知不觉中被自己给"物化"①了。这确实是令人感到十分忧心的事！

如何寻求最直接而有效的方法，来力挽狂澜，让世人既可享受新科技所带来的便利与舒适，同时又能维护人性的尊严，并维系人际的融洽与和乐，诚乃所有知识分子的当务之急。

一、近二百多年来，改变人类生活方式与思维模式的几次革命

公元1765年，英国詹姆斯·哈格里夫斯（James Hargreaves 1720—1778）在英格兰兰开夏郡的布拉克本（Blackburn）发明了"珍妮纺纱机"，而被称为"工业革命"（Industrial Revolution 或称"产业革命"）的肇端。到了1785年，詹姆斯·冯·布雷达·瓦特（James von Breda Watt 1736—1819），在伯明翰制造一改良型的"蒸汽机"，提供了更为便利的动力，带动了机器的普及和发展。从此，人类进入了所谓"蒸汽时代"，"蒸汽机"也就成为世界"第一次工业革命"的主要标志。到了1870年至1914年的"第二次工业革命"，主要的标志则是"电力"的发明与应用，也被称为"电气时代"。1870年以后，由于科学技术的发展突飞猛进，各种新技术、新发明层出不穷，并被迅速应用于工业的生产，大大地促进了经济的发展。"第三次工业革命"则是人类文明史上继"蒸汽机"和"电力"革命之后，科技发展又一次重大飞跃。它以"原子能""电子""计算机""空间技术"和"生物工程"的发明与应用为主要标志。这一场涉及新能源技术、新材料技术、信息技术、生物技术、空间技术和海洋技术等诸多领域的革命，不仅引起了人类社会在经济、政治、文化等诸领域的变化，更深层地影响了人类的生活方式和思维模式，使社会生活走向更快节

---

① 按："物化"一词，始见于《庄子·齐物论》："周与胡蝶，则必有分矣。此之谓物化。"此外，亦见于庄子《天道》与《刻意》篇。唯笔者所云"物化"，非取诸庄子之意。盖人与物之别，在于人能思想，有情感，而众物则无。人倘若一味沉溺于物质享受，则难免事事迁就于物质，甚至，使人逐渐失去情感与理性，终究将为物质所驱役，而让人间变得十分冷漠。如此一来，人的生活必然变得更为刻板、机械而了无生趣，与一般的器物也就无所区别了。此即笔者所谓之"物化"。

奏、更便捷的发展。

紧跟着所谓"第三次工业革命"发展而来的，又有所谓"5G"（5th Generation Mobile Networks 的简称，即"第五代移动通信网络"）与所谓"AI"世代的来临。前者指通信网络系统的"感测能力"及"连结能力"的增强，数据传输能量的增大及速率的加快；后者则是指由人类制造出来的机器所展现的智能。换言之，所谓"AI"就是要设法让机器能具备和人类一样的思考逻辑与行为模式。其发展包括：学习（大量读取信息，并判断何时使用该信息）、感知、推理（利用已知信息做出结论）、自我校正，以及如何操纵或移动他物。事实上，"5G"与"AI"两者都是"计算器"（Computer，亦称"计算机"）科学领域的范畴。其中，"5G"的发展，主要在支持"AI"运用能量并加速"AI"的发展。所以多数人就概括性地以"AI"的发明与应用，来标志"第四次工业革命"，也就是以"机器人"的发明与应用，来代表新世代的开展。

面对"AI"世代的来临，有人认为"机器人会抢走人类的工作"，或"未来世界将只剩下计算机和程序设计师"。前不久辞世的英国剑桥大学卢卡斯数学讲座教授的理论物理学及宇宙学大师史蒂芬·威廉·霍金（Stephen William Hawking 1942—2018）就曾说："超智能'AI'的问世，对人类而言，可以是史上最美好，也可以是史上最糟糕的一件事。目前，我们还不知道，'AI'是否会无止境地帮助我们？或是，将来忽视我们的存在，把我们边缘化？甚或，如科幻小说与电影所描述的，把我们毁灭掉？"霍金教授又说："作为一个乐观主义者，我相信，我们能够创造出对这个世界有益的'AI'产品，让它们能和我们一起和谐生活与分工合作。我们只需要意识到危险的存在，运用最佳的解决办法妥善管理，并为可能发生的后果，事先做好准备。"[①] 去年（2018年）3月16日，被誉为全球五十大思想家之一，也是"AI"专家的美国麻省理工学院的教授艾瑞克·布尔优夫森（Erik Brynjolfsson）应中国台湾"远见天下文化事业群"的邀请，担任论坛的主讲。他深入地剖析"人工智能"时代的关键、变革与机会。在演讲中，布尔优夫森教授指出：全球正在产生的三种革命，其所带来的冲击，迄今仍难以估量，包括由人脑（Mind）转移至机器

---

① 见《霍金大见解》（*Stephen Hawking "Brief Answers to the Big Questions"*，蔡坤宪译），台北天下文化出版社，2019年。

(Machine)①、产品（Product）转移至平台（Platform）②、核心（Core）转移至群众（Crowd）③。他还进一步强调，以上这三种革命，任何一项的影响都极为深远。我们这一代何其有幸，可以同时拥有这三者。它们带来的巨大价值更难以估算。人类并不需要惧怕"人工智能"，担心机器会对我们做什么，因为如何使用机器的决定权还在人类的手上。我们应积极面对的，是人脑与机器的重新平衡（rebalancing）。布尔优夫森教授说，他会比较强调"AI"带来的是机会而不是威胁。现在所谓的"人工智能"还是很局限性的智能，要追上人脑还言之过早。最后，他乐观地表示，"AI"可以让人类将很多例行性的工作交给机器，有余裕去做更有趣及更富创意的事。

今年（2019年）3月24日，中国台湾著名的广达计算机集团创办人兼总裁林百里先生，在"春季思沙龙"中说："'AI'正引领全球第四次的产业革命，是'面'不是'线'。各国都把'AI'的研发放在最优先的战略位置。"他进一步指出："'AI'带来的变革会比工业革命快十倍，规模大三百倍。"他更进一步说："很多工作会被'AI'所取代，但'AI'也面临'隐私权'等伦理的挑战。除了'AI'要以人为本，还须懂得'数据'之外的情感，了解人生有比利益更重要的意义。"林百里总裁在"春季思沙龙"中，从"AI"科技竞赛，谈到"AI"对社会的冲击及"AI"的人文观察。最后，他以"科技为我用，人文在我心"作为总结。

我个人认为，在人类的世界里，"人"的问题应该是一切问题的根本所在。这种以人的问题为本位的思维，我们称之为"人本"思想。两千多年来，作为

---

① 按：所谓的"人脑转移至机器"，是指过去企业依据经验、资料，由Hippo（意指薪水最高的人）做最终的判断。然而，现代的企业可以从大数据中找到更多可靠的线索，协助专业经理人做更精准的决策。

② 按：所谓"产品移至平台"，布尔优夫森教授表示，苹果手机（iPhone）问世之初，乔布斯是打算将苹果的应用商店（App Store）做成封闭的系统，还好最后他接受了团队同仁的建议，将外部开发者纳入，才让苹果手机的影响力迅速扩张。其他具体例证，还包括优步（Uber）及滴滴打车，它们都没有实际的资产（汽车），拥有的是大量有车的驾驶人，而叫车的"平台"即提供了最大的价值。这种模式运作的网络是双向性的，一边是有用车需求的民众，一边是汽车及驾驶人，两边的数量不但要够多，而且要联结起来才能发挥最大的综效，这就是平台的力量。

③ 按：所谓"核心转移至群众"，是指过去企业多倚重内部的知识、流程、专业和能力，但伴随数字科技和互联网而来的，是可以依赖全球各地的精英，即使他们不是公司的一分子，一样可以提供专业的解决方案。

中国传统文化之核心的"儒家"学说,其本质正是"人本"的思想①,是故,儒家的教化在在突显其"务本尚德"的精神。正当"AI"科技发展浪潮的来临,如何致力于体现儒家的"人本"思想,从而落实儒家"务本尚德"教化的精神,让人类既能享受高科技所带来的便捷与舒适,并且时时提醒世人不能忘忽"生命的意义"与"生活的目的",让人间永远保有"人情"的温暖,人类社会能维持融洽、和谐,尤其显得更为迫切且重要。

二、儒家"务本尚德"的教化精神,是科技高速发展时代维系人性尊严并促进社会和谐的不二法门

天地自然之道,不仅是人类智慧之启发者,亦古圣先哲创意构思之所取法者。《周易·系辞下》云:"古者包牺氏之王天下也,仰则观象于天,俯则观法于地,观鸟兽之文,与地之宜,近取诸身,远取诸物,于是始作八卦,以通神明之德,以类万物之情。"中国在三千多年前,周公制订礼乐制度,奠定了中华文化注重"人文精神"之特质,而周公之创制,亦无不本诸天地自然之道。《礼记·礼运》载:孔子曰:"夫礼,先王以承天之道,以治人之情。"又:"故圣人作则,必以天地为本,以阴阳为端,以四时为柄,以日星为纪,月以为量。"以孔子为宗师之儒家学派,孕育于二千五百多年前的春秋时期,其思想则绍承古昔圣哲对"天道"的体悟,而将之转化成为"人道",建构成功所谓"顺乎天,应乎人","由本而末""自内而外"的所谓儒家"大道"。《中庸》载:"仲尼祖述尧舜,宪章文武,上律天时,下袭水土。辟如天地之无不持载,无不覆帱;辟如四时之错行,如日月之代明。万物并育而不相害,道并行而不相悖。小德川流,大德敦化。此天地之所以为大也。"②孔子殁后百余年,于群雄争霸、百家齐鸣的战国时期,孟子奋起,以"正人心,息邪说,距诐行,

---

① 按:儒家的教化标榜"伦理",强调"道德",在在均以"人"为本位来思考。《中庸》载:哀公问政。子曰:"文武之政,布在方策。……故为政在人,取人以身,修身以道,修道以仁。"盖政治事务乃人类社会最繁杂的问题,而孔子更直截了当地指明,"人"的问题乃一切问题的根本所在。可见"人本"乃儒家思想的本质,毋庸置疑。

② 《汉书·艺文志》卷三十亦载:"儒家者流,盖出于司徒之官,助人君顺阴阳明教化者也。游文于六经之中,留意于仁义之际,祖述尧舜,宪章文武,宗师仲尼,以重其言,于道最为高。"

放淫辞"① 为己任，而秉承孔子之思想并光大之，终能维系"儒家大道"于乱世而不坠。

综观中国自春秋战国时期起，所谓诸子百家开拓了多元而灿烂的学术思想之格局。降及东汉，佛教传入中土，至于隋、唐，而释学鼎盛。自此，儒、道、释三家的学术思想，在神州大地形成了鼎足之势。然而，以孔、孟思想为宗，而揭橥"人本"，强调"伦理"，倡导"道德"，突显"务本尚德"之教化精神的儒家学术思想，自汉孝武皇帝宣示"独尊儒术"，加之后起诸多朝代的推崇，逐渐成为天下士子所普遍宗仰，而蔚成中华民族学术思想与生活文化之主流核心。

概略而言，儒家的理念与主张，突显其"以人为本"② 的思想基础，而强调"伦理"，以分辨"人、我之关系定位"，并叙明人际间的"长幼尊卑、亲疏远近"，进而倡导各种"道德"，以引导世人落实个人"安身立命"的理想，以及维系人际关系及洽和群伦的"言行规范"③ 为理想。换言之，儒家"明人伦""重道德"之思想，旨在引领世人体现由"内修己"到"外安人"，亦即由所谓"内圣"而"外王"，以臻于"世界大同"之理想。其本末分明，条理清楚，充分彰显其"务本尚德"之教化精神。所谓"务本尚德"，析言之，旨在教人要由"知本""立本"而"固本"，但绝不可"忘本"。此一"务本"之精神，不止彰显儒家一切问题的思考均以"人"的问题为基本考虑的中心思想，更深入地认为"人之所以异于禽兽者几希"，唯独人的"善根性"而已④。而人的"心性"则是"人的根本所在"⑤，借以教导世人务必先充分发挥天所赋

---

① 《孟子·公孙丑上》曰："乃所愿，则学孔子也。"……（孟子）曰："否！自有生民以来，未有孔子也。"又《滕文公下》孟子曰："……杨墨之道不息，孔子之道不著。……我亦欲正人心，息邪说，距诐行，放淫辞，以承三圣者。岂好辩哉？予不得已也。"

② 《中庸》载：哀公问政。子曰："……故为政在人，取人以身，修身以道，修道以仁。"《大学》则载："道得众则得国，失众则失国。是故君子先慎乎德。有德此有人，有人此有土，有土此有财，有财此有用。德者本也，财者末也。"在在均突显，"人"的问题乃人类社会最根本的问题之所在。

③ 《中庸》载：哀公问政。子曰："……天下之达道五，所以行之者三。曰：君臣也，父子也，夫妇也，昆弟也，朋友之交也，五者天下之达道也。知仁勇三者，天下之达德也，所以行之者一也。"《大学》则载："为人君，止于仁；为人臣，止于敬；为人子，止于孝；为人父，止于慈；与国人交，止于信。"

④ 《孟子·离娄下》载：孟子曰："人之所以异于禽兽者几希，庶民去之，君子存之。舜明于庶物，察于人伦，由仁义行，非行仁义也。"

⑤ 孙中山先生《建国方略之一·心理建设》自序云："夫国者人之积也，人者心之器也。"

予的"善根性",以自我提升"品格"①。同时,要善加维系个人与家庭及宗族之血脉关系,并进一步促进社会、国家之融洽,乃至于全体人类之和谐。儒家所倡导的"尚德",则在导引世人笃"孝"以行"仁",秉"诚"而遵"礼",持"忠义"以守"节操"。儒家所标榜的"尚德"精神,已然成为中华传统文化之核心,更升华为民族之"魂魄"。个人以为,任何一种学术思想,其价值之高下,除了评估其对人类社会所能提供的实际贡献之外,最要紧的,是评量其"合理性"(Rationality)、"可行性"(Feasibility)、"普遍性"(Universality)与"前瞻性"(Prospectively)如何而定。我们审视以孔、孟思想为宗的儒家之"道",可以很清楚地发现,它所呈现的精神特质,是一种合乎逻辑,而生活化、平实可行且具前瞻性的道理②。

　　儒家经历了两千多年的发展,已然成为影响中华传统文化最深远且层面最广阔的学派。除了在世界各地华人聚集的地区,多持续传承着儒家重"伦理"而讲"道德"的人文精神外,长久以来,以儒家思想所建构之价值观与道德理念,更影响及于邻近的韩国、日本、越南、新加坡等亚洲国家,而形成了所谓"儒家文化生活圈",此亦炎黄子孙所引以为傲者。清世宗于雍正五年(1727)二月,曾诏谕礼部,云:"朕惟孔子,以天纵之至德,集群圣之大成。尧、舜、禹、汤、文、武,相传之道,具于经籍者,赖孔子纂述修明之。而《鲁论》一书,尤切于人生日用之实,使万世之伦纪以明,万世之名分以辨,万世之人心以正,风俗以端。若无孔子之教,则人将忽于天秩天叙之经,昧于民彝物则之理。势必以小加大,以少陵长,以贱妨贵,尊卑倒置,上下无等,干名犯分,越礼悖义,所谓'君不君,臣不臣,父不父,子不子。虽有粟,吾得而食诸?'其为世道人心之害,尚可胜言哉!"③ 良有以也!

---

① 《孟子·公孙丑上》载:孟子曰:"……由是观之,无恻隐之心,非人也;无羞恶之心,非人也;无辞让之心,非人也;无是非之心,非人也。恻隐之心,仁之端也;羞恶之心,义之端也;辞让之心,礼之端也;是非之心,智之端也。人之有是四端也,犹其有四体也。有是四端而自谓不能者,自贼也;谓其君不能者,贼其君者也。凡有四端于我者,知皆扩而充之矣,若火之始然,泉之始达。苟能充之,足以保四海;苟不充之,不足以事父母。"
② 详见拙作《略析儒家大道之特质及其教化精神》,收入《第四届全国儒学社团联席会议暨"儒学核心价值观及其当代意义"学术研讨会论文集》。
③ 见清庞钟璐纂《文庙祀典考》卷一,台北中国礼乐学会,1977年。

结语

所谓"文化"（Culture），乃族群为追求生存与发展，经长时期的共同努力所创造累积，而呈现于日常生活的成果。它涵盖了衣、食、住、行、娱乐、政治、经济、宗教、艺术、文学等内容与表现形式。它包括了"精神文明"（Spiritual civilization）与"物质文明"（Material civilization）。简单地说，"文化"即族群生活的"格调"。"文化"既是族群所共同营造累积而来，"文化"之良窳，当然也关系着整体族群的盛衰与兴亡。其中，"精神文明"乃主导整体社会之生活习俗、政经形态及人文发展趋势的一股无形力量；"精神文明"非但是族群灵魂之所系，更是左右着整体族群盛衰与发展的主要因素[①]。就如同个人一般，一个人的思想、理念，影响其"价值观"与"道德标准"，而"价值观"与"道德标准"又左右其"思维模式"及"言行作为之取向"。是故，健康的"文化"发展，应该是由"精神文明"来指导"物质文明"的发展取向。

科技的迅猛发展，固然提供了世人生活上的便捷与舒适，但另一方面，也带来一系列棘手的问题。诸如自然资源的过度消耗，生态环境的恶化，核能所可能引发的灾难，以及生活上过度依赖科技所产生的后遗症，与人际间的关系日渐冷漠等。尤其是"AI"科技的应用与发展，可能带给人类社会难以预料的影响。这些问题如果不能得到及时且有效的控制，将使人类的生活处境受到一定程度的困扰与威胁。这些确实都是当前我们所应积极关注、思考，并提出具体因应办法的问题。

两千三百多年前，中国伟大的哲思家庄周就曾说过："物物而不物于物，则胡可得而累邪！"（《庄子·山木》）意谓："人类应该是役使外物，而不为外物所役使，倘能如此，人又怎么会活得那么劳累呢！"确实不错。在人类的世界里，人所创造的事物，本该是用以服务人类，而不该让人去迁就它，甚或是

---

① 见拙作《弘扬儒家精神以巩固中华民族永续发展之鸿基》，《长安大学学报》（社会科学版），2014年第16卷第1期。

被它所牵累。是故,个人认为,正当"AI"科技的发展成为全球所积极努力追求的时代,我们应该积极弘扬中华传统优良文化的核心——儒家的"人本"思想,切实体现其"务本尚德"的教化精神,坚持"以人为本"的原则,才能让科技发展的成果"为人所役使",真正提供人类更便捷、更舒适的生活,而不成为人类生活的累赘,更不至于让它损及维系人类社会和谐最基本的"伦理"与"道德",影响群体生活的和谐。

文明新交谈时代的来临
——一个后五四者的反思

林安梧

(中国台湾慈济大学人文社会学院教授)

一、问题的缘起:"五四""五四后"与"后五四"

"五四"不只是1919年的时间节点而已,它是由此节点而开起的一个运动。这运动扩及现在都有着一定的影响力。它代表着的是一个崭新的现代化新文化运动,最主要的是对德先生(民主)、赛先生(科学)的渴求。它要求的是一个崭新的政治社会共同体的构造方式,是民主共和,不再是以前的君主专制,也不再是以前家父长制的社会,它要求的是现代性社会与政治的构造。另外,它要求的是人们可以经由清明的理智去认知这世界,而且能掌控这世界,对于神秘的、不可知的,它主张应该存而不论。用马克斯·韦伯(Max Weber)的话来说,这是解除咒术(除魅)(disenchantment)之后的状态,当然,人类努力地除魅了,却可能又陷入现代化的"魅"之中[1]。用更简单的话来说,"五四"意味着对现代化的追求。

"五四后",意味着由五四所开启的运动,并且这运动已经实现到相当程度。

---

[1] 请参见高承恕《理性化与资本主义:韦伯与韦伯之外》,台北联经出版公司,1988年,第199页。又请参见林安梧《契约、自由与历史性思维》,第六章《理性的吊诡:对韦伯〈基督新教伦理与资本主义精神〉的理解与反省》,台北幼狮文化事业公司印行,1996年,第113—128页。

它一方面还依着原来的轨道与指向继续往前，或者有所调整地发展着。一般来说，以中国传统时序来说，一世三十年，作为它的前阶段，又一世三十年，作为它的后阶段。当然，这是大体地说，时序不会这么井然。它是一个连续谱，会一直在变化中，有时快些，有时慢些，但这大趋势却是若合符节。依此看来，从1919年到1949年，这是一个阶段；1949年以后，到1979年，又是另一阶段①。

若依此推衍，1979年再加个三十年，那是2009年，这可以说已经由"五四后"进到"后五四"的时期了。明白地讲，这已经不再只顺着原先的向度迈进；它已经到了又一崭新的年代。它意味着对于前阶段的总体反思，之后再往前迈进。现在是2019年，则是对这总体的反思，已经进到第二阶段，面临的问题会越来越多，但也可能有飞跃性的进展，也可能会有较大的顿挫。

二、关于"传统""反传统""溯源传统"与"返本开新"诸问题

依循着如上所说的时序来看，一世三十年，一甲子二世六十年，总的来看，诸如传统与反传统、现代与反现代这些语汇，自然也就清楚起来。尽管清末以来，革新者、革命者曾努力要抛弃或者说是扬弃传统，但传统的庞大力量一直左右着革命与改革。表象上，改革者、革命者努力要摆脱传统，迎接新的未来，认为唯有接受了新的启蒙的洗礼，才有机会开启新的时代。但底子里，传统仍然以极大的力量左右着当下，甚至它可以是以作为一个对立面的方式，一方面与传统厮杀着，但另一方面他本身就是极端的传统。因此，有时它在现代的追求过程中，却是反现代的，但历史却是在往前迈进着。此中有奥秘者在，真难以言宣也。

虽说历史浩浩长流与民众的大趋势是有密切关系的，但民众的大趋势其实是由少数的秀异分子，在极少数的有志之士生命的动能催促下，朝向理想迈进

---

① 1949年中华人民共和国成立，1978年年底至1979年，中国与美国建立了正式的外交关系。1978年12月18日中国共产党第十一届中央委员会第三次全体会议后，开始实施一系列经济改革和措施，可总结为"对内改革，对外开放"，这年可以定位为改革开放的起点。

的。要是没有这些秀异分子、有志之士，以天下国家兴亡为己任，历史的发展会是被动而停滞的，会是被其他外力所左右的。在这些以天下国家兴亡为己任的士君子的参与之下，中国的现代化，尽管有朝两个不同向度发展的大争斗，经过了坷坷坎坎，总也慢慢地调整到了另一个大发展的年代。因为它毕竟是发生在中国，接了中国的地气，自然也免不了要受到中国传统的影响，而且这影响是无比大的。

只要文化的教养是持续的，接了地气，它是会要求通天道的，中国文明肯定人就生活在天地之间，"三才者，天地人"①，人是要参赞于天地之间的，人是要通天接地的。明白地说，原先要争的，到底姓资，还是姓社，这也是美化、俄化两端的另一个转换说法而已。改革开放，至今已经四十余年，现在不再是姓资、姓社的问题，而是要回到姓自己的姓，姓的是"中"，是中和之道下的"中"。如何"致中和，天地位焉，万物育焉"，是目前最重要的论题。但如何之为中？"中也者，天下之大本也"②。这"大本"该如何重新诠释，如何转化创造，如何创新发展，这真可不是件容易的事啊！

溯源传统是必要的，但如何溯源传统，是什么样的传统可以经由溯源而重新进到一崭新的交谈与对话的场域中，开启新的思维，创造新的可能。"返本开新"几乎已成为一个定向，虽然它可能会有几个不同的称谓方式，但这是个大趋向。自势头上，中国经由顿挫，经由无数的革命者、秀异分子、有志之士的努力，而进到了大国发展的年代，这是不必怀疑的。

三、从"花果飘零"到"灵根自植""发荣滋长"："存在意识的危机""方法论意识的错乱"及其克服

唐君毅先生曾有一部小书《说中华民族之花果飘零》，并寻求如何灵根自

---

① 语出《三字经》。这种三才的思考，可以说是中国人的基本思考。我素来以为，"儒"之所重在"人伦"，五伦是通于"天、地、人"三才的。请参见林安梧《〈后新儒学〉对"后现代"的哲学反思：从"公民儒学"与"仁恕思想"起论》，《南国学术》2014年第4期，第105—111页。
② 语出《礼记·中庸》。请参见宋朱熹《四书章句集注》，中华书局，1983年，第18页。

植、返本开新①。在20世纪60年代，乃至70年代，这样的呼声甚至都还是绝唱，但到了80年代、90年代，我们却已经在改革开放的浪潮中，走进了新的阶段。历史地看起来，是下层建筑影响着上层建筑的，不过有志之士的理想理念却是一盏明灯，让这终极的善紧紧地指引着我们。在狂风巨浪中，在晦暗不明的漆黑大海里，从黎明前慢慢地进到了黎明。

由于两千年的君主专制、父权高压、男性中心，这样的"血缘性纵贯轴"所形成的家父长，后来异化成了暴虐的家父长②。清朝用极封闭的方式来经营着它的大帝国，虽然曾经辉煌过，但这样的辉煌，清朝前三代所谓康雍乾盛世，很快就难以为继。它失去了转化创造的能力，失去了创新发展的能力，即使没失去，但力量已然减低了，乏力了，终而难以为继了。西方人在大殖民的年代，襟怀与权力，掠夺的欲望与神圣的理想纠结在一起，坚船利炮轰开了中国的国门，也震醒了中国文化梦的困境。这样的严重困境激发着中华民族最为内在的本能性动能，伴随而来的，却是整个存在意识的迷失。丧心病狂般，我们成为无家可归的人，或者说是成为没有了家的人，"抛却自家无尽藏，沿途持钵效贫儿"③。或者，更准确地说，那无尽藏却成了严重的拖累与甩脱不掉的包袱。

由于"存在意识的危机"导致了"方法论意识的错乱"④，但所幸中华民族文化所积累的大地母土的厚德，在严重刮刷、去除下，却隐含着一崭新的转化可能。由于严重的存在意义危机，还好有着原先根生的深厚土壤，任你践踏、任你深掘，却也刨除了不少污秽，当然也带来极多的戾气，这戾气却也有

---

① 唐君毅：《说中华民族之花果飘零》，台北三民书局，1974年。
② "血缘性纵贯轴"是20世纪90年代中，1993—1994年，我在美国威斯康星大学访问研究时，对于有关中国传统政治社会的总概括，参见林安梧《儒学与中国传统社会之哲学省察》，台北幼狮文化事业公司，1996年。
③ 于此借用阳明之语，请参见明王守仁《咏良知四首示诸生》，《王阳明全集》卷二十，上海古籍出版社，2011年，第870页。
④ 林毓生、张灏于此都有深切的体认与研究，前者，请参见 Yu-sheng Lin, *The Crisis of Chinese Consciousness: Radical Antitraditionalism in the May Fourth Era* (Madison, Wisc.: University of Wisconsin Press, 1979). 这书可以说是林毓生最重要的著作，极富洞察力，在20世纪80年代以还的汉语思想界产生了巨大的影响，至今仍有相当值得关注处。笔者于1993—1994年间在威斯康星大学历史系访问，与林先生多有请教，所论于我完成"血缘性纵贯轴"之论断，有着关键性影响。又后者，请参见张灏著，林镇国译《新儒家与当代中国的思想危机》，1978年，台北《鹅湖》第3卷第11期（总号：第35期），第2—13页。

几分生机。

老实说，自19世纪中叶以来，中国呈现的就是严重的病痛，眼看就要毙命，也因此，大家努力地要做出诊断，要给出药方。问题是，诊断往往并不准确，因此也就用错了药，反而让病况更加严重。在这种未能真切因病而药，反而因药而病，旧病未去、新病又来的艰苦过程中，中华民族居然挺过来了。它其实靠的是地气浑厚，靠的是志气昂扬，虽然坷坷坎坎，虽然犯了许多严重的错误，却就这样摸石子过河，迎来了民族大复兴的年代。当然，历史的进程不是可以侥幸的，脚步不会是幸进的；所有看似偶然的飞跃，其实都是几代人，特别是那些秀异分子、有志之士，作为领头羊去冲创出来的。

生存的本能，要求着要活下去，脑袋的知能，要求着要发起来，身体的动能，要求着要动起来。就这样，要救亡，要图存，一百多年挺过来了。进到2009年之后，中国已然不只是从五四而五四后，而是到了需要去好好反思整个"五四后"以来的发展，我们可以说这是一个"后五四的年代"。我们不能再只是本能式地反应，不能只是为了活下去，开发我们的智能，强化我们的动能；我们其实到了一个崭新的觉醒年代。我们该开启的是咱们华夏民族文化中，最为可贵的"觉性之能"。这可以说也是到克服存在意识的危机，厘清方法论意识的年代①。

四、中国文化是否妨碍现代化隐含的逻辑问题："历史的发生次序、理论的逻辑次序、实践的学习次序"三者的异同

一百多年来，甚嚣尘上地一直争论着一个虚假的问题："中国文化是否妨碍现代化。"有的认为中国文化本质上就是妨碍现代化的，应该予以铲除，甚至有扔入茅厕坑的戾气之言②；有的认为中国文化在本质上是不妨碍现代化

---

① 这里区分了"生物的本能""认识的知能"以及"生命的觉能"，本能、知能与觉能的区别是重要的。
② 王蒙感慨地说："在1919年的五四运动中，曾经在那种烈火狂飙的潮流中，出现了对于中国传统文化进行反省和批判的高潮。当时不管是吴稚晖、胡适、鲁迅，还是后来的钱玄同，都曾发表过一些非常激烈的针对中国传统文化的意见。"王蒙《中国人的思路》（外文出版社，2018年），第三章《传统文化的危机、转换与新生》，有深切的论述。

的，不过，它在本质上与现代化不同，所以必须做一本质上的转化。当然论者的样态还有许多类型，但总的来说可归结为"反传统论者"与"传统论者"，他们虽然作为对立面的两端，但思维方式却都是方法论上的本质论者（methodological essentialism），认为文化是有其恒定不变的本质。其实，这样的本质论式的方法论是有缺陷的，是难以真切构成的①。因为文化不会是本质性的决定，文化是在多元的交谈对话中长育而成的，套用王船山的话来说，是"命日降，性日生日成，未成可成，已成可革"②的。

当然，文化不只有差异，也有高低，中国文化几千年发展，那是颇有高度、深度、厚度及亮度的。当然，两千年的君主专制、父权高压、男性中心主义，也造成了严重的困顿问题。这是一个历史的进程问题，不是文化的本质问题。换个话说，中国两千年来构成了这习气业力，但你不能说它本质上就是专制的、高压的、封闭的。

认清这个事实，是极为重要的。历史的发生次序，不是可以经由一理论的逻辑次序来安排的，但却也可以从历史的发生过程里，经由深刻的反思，得到诠释转化，以及理论的构造，从中让我们学到更多的历史教训，让我们去瞻望未来。无论如何，重视历史、直面历史，从生命的存在觉知，到概念的反思，到理论的建构，这样的历程是必要的。它不是一蹴而就的，它必须念兹在兹，恒久地努力，才能日新又新地臻于完善的境域。

这段灾难丛生，却也辉煌的历史，让我们真正了解到，原来我们所处的现代化不是西方"原生型的现代化"，相对来说，我们是"衍生型的现代化"。这"衍生型的现代化"虽也有许多原生型的现代化的样相，但并不同于原生型的现代化，它不可能（也不必要）依着它原来的历史发展进程重新来一次。它也不是你从它所做成的诠释反思，因之构成的理论逻辑次序，可以就此理论的逻辑次序转为实际，重新来一遍的。历史总在有意无意间，进到你全然惊异的位

---

① 请参见林安梧《"新儒学"、"后新儒学"、"现代"与"后现代"——最近十余年来的省察与思考之一斑》，2005年，台北《鹅湖》第30卷第12期（总号：第360期），第8—21页。
② 请参见王船山《尚书引义》卷三《太甲二》，第55、56页，原文为："天日命于人，而人日受命于天。故曰：性者，生也；日生而日成也。""未成可成，已成可革。性也者，岂一受成形，不受损益也哉。"关于此，亦请参看林安梧《王船山人性史哲学之研究》，第三章《人性史哲学之人性概念》，台北东大图书，1987年，第45—70页。

置上，其实你是在不断的挑战与响应中，揆度揣摩，或缓步，或跳跃，或踟蹰，或疾行，或顿挫地，往前迈进着。这是一个艰难的实践的学习过程。

该是可以厘清"历史的发生次序""理论的逻辑次序"以及"实践的学习次序"的年代了①。不要再陷溺在本质主义式的思考逻辑里，也不要误陷在历史发生的历程的必要性里，勇敢地唤醒我们内在更为深沉的觉性，让它升到更高的高度，提高到更高的亮度，照亮三千大千世界。海底涌红轮，日出了，天明了，人间果真也亮起来了。在觉性的唤醒下，从容前行，依着实践的学习次序，坚定不移地开启 21 世纪新的征程。

五、从"文化搭台、经济唱戏"到"经济发展、文化生根"兼论 21 世纪崭新的机运

20 世纪 90 年代中叶，"文化搭台、经济唱戏"的声音不绝于耳，这也是改革开放迈出第一阶段，进到逐渐茁壮的年代。进到 2000 年之后，尤其 2009 以来，显然不能只停留在这个阶段。文化不能只是用来搭台的，不能只搭台给经济唱戏，经济所唱的这出大戏，现在观众多了要回馈过来，让文化好好生长。而且，再说原先那一点刚刚活过来的文化，粗糙得很，这样搭成的台，也可能会崩塌的。我们真到了一个"经济发展、文化生根"的年代了②。

以前，我们甚至认为要从扬弃虚假的君子，而进到真正的公民。现在，我们将发现当今社会必须重视君子人格的自我完善。只有君子儒学建立，才会使更好的公民儒学的建立成为可能。君子之道和公民儒学有所不同：君子之道是人格的自我完善，而公民儒学是落在权利与义务之间的恰当的配称关系，但无

---

① 关于这三个次序的区分，我在 1996 年于第四届当代新儒学国际会议上，已提出检讨，请参见林安梧《儒学革命论：后新儒家哲学的问题向度》，第二章《牟宗三先生之后："护教的新儒学"与"批判的新儒学"》，台北学生书局印行，1998 年，第 29—38 页。

② 请参见林安梧《中国近三十年来"儒商现象"的哲学反思：环绕企业儒学、儒商智慧与阳明新学的展开》，2019 年，台北《鹅湖》第 44 卷第 8 期（总号：第 524 期），第 15—24 页。

论如何君子儒学却是个根本①。

其实，人们应当思考的不是中国文化如何开出现代化，儒家如何开出现代化，而是在现代化之后儒家思想还能起什么作用，中国文化还起什么作用。以牟宗三先生"良知坎陷说"为例。"坎陷"是《易经》词语。坎者，陷也，一阳陷于二阴之中②。在西方的坚船利炮轰开中国的大门后，彻底的反传统主义思想弥漫在知识界，人们误认为中国是只重视良知、天理而不重视知识的民族；而所谓的天理、良知在知识之上，是更高的绝对，所以从良知、天理落实到知识，发展成为主客相对的对立格局，再由对立格局发展出法治、科学，这是一个曲折发展的过程。这个观点是诠释学意义下的一种理论构造，它并不合乎历史的发生进程，也不合乎学习的实践历程。当然，牟先生提出这论点主要是要阐明儒家之学并不妨碍现代化③。这理论虽然不够完善，但却深含着当代新儒家的苦心孤诣。

六、"天地人交与参赞"："参赞"是"人迎向这个世界"，而"这个世界又迎向人"

进入21世纪，显然地，我们所说的"人"这个概念，不能只是一个以工具理性作主体、以主客对立的格局作为人本的思考。21世纪谈到"人"这个概念的时候，应该回到从总体时空、天地宇宙里来谈人才恰当。这样来谈"人"，这观点其实蛮东方、蛮古老的，但是若回到西方当代的思想家迦达默尔（G. Gardamer）、海德格尔（M. Heidegger）、马塞尔（G. Marcel）去看，我们可以发现，其所说更接近这样的一个人的概念。其实，这正是我们所应该要正

---

① 请参见林安梧《后新儒学对后现代的反思——从"公民儒学"与"仁恕思想"起论》，《南国学术》，2014年第4期，第105—111页。
② 《周易·序卦传》："物不可以终过，故受之以坎，坎者，陷也。"请参看宋程颐撰《周易程氏传》，中华书局，2013年，第162页。
③ 牟宗三先生所提出的这个论点，引起多方讨论，请参见林安梧《解开"道的错置"：兼及于"良知的自我坎陷"的一些思考》，山东《孔子研究》季刊，1999年第1期（总第53期），齐鲁书社，1999年，第14—26页。

视的"人"的概念，不能老放在主客对立下来思考，带着启蒙的乐观气氛，以为人运用了理智就能掌握到整个世界的理序，宰控整个世界，就能追求卓越，这样老停留在18、19世纪的乐观想法里，历史证明事情不是这样子的。

进入21世纪，我们已不能再是理智中心主义（logocentrism），不能再强调工具理性下的主体性。相对来说，我们应该要强调的是"实存的主体性"。马丁·布伯（Martin Buber）有一本书《我与你》（I and Thou），他强调人们理解诠释这个世界有两个不同的范式，一个是"我与你"，另一个是"我与它"（I and It）；而这两者又以"我与你"更为基础。我认为"我与你"强调的是感通与互动，是通而为一，这与汉语系统里所谈到的相通，如阳明先生所说的"一体之仁"，强调经由"人存在的道德真实感，感通之而为一体"，像这样的主体性是实存的主体性，而非理性的主体性[①]。

这样的"人"的概念，即我们《三字经》中的"三才者，天地人"，人是参赞于天地之间的一个真实的存在，如同海德格尔所说的"Da-sein"，人作为一个在世的存有，就这样参赞于天地之间。"参赞"这两个字构成的词，很有意思，"参赞"的意思是"人迎向这个世界"，而"这个世界又迎向人"；在彼此相互迎向的过程里，构成一个整体。就这样的天地人交与参赞而构成的整体本身来说，才有所谓实存的主体可言。主体并不是说我活着就要取得资源，所以我要有"我的"，我借由"我的"，然后去说明那个"我"。这也就是说，"我"并非天生既有的一个"我"，我们不能将带有"世俗性的我"当成教育的起点。要是这样，那教育将会流于媚俗，这样的"人"并没有回到"本"，这问题很严重，我们不能不正视。

在西方世界里，从20世纪以来，对这些东西不断地反省到目前，如胡塞尔（Edmund Gustav Albrecht Husserl，1859—1938）在检讨整个欧洲文明的危机，海德格尔（Martin Heidegger，1889—1976）在检讨欧洲文明所带来存有的遗忘的问题，怀海德（Alfred North Whitehead，1861—1947）在《科学及其现代世界》（Science and Modern World）一书中提出"具体性的误置"

[①] 请参见林安梧《后新儒学的社会哲学：契约、责任与"一体之仁"——迈向以社会正义论为核心的儒学思考》，2001年台北《思与言》39卷4期，第57—82页。

（misplaced concreteness）的问题①。我们其实没有忽略这些东西，讲的人还是很多的，但是因为我们是照着讲、跟着讲，我们没有对着讲、接着讲。所以从事改革活动的人并没有将这些东西融在一起，而有进一步的发展；却常只停留在原先乐观的启蒙气氛的向度里，以为人们这样就能把握到自然的理序，就能达成改革的使命，而没想到那夹缠其中的历史业力，是极为麻烦难理的。

七、因文而明，因文而蔽，须得"解蔽"才能复其本源

"人文"指的是人通过一套语言、文字、符号、象征去理解、诠释这个世界；经由理解、诠释这个世界，使得我们能确切清楚明白地把握它。换言之，"人文"是使得我们"因文而明"，但是它一旦形成一套话语系统，放到人间来操作，来控制，来取得利益，并且来排序，这时就会造成一种新的"遮蔽"。有"文明"就有"文蔽"，"文明"是"因文而明"，"文蔽"是"因文而蔽"。应如何解其蔽呢？解其蔽是现代化之后的思想家一个很重要的课题，海德格尔谈到"真理是遮蔽的解开"，很像佛教所说的"揭谛"，"揭谛"原是梵语译音，像所说的"波罗揭谛"指的是"来去彼岸"的意思，现在我们拿它的汉语表字来看，光是"揭谛"可以说是"解蔽"的意思。

发展到目前为止，21世纪很重要的一个课题——真理并不是寻求主体对客体的确定性的把握，而是主客不二交融成一个整体的自身彰显，这里有一个极大的转变。这样的一个"我"的概念，就不是启蒙运动以来那个工具性的我的概念。这样的"人"的概念，也不是理智中心主义下的人的概念。这样的人文精神，就不应该是放在启蒙运动以来人文主义下的人文（humanity）。不过，国内对这些语词使用非常"紊乱"，理智与权力、利益，跟一大套话语系统连在一起，极容易失去了反省能力。

---

① 早在1980年代，这些论题已经常被讨论，请参见沈清松《解除世界的魔咒：科技对文化的冲击与展望》，台北时报出版公司，1984年；沈清松《现代哲学论衡》，台北黎明文化事业公司，1985年。

因为自启蒙运动以来这些东西就是连在一块，之后也有很多思想家在检讨，但是太多的学者只是"照着讲、跟着讲"，如果我们能够"对着讲、接着讲"，这个问题会有所变化。进一步看人文，我们要由"文"回到"人"，人的自知，人的明白，人的"自知者明"（《道德经》第三十三章）、"知常曰明"（《道德经》第十六章），当你返归自身，让你彰显你自己，其实，就是宇宙自身彰显其自己。你能体会到常理常道，这样才能让"文"有所确定，"文"才不会造成有所"遮蔽"。

八、"神"的两个向度：
人的参赞、触动与生长、话语系统形成的理智控制

且拿《易传》与《旧约全书》里的两句话对比，来说说"神"："神也者，妙万物而为言者也"（《易传·说卦》），"神说有光，就有了光"（《旧约全书·创世记》）。"神"这个字眼在华人汉语系统里，其实以"神妙"的意思为多，它不是个超越的、绝对的人格神，强调的是宇宙总体生发创造的奥秘可能。这里"神"的意思是人的参与，构成一种整体生长性的力量，而不在于一个绝对者通过话语系统、理智控制所形成的脉络。

这在韦伯（Max Weber 1864—1920）《基督新教伦理与资本主义精神》中对此中所含极为奇特而诡谲的关联，做出非常精彩的分析。我们深入了解后，就会了解为何尼采（Friedrich Wilhelm Nietzsche，1844—1900）会写出"反基督"，其所反的不是基督之本身，而是他那时代所体会到的基督，所体会到的神学与工具性的理性、人的疏离与异化，以及其他种种连在一块的状态。

提出这问题后，我们应该回到原来人的状态，回到原来神的状态、原来物的状态，用古人的话来说是"物各付物"或是"万物并作，吾以观复"（《道德经》第十六章）。意思是物如其为物，它是什么就是什么，如其所如，各然其然，无有作意，无有作好[①]。以我们现在的话语来说就是，讲了什么就是什

---

① 此处之论多本于牟宗三先生，请参见牟宗三《中国哲学十九讲》第七讲《道之"作用的表象"》，台北学生书局，1983年，第127—156页。

么,如其本然。这话听起来有些缴绕,但却是十分重要的。因为现在我们所说的"现代性"下的处境,话语的介入,使得我们之所说连带地将我们的业力、习气、性好、欲求等等都带进去了,这样一来,话语就离开它自己了。

话语离开它自己,而与我们生命的业力、习气相杂在一起,构成了一种难以解开的缠执,这是极为荒谬的,但我们却会在一种理性的梯序下,依顺着这样的理路来思考,并且做出人在江湖、身不由己的事情来。有一谚语说:"聪明不若往昔,道德日负初心。"这岂不是一件令人扼腕而叹的事情!到了21世纪,我们从天地人交与参赞而构成的总体去重新理解人,这与以前的人文主义是有很大不同的。我们可以发现,"存有""场域"与"觉知"是关联成一个不可分的整体的。

九、通"天地人"的人文:
由"存有""场域""觉知"构成总体才有人的主体

从"存有""场域""觉知"这三个概念里,似乎没有看到人的主体。不,人的主体就存在于"存有""场域""觉知"中,这样所构成的总体才有人的主体。人的主体也不应该是人和物之间一种主客交融的关系,也不是人跟人之间的交融关系而已。人作为一个主体,其实是如同海德格尔所说的"此在"(Dasein),也如同孔子所说的"人能弘道,非道弘人",这也就是如孟子书所说的"由仁义行,非行仁义也",人是参与天地之间而开启活动,并不是拿着一个话语来标榜,才展开活动。

像"存有"(存有之道)这个概念,并不是作为一切存在事物之所以可能的那最高的、超越性的、普遍性的概念,而是"天、地、人交与参赞所构成的一个总体"的根源,这样来解释,其实是有意地与古汉语的"道"连在一起。什么是道?大家所分享的场域就是道,场域总体来说就是道。"存有"的概念并不是作为一个被认识的概念,"存有"是你生活的参与,以及存有参与到你的生活中来,"存有"是"活生生的实存而有",我认为21世纪的人文精神就是往这个概念走①。21世纪不是人在窥视这个世界,也不是人在凝视、认识这个世界,是人必须回到人本身参与这个世界重新去思考人的定位的问题。"价值重估"这样的呼声早在20世纪初年就由尼采提出来,现在重新来谈时,我们会对他所讲的话作一"调适而上遂"②的恰当理解,溯其本原重新来看,做一存在的深层契入。其实,有关话语介入而造成的种种麻烦,在东方哲学传统里所做出的反省是很深刻的。

十、"道生之,德蓄之":
"道德"是"活生生的实存而有"具体觉知的生长

海德格尔(Martin Heidegger)曾与中国的哲学家萧师毅一起翻译讨论老子《道德经》,我认为这对他的哲学观有一定的影响,这部分是非常值得我们重视的。老子《道德经》说:"人法地,地法天,天法道,道法自然","域中有四大,而人居其一",人居于天地之间,是具体的,是实存的("人法地"),而这生长是朝向一高明而普遍的理想("地法天"),而这高明而普遍的理想又得回溯到总体之本原("天法道"),而这总体之本原有一自生、自长、自发、自在这样一个调和性的生长自然机能("道法自然")③。

如上所述,我们是放在这样的过程里来看"存有"的,这时的"存有"就不是我要通过语言文字符号去控制的现象,而是我要参与进去,我要与之生活,相互融通,无执无着,境识不二状态下的"存有",这便与西方传统自亚里士多德(Aristotle,384—322 BC)以来的主流有很大的不同。当我们这样去理解的时候,我们进一步去理解"场域"这个概念时,其实"存有"是连着"场域""处所"而来的。这些年来,一些学界的朋友,受到海德格尔、怀海

---

① 请参见林安梧《人文学方法论:诠释的存有学探源》,第三章《人是世界的参赞者、诠释者》,上海人民出版社,2016年,第50—68页。
② 语出《庄子·天下》篇,有言"其于本也,弘大而辟,深闳而肆;其于宗也,可谓稠(调)适而上遂矣"。
③ 语出老子《道德经》第二十五章,这些诠释,可见拙著《道可道:老子译评》,商务印书馆,2013年。

德,以及中国哲学中的易学以及其他种种的影响,如唐力权先生(1935—2012)提出了一个崭新的哲学主题,就叫"场有哲学"。我想是可以放在同一个脉络来理解的。

回到刚刚所说的,我们从古代先秦典籍的资源里,可以看到道德的可贵,譬如老子说"道生之,德蓄之,物形之,势成之",此中含义便极为深刻。我们溯其本源地回到那根源性的总体,这就叫"道";"道"生生不息将之落实在人、事、物上,这样就有个生成的东西,这生成的质素就叫"性","性"是就"德"说,天地有道、人间有德,"道"这个词相当于《中庸》讲的"天命",而"道生之,德蓄之",就可以说是"天命之谓性"。值得注意的是,我们这里所强调的是"生活的场域",你迎向它、它迎向你,这样的过程所形成的总体,它就不断地在那地方生长,而这生长本身就构成你的性子。我总喜欢连着这里所说的"道生之,德蓄之",而说"道德是生长",道德并不是压迫,道德是活生生的实存而有,具体觉知的生长。

十一、生命的存在觉知是先于逻辑的、先于理论构造的,它是一切创造之源

这样说下来,当我们在谈存有的时候,把它场域化了,当我们在谈场域的时候,把人的觉知带进去了。这也就是说,在21世纪的人文精神中,"人"的概念是不能离开天地的,是不能离开场域的,不能离开活生生实存体会与感受觉知(perception)。法国哲学家梅露庞蒂(Maurice Merleau-Ponty, 1908—1961)有一本书叫"Phenomenology of Perception"(《觉知现象学》),强调人作为一个实存者,这个"觉知"是最真实的,我们对世界的理解,觉知(perception)比概念(conception)重要。客观理性的分析条理其实是作为我们知识之所产以后的一种规格化,我们之所以能够如此产出,所产之前有个能产,那个creativity是非常重要的。那个东西不是一般所以为的逻辑,是先于逻辑的一种逻辑,先于逻辑的一种觉知,这点是非常重要的。你的真正觉知、体会、理解,你进到这个世界所能进来的,你所觉知到的,如果是非常贫乏,非

常单面的，那么你的逻辑及运算无论如何准确，其实都于事无补。

进到21世纪，很多西方的后现代的思想家，对原来的传统逻辑及后来发展的符号逻辑，提出了很多批评，逻辑学家也提出多值逻辑等各种不同的思考。现在许多文化评论者也提出不再强调逻辑思考方法，而强调修辞学，强调的是一种说服术，而不是一种论辩，因为他在告诉你，人间的许多构造与产出都在变化中。信息量增加，知识如何重新从信息里头构造，而在构造的过程里又能溯其本源，回溯到智慧之源，令其彰显而不是遮蔽，这成了21世纪非常重要的议题。在这无与伦比的速度传输下，人的偶像可以在几天之内同时被崇拜、消费、毁弃。

价值的定准何在？整个变了。原来你认为实在的，现在变成虚拟的了，但是在计算机中虚拟的也可能成为实在，当然这实在也可能虚构，人就在这虚实之间，佛教所说的"缘起性空"正合于目前这种状态。如何在缘起性空下，进入同体大悲？如何以一个新的慈悲去面对问题？这过程其实是人类进到21世纪重新需要去面对的。

十二、存在根源的召唤：内在深秘的信息投向冥冥的苍穹，亲近而真实

这些年来，我花了一些时间从事于对各大宗教的研究，像中国传统的佛教、道教、儒家，对基督教也一直在接触中。我发觉各大宗教里伟大的智慧都是值得我们去崇敬的，人类在诸多虚实难分、阴阳相害、善恶难决的状况底下，只能默然地面对自己；而所谓"默然地面对自己"，并不意味着与世界隔绝，而是将内在深沉的信息投向那冥冥的苍穹。那里有个奥秘之体，有一个存在根源，他召唤你，跟你有一种亲近，这是真实的。而各个宗教在这里，会引发你的虔诚与敬意，这时候你会发现，人在这里可安身立命。从这里来说"觉知"时，这个"觉"就不只停留在作为我们一般客观知识的基础，它其实是作为人整个的实存基础，所以"觉"和"感"这两个字都很重要，"感"和"觉"在汉语系统里是很好的两个字，人类的话语、存在与觉知是连在一起的。

这样说来，好像是在说，21世纪人文精神里，非常强调天地、人我、万物通而为一，这样会不会天地一笼统？而我们对科学那种清楚的认知，对知识与话语系统清楚的把握，会不会因此整个毁了？我想不会的。这地方有个层次之别，这也就是我们在谈"寂然不动，感而遂通"（《易传·系辞传上》）及谈"一体之仁"①的时候，谈"无名天地之始"的场域过程，要落到"有名万物之母"（《道德经》第一章），人间万有一切的对象物，都通过我们的名言概念，通过我们的话语所做的一个主体的对象化活动以后，才成为一个被决定的对象，这一过程我们是必须要清楚的。所以，一方面我们要回溯到总体根源显现的明白，另一方面要落实到一个具体事物上的清楚。

"清楚"与"明白"应做区分，"清楚"是指向对对象物的确定性把握，"明白"是回到你内在心灵的总体的显现。庄子书里讲"虚室生白"（《庄子·人间世》），我们内在的心灵也是如此呀！你能够"致虚守静"，一切朗然在目，就进入"乾坤朗朗，天清地宁"的状态，这就是"明白"。"清楚"是指向对对象物的把握，包括朱熹的哲学里也强调过，他谈"格物致知"的时候，一方面谈清楚，一方面谈明白。"众物之表里精粗无不到，吾心之全体大用无不明"②，就是天地间各种事物、各种事件的表里、精粗无不至，我彻彻底底地都"清楚"把握了，我就在这过程，我涵养主静了，使得全体大用无不明。

回到这里来看时，其实是清楚地说，我们对科学本身仍然需要肯定，但是不能是科学主义式的（scientism），不能是工具性的理智中心主义（Logocentrism）。我们不能把工具性的理性当成是人类理智的主体，把人类的理性主体当成是上帝所赐给我们的，而且我们用这种方式去揣摩上帝，认为上帝就是用这种方式控制这世界，人就取代上帝控制这世界，近代启蒙以来的精神就是这样。很多学科学的人非常傲慢，就是中了这种病，所以我们要理清科学霸权主义和科学，真正学科学的人其实是很谦虚的。

---

① "一体之仁"语出王阳明《传习录·大学问》。吾于此有所论，请参见林安梧《中国宗教与意义治疗》，第四章《王阳明的本体实践学：以王阳明〈大学问〉为核心的展开》，台北明文书局，1996年，第81—115页。

② 语出朱熹《四书章句集注·大学章句》，前揭书，第7页。

结语：从"存有的执定"回溯到"存有的开显"，再契入"存有的根源"

这些年来，我强调后新儒学的建立，在牟宗三先生之后，从他所提的"两层存有论"转而进一步谈"存有三态论"。这思想一部分来自海德格尔（Martin Heidegger）、高达美（Hans-Georg Gadamer 1900—2002），最重要的是来自《易经》及老子《道德经》，还有王船山、熊十力，当然亦深受牟宗三先生的启发。所谓"存有三态"指的是：存有的根源、存有的开显、存有的执定。存有的根源所指的就是"道"，也就是存有、场域，那个原初的状态，它是一总体的根源。这根源它必得彰显，当我们讲根源的时候，意思就是我的心灵意识与一切存在的事物，在这里完全合一而没有分别的状态，这就是老子所说"天下万物生于有，有生于无"（《道德经》第四十章）。

"无"这个字眼，在华人文化传统里，所指的就是"没有分别的总体"，并不是"空洞""没有"。其实最古老的时候，"无（無）"跟"舞"是同一个字，跟古时宗教的萨满（Shamanism）相关，像民间仍可见巫祝传统的踪迹，像童乩起乩，神明附灵，就是进入迷离恍惚、合而为一的境界。哲学里有很多东西都是从宗教转过来的一个思考，这样的思考里，我们必须回溯到本源，而以一个无分别、新的方式重新去理清，而这时候天地人我万物合而为一，先不要用既成的东西去论定它，你必须把既成的论定的"论"打开，那个"定"就没了，"论定"打开了以后就回到原先存有之根源，任其彰显再寻求确定。所以，就这存有三态来说，从存有的执定，把"执"打开，把"定"解开，回溯到存有的开显，上溯到存有的根源，再反照回来，重新确认，如此很多疑惑是可以解的。

我们必须回到如实的觉知，与场域、存有和合为一，觉知就是有所感、有所觉。"无分别"并不是含糊笼统，而是回溯本源的彰显，以其彰显而明白，"明白"落到事上叫"清楚"，落在自己的情感上是"喜怒哀乐分明"。修行也是这样的，修行是修得喜怒哀乐分明，而不是修得面目模糊。我们对这东西清楚以后，回过头来，我们可以用《道德经》和《易经》的话来阐释，老子说："万物莫不尊道而贵德"（《道德经》第五十一章），"冲气以为和"（《道德经》第四十二章）。"尊道而贵德"就是任何一个存在的事物都必须回到它的本性，以它的本性为贵，必须回到它的总体，以它总体的根源有个自发、自生、自长、自在的力量，以此为尊。能如此，这样的人文才不会是一个偏枯的人文，也不再是个理智中心主义的人文。

这也是西方许多后现代思想家所反省的，他们在重造新的可能。德国哲学家哈贝马斯（Jürgen Habermas，1929—）提出了"沟通理性"来重造一个新的可能。《周易》里说"保合太和，乃利贞"（《周易·乾卦·象传》），华人文化传统最强调的是把两个最极端的放在一块，构成一个和谐性的整体，和谐（harmony）这个观念是非常可贵的，和而不同，不同而和，"和"就是把不同的放一块，把最不同的放在一块就叫"太和"，太和所谓"道"，一阴一阳之谓"道"。太极图像阴阳鱼，阳消阴长，阴消阳长，阴阳互为消长，构成一个整体。它就告诉我们，任何一个存在的事物都不是相对立的两端，我们可以通过一个圆环式的思考把它变成一个不可分的整体。

人之为人本身就作为一个阴阳，可上可下，可左可右，可高可低，这本身就有一个转折的可能，所谓"祸兮福之所倚，福兮祸之所伏"（《道德经》第五十八章），长短、高下、前后种种相对的两端都构成不可分的整体。所以人跟人之间，人跟物之间，人跟天地之间，不是一个定准，而是在我认识清楚的后头有个更原初的觉知、场域、存在这样的一体状态，这里会生发出一个确定性的力量。安身立命从这里说，就是"三才者，天地人"，人生于天地之间，地的博厚、天的高明，地的具体实存生长、天的普遍的理想，人就在这样一个象征、隐喻、参与、实践里面，连成一块。如果我们从这个角度再去看哈贝马斯的沟通理性，或是其他一些西方思想家所做的一些反省，我们就可以发现，我们自己的文化传统其实有一些新的可能。

从"五四""五四后"，而进到"后五四"的年代，不再只是本能地面对挑战而有响应，不再只是"物竞天择，适者生存"，不再只是生存的斗争，更是生命的觉醒，不只是"本能之能"，也不只是"知能之能"，更是"觉性之能"。我们要回溯传统、返本开新，将我们的古典话语传译出来，与现代的生活话语融洽一处，并且经由概念的反思与现代的学术性话语能进行更深层的交谈对话。我们要扮演好一个好的沟通者、交谈者、对话者的角色。接地气，通天道，入本心，布于四体，四体不言而喻，推于天下，朗朗乾坤，日月清明。国际的霸权思维也该是下场的时候了，我们应该有的是通"天地人"的王道思维，是"大道之行也，天下为公"的思维，期盼着"老者安之，朋友信之，少者怀之"，"致中和，天地位焉，万物育焉"。

对话和回归
——文化中国百年反思的两个主题

子 夜

(加拿大《文化中国》杂志社社长兼主编)

一、问题的提出

20世纪80至90年代主阵地在海外的儒学参与文明对话运动,是中华民族复兴在文化准备中的一个组成元素。作为文化中国的一个活跃表征,"对话"在海外提出也有二十多年,而"文化中国"从海外回归本土将是中华民族复兴一个新的重要主题。本文所提"文化中国",泛指当今人类文明圈中的一种文化现象,乃至一种有意识的文化活动/运动。2019年是中国历史上的重要一年,既是很多标志性历史事件的节点,又是国际风云变幻需要看清发展方向的一年。一百多年的中国文化发展需要反思,其中"对话和回归"将日益成为中国文化复兴一个未来和长期主题。在新文化运动百年之际,以"对话和回归"作为主题将构成极有意义的"百年反思"现象。我们非常需要从历史和现状去探讨"对话和回归"的文化意义和历史意义。

二、从"花果飘零"走出的文化生命力

一百年前的新文化运动,从反封建方面使中国人民的思想得到空前的解

放，解除了知识分子的思想禁锢，为中国从近代社会迈入现代文明社会提供了文化资源。同时，由于这场运动本身具有的"反传统、反儒家、反文言"的思想内容，在中国近现代社会转型中形成了一种历时弥久的矛盾张力，这种矛盾张力形成了此后几十年乃至影响百年的文化冲突，而这种文化冲突几乎影响了中国社会在转型中的所有层面，包括政治的、社会的、经济的、教育的、艺术的，等等。于是，一方面由于不可否认的"全盘西方"的事实，造成了以儒家为代表的传统文化在某些方面的断层，另一方面，由于同期政治斗争和内外战争，国家和民族陷于内忧外患中，推迟了对这种断层进行修补和重构的机会，出现了下文所指陈的优质文化的流失。20世纪40年代末前后，统一的中国除了在地缘上形成了两岸三地，而且也在文化上形成相应的不同语境。这种特殊的历史现象前后延续长达几十年，是中国文化近代以来极为艰难和矛盾的年代。

在一种艰难环境中形成的文化持守，永远在历史上值得人们尊崇。在政治动荡的年代，文化固然难免"花果飘零"境遇，但此中也真正给了中国知识分子一种历史拷问的机会，这可能是中华民族在生生不息中的一种宿命。两岸三地的知识分子，一直在持守真正意义上的一个中国即"文化中国"。虽然相当一部分知识分子流落海外，但始终在为"文化中国"传承薪火。1949年在香港建立的新亚书院，就是在中国文化"花果飘零"中极力体现生命力的一个典型例子。

新亚书院是中国文化"花果飘零"一个象征性意义的现象。新亚书院由钱穆、唐君毅等学者发起，最初原名亚洲文商学院，于1950年易名为新亚书院。其教育宗旨在于"上溯宋明书院讲学精神，旁采西欧大学导师制度，以人文主义之教育宗旨沟通世界中西文化，为人类和平社会幸福谋前途"。在当时的历史条件下，既然是"花果飘零"，显然有着我们难以想象的困难，经费不足就始终困扰着那些两手空空的知识分子，要为筹款奔走，寻求各方资助，但正是在这种艰难环境下，中国传统文化薪传之力充分展现了星火燎原之势，一批当代大儒和一代宗师云集新亚，包括钱穆、唐君毅、徐复观、张君劢、牟宗三、劳思光等，新亚书院本身成为当代新儒家的重镇。新亚也是一种精神，可以体现在由钱穆谱写歌词的《新亚校歌》中："山岩岩，海深深，地博厚，天高明，人之尊，心之灵，广大出胸襟，悠久见生成。……十万里上下四方，俯仰锦绣；五千载今来古往，一片光明。……手空空，无一物，路遥遥，无止境。乱离中，流浪里，饿我体肤劳我精。艰险我奋进，困乏我多情。千斤担子两肩挑，趁青春，结队向前行。"

在悲壮中奋勇向前创造历史，这种精神正是中华民族生生不息的文化基因。新亚书院的存在，本身是处在一种极其复杂的文化环境中，而大部分的历史又笼罩在全球的冷战格局中，其中知识分子要面对的问题，许多已远远超出本身的人文或知识范畴。2010年出版的专著《花果飘零——冷战时期殖民地的新亚书院》，追溯新亚书院由创立到并入香港中文大学前的发展历史和在香港担任的角色，钱穆、唐君毅、张丕介等中国学者为保存中国传统的价值和文化，在英国管制地上要承传中华文化，要面对美国非政府组织、英国管制政策等所衍生的冲突，使其文化教育在价值取向上艰难选择。有学者在评论这本书时认为："新亚书院早期发展史让我们重新掌握书院早期的历史脉络。毕竟，单纯的经济匮乏未必令人心碎，但处身于大环境下的政治角力与拉锯，可能才是对抱有理想的人来说构成最大的挫败与无力。重读钱穆与唐君毅等先贤在加入中文大学时所面对的困难，让我们感受到钱穆与唐君毅两人对承传中国文化理想的坚持与追求，明白'千斤担子两肩挑'及'艰险我奋进，困乏我多情'的历史意义。……今天，当我们把'人文关怀'放在嘴边时，不妨回想当年先贤如何委曲求全，踏实承担责任，共同尝试不同的方法以解决困难并将其精神实践。"

基本上，在相当长的一个时期内，不但是新亚书院，甚至整个两岸三地的中国文化，都经历了不同程度"花果飘零"的相同命运。五四时期的全盘反传统，事实上一直延续到六七十年代，但根本的问题在于，中国传统文化本身具有的强大生命根基和惊人的生存发展力，"花果飘零"不可能变成"花果飘无"，周期性的生息不止始终是中国文化重新开始和新的复兴出现的规律。20世纪70年代末，随着中国改革开放的推进，中国不仅形成了在文化上自我批判和再确认的过程，同时，中国文化审视的对象更从本身而扩展到世界意义，五四以来中国在社会发展上从近代走向现代，又迅速从现代走向后现代，这个瞬间万变的过程始终没有忘记对百年来现代性的缺憾进行反思。中国知识分子在迅速融入多元社会的语境之后，意味着从"花果飘零"走出的文化生命力，已经具有一定的免疫力而不再走回头路了。这可能是一个大家都能接受的共识。

三、对话：文化的重构和更新的开始

从1978底开始而从次年全面展开的中国改革开放，一般意义上都把重点放在经济改革和政治体制的改革上，但是，事实上背后更深和更广泛的影响是文化的层面。中国在伴随着改革开放的同时，一方面向外面展现了中国文化的开放性，另一方面则艰辛地开始了包括儒学在内的中国传统文化的重构。

这个时期中国文化的重建，已经是在本来意义上的中国文化的一种更新了。这种更新必须考虑开放后所面对的全球文化的新课题，既有无法回避的挑战，也有适时融合的机会。80年代开始杜维明、成中英等提出以"对话"为主轴的文化中国，90年代学术季刊《文化中国》全面开展文明对话，从理念到实践，从海外到国内，逐渐形成气氛，甚至本身成为一种文化。以"对话"为主轴，保证了即使在激烈动荡的八九十年代，仍然能保持文化本身的冷静，在政治中国和经济中国逐渐壮大的同时，文化中国能始终运行在一种本分和健康的轨道中。

人类文明经过多种洗礼，从最初的以战争和争夺解决生存和毁灭的选择，逐渐趋向通过各种非暴力手段进行交往和沟通，实质上在总的一个走向上就是对话的轨迹，继而通过对话走向理解和共赢。"对话"当然曾经是一历史概念，不但是世界历史中而且也是中国传统文化中长期体现的理念和方式（当然表现形式不一样），但百余年来，从两次大战到后来的冷战，对抗掩蔽了对话。80年代末冷战结束，从中国文化到全球文化，都有机会重新走上对话的道路。文化中国有不同意义的区别，而不同意义形成统一的文化中国，主要途径就是对话。作为"文化中国"这个概念的提出者，杜维明教授对"文化中国"具体诠释了三个意义世界，即第一个意义世界包括中国大陆、中国台湾、中国港澳和新加坡等由中国人或华人所组成的社会，第二个意义世界包括散布在世界各地的华人社会，第三个意义世界从广义的文化角度来意指所有关切中国的国际人士。在这三个意义世界中，儒家传统在对西方文明的批判中，本身也要完成自我反思、转化和创新，重要的是传统文化与现代文明并非两个不兼容的力量，而是要"当作一种对话，当作一种冲突，当作一种互相理解和中西互为体用的创造转化"。1994年学术季刊《文化中国》在加拿大创刊，杜维明教授在所撰《培育"文化中国"》一文中，直接点明对话的重要性："文化中国是一个以沟通理性为方式的，从想象逐步落实日常生活的'话语社群'，希望通过对话渐渐消解因不同语言（如闽南、广东、上海和北京），不同地域和不同信仰，及至因性别、年龄、职业或阶层的差异而引发的异化感。语言、地域和信仰，及至性别、年龄、职业或阶层的对话和沟通是为'文化中国'这个话语社群结善缘、积功德的康庄大道。"

80年代至90年代，是中国文化百废待举的重要时刻，而对话的提出，为文化的重构和更新创造了一个健康和良性循环的开始，同时，也为当时全球"文明冲突论"的涌动提供了一种处理的方式或途径。《文化中国》创刊前后，正处在亨廷顿提出"文明冲突论"的时间节点上。当时，尚未发生类似后来的"911"恐怖主义袭击，但是，有关文明冲突的讨论却已经在全世界展开，《文化中国》可以说是恰逢其时地参与到这场关注人类文明走向的讨论中。《文化中国》创刊号中，相当于社论性质的"卷首论语"，题目就是"从文明对抗走向文明对话"。作为一种分析和事实判断，亨廷顿教授的着重点落在文明冲突上，他从国际政治权力来观察和判断后冷战时期的秩序结构，而《文化中国》则落在探究以对话作为途径化解有可能出现的"文明冲突"，指出世界各文明之间的对话必须要理性，而且为了有效进行，除了不能依赖政治家通过各自权力和技巧在国际上纵横捭阖外，而且要有一种文化的更新，一种对自己个体的文化反省，即检讨自己。而检讨自己，正是走向文明对话的第一步。当时的发刊词，提出了要用文化对话的精神来办文明对话的刊物。《文化中国》从宗旨、组稿/选稿、编排乃至编读往来，均有着浓郁的对话气氛，仅以创刊号各栏主要文章为例，便有梁燕城和杜维明关于文化中国的专题对话，杜维明以"培育文化中国"为引，而梁燕城以"悔悟的更新"回应，此后，两人在近十多年间，持续有不同的专题对话。创刊号二十多篇文章，几乎都贯穿了对话的红线。

《文化中国》作为一个平台，为文明对话提供了一个相当宽敞的场域。除刊物外，《文化中国》主持和举办了多次大型国际学术会，其中，1995年初举办的第一次大型学术会议便是以"文明冲突与文化中国"为名。《文化中国》创办后的第六年,发生了震惊世界的"911"恐怖主义袭击,文明冲突从理论估计变成恐怖现实,从而促使学术界更加对文明对话予以重视并持续开展。《文化中国》在一系列推展的对话中,最引人注目的是邀请基督教和伊斯兰教的不同信仰者进行对话。在"911"恐怖主义袭击后,《文化中国》曾举办了包括基督教人士、伊斯兰教人士、儒家学者、道教人士、佛教人士等同时同地共聚一场的学术研讨会,这在当代社会中是非常少见的会面机会。"对话"一方面作为《文化中国》的品牌,体现了一本刊物本身应具有的特点,另一方面,"对话"成为学术交流甚至扩而大之的文化交流、社会治理的一种理性价值和共处模式。这个意义不应低估。

虽然"对话"已经流行于当今学术话语,但在20世纪90年代初,以"对话"为办刊宗旨,并期望作为文明进程中的主要途径,《文化中国》是当时不多的几份刊物之一。从时间上看,在《文化中国》创刊后,大概在90年代中后期,"对话"作为一种办刊方针,逐渐在越来越多的海内外学术期刊上出现,及至21世纪开始,"对话"作为一种共识,成为许多学术期刊开展争鸣、探讨、交锋的动力,甚或本身成为一种办刊的价值取向。这已经远远超出了《文化中国》最初的创办预期。当然,也从一个侧面印证了当今学术界一种多元的、健康的话语走向。

美国L.斯维德勒教授在其著名的《全球对话的时代》一书中说:"在过去,从人类一开始,我们一直总是同自己谈话,也就是说,我们总是同像我们一样思考或者应当像我们一样思考的那些人谈话,我们总是唱独角戏。在过去一个半世纪里,我们慢慢地向一种祛除真理绝对化的方向移动,我们慢慢地开始意识到,任何个人,任何一个团体、文化、宗教或文明都不能表达出全部关于特殊的实在,特别是关于终极实在人们所知道的东西。因此,我们正在开始意识到,我们必须进入与那些思想和我们不相同的人的对话中,不是教给他们真理,而且去学习更多的单靠我们自己不可能了解的实在,我们正不可避免地进入对话。"在当前的文明对话中,我们随时会进入与自己"不相同的"群体,这种"进入"就是倾听,自省,欣赏对方,这就是对话的基础。正是从这个意义上,我们认为,以对话作为文化的重构和更新的开始,是一个非常客观和关键的观察角度。

四、从大国崛起到文化复兴

以对话作为文化的重构和更新的开始，为作为一个迅速崛起的大国提供了充分的文化环境和动力资源。"中国梦"实际上就是一个大国全面崛起的综合方向指标。所谓"全面崛起"就不但是经济的和军事的，更主要的是整体和综合的文化实力，是一个国家综合国力的基础资源和精神动力。文化复兴是中国作为大国崛起的主要的和实质性的检验指标。

中国的崛起，在寻求自己的方向时，很难模仿历史上尤其是西方某些国家的发展模式，但在文化上进行动员和准备则是相同的规律和要求。葡萄牙、西班牙、英国、日本等利用海洋时代的契机，英国、德国、法国等利用工业革命的动力，俄罗斯、德国、英国、日本等利用帝国扩张的途径，以及近百年来美国对世界的独霸，背后其实是一种更深厚的文化准备和文化动员。所有上述国家的崛起，都在一定程度上体现了自己文化对世界既定秩序的影响甚至更改或挑战。

如果说以"中国梦"作为一个大国全面崛起的综合方向指标，我们的文化准备和文化动员在时间上是短促乃至仓促的。中国近百年的文化破坏在某些方面形成的断层尚未完全连接，即使以中国改革开放为标志，至今也才四十年，何况中间经过全民经商的商业大潮，已经逐步复兴的文化也出现某些扭曲或变异。而且，即使在完全意义上的文化准备中，中国在这方面也因为本身特殊的历史记忆而具有强烈的感情色彩，这也就削弱了文化准备本身应具有的理性和稳健。

本文作者多年前即注意到这个问题。2014年在纪念甲午战争一百二十周年的研讨会上，作者提交的论文中，曾提到一个历史现象，即：在甲午战争爆发前五十年，从1840年鸦片战争至1894年中日开战，中国经历了两次鸦片战争，中法战争，其间有太平天国运动，以及沙俄对中国领土的侵吞。而甲午战争后，中国又经历了列强瓜分中国的狂潮，洋务运动和戊戌变法的失败，义和团兴起及辛丑条约的签订，革命党人的武装反抗，辛亥革命爆发等。民国成立后，又经历袁世凯复辟，军阀内战，五四运动，抗日战争，两次国内革命战争。但是，在所谓"百年苦难"的众多事件中，从民族心理来说，甲午战败却是最刻骨铭心的。这是一个很奇特的民族文化现象。因为从事件的时间跨度来说，甲午战争从1894年8月1日中日双方宣战，至次年2月北洋舰队全军覆没，4月签订马关条约，总共才九个多月。而第一次鸦片战争从1840年至1842年，第二次鸦片战争从1856年至1860年，总共六年，而时间跨度长达二十年。从战争赔款来说，从1840年至1901年，中国政府对外战争赔款达九亿五千万两白银，甲午赔款为二亿两白银，而庚子赔款则高达四亿五千万两白银。甲午战败，中国向日本割让辽东半岛和台湾澎湖列岛，但此后在俄、法、德压力下日本被迫归还辽东半岛。而在此前后，中国领土已遭到列强疯狂侵占，历次不平等条约被割让的土地，最甚者是沙俄在中国侵占的领土，达四十四万平方公里，远甚于辽东半岛和台湾澎湖列岛。但诸多丧权辱国事件中，中国长达百余年的苦难行走，甲午之耻却是心理冲击最强烈的。

因此，作者提出这样一个观点，从1840年到甲午年的1894年之前，中国民族的心理矛盾是对现代化选择的挣扎，结果是被迫走上现代化，从全面的闭关自守调整为有限的开放，以"中学为体，西学为用"作底线，最起码的心理安慰是可以"富国强兵"，以跟正在崛起而咄咄逼人的日本作一较量。但是，甲午之战的失败，不是在选择要不要现代化中的失败，而是已经选择要走向现代化但仍然避免不了失败的命运，而且败给了几乎是同时站在进行现代化尝试起跑线的日本。这两种痛苦是完全不同的。甲午战败后，中国考虑的不再是要否现代化的问题，而是如何像日本那样取得现代化的成果。这个问题在此后许多年不但仍然得不到解决，反而是空前的内外动乱不断。所以，甲午之败没有得到一个历史的清算，始终以一种悲情色彩萦回缭绕在百年历史中。这实际上是一个重要转折点，此后才有了积极进取的资产阶级改良运动，空前高涨的戊戌变法运动，"由甲午战争的刺激，惹起士大夫阶级里面一部分人对于中国政治制度的怀疑，遂有维新变法的运动"。这种"刺激"是一种屈辱和悲情文化的滋生源头，由此形成的民族文化创伤影响了中国此后百余年的历史心理和理性语境，结果，文化上的激进主义逐渐在中国整体文化上占据主导地位，并形成了一定的民意/民心基础。甲午之战象征着中国历史文化发生了嬗变，已经面临必须经受包括战争在内的现代化的洗礼。甲午之败，迫使中国民族要回答的，不仅仅是器物层面的问题，而且是更深层次的文化问题。

在自鸦片战争后的整个中国近代史中，作为历史叙事中的一种民族文化符号，甲午战败有浓烈的情感色彩。基本上，中国近代史上这种巨大的叙事符号不多，除甲午战败之外，比较大的还有就是英法联军火烧圆明园。圆明园的废墟图片，黄海大海战的画面，对中国民族的集体记忆远甚于其他中外抗争事件。当然，早从鸦片战争始，中国民族的这种"集体记忆力的负面库存"一直在持续积蓄，甲午战败则是一个总爆发。一个国家的战败，在许多时候能激起民族的觉醒，这种觉醒如果建立在深刻的理性反思基础上，便会成为"集体记忆力"的正面库存。但由于激进主义思潮在中国社会滋生和蔓延，民族的冲动性陡然激增，使中国的现代化改革顿然产生许多意外事件。1900年的义和团运动固然是一个高潮，但其后中国社会发生的一系列重大事件，包括五四运动，都能见到这种激进主义的身影。一百多年里，这些事件消耗了中国民族本来就极其不易积蓄的改革成果，而且逐步同发达国家拉开了距离。所有这些事件中，从民族心理来说，实际上隐藏的是持久不去的"悲情文化"。这是一种文化创伤，如果处理不好，就会形成恶性循环。

中国历史和哲学中从来不缺少忧患文化，中国古代几个盛世年代，正是在这种忧患文化中形成的。但忧患意识在漫长的延展中，尤其在突如其来的历史事件中，一旦失去理性，会在潜意识中转化成国民的自卑心态，形成如甲午战败后国民的悲情文化。一旦理性走向情绪的异化，忧患意识中最大的黑洞就会导致对文化更新的回避。这是中国近代史在甲午之后的一个吊诡之处。中国古代历史上多次重大变局后，包括朝代的更替，虽然会造成暂时的文化混乱，但很快会自我调整，形成又一次文化的更新。但是，一百多年的文化激进主义，多次让我们推迟更新文化和自我调整的机遇，中国长期积蓄的优质文化出现了流失。这就是我们在重新提出文化/民族复兴时候的一个严峻现实。

关于中国的优质文化，西方和中国的解读显然是不同的。中国包括伦理道德、社会秩序、人格修养、责任关系等文化现象，过去在西方社会被视为具有浓厚的乌托邦色彩，但在中国社会中却是长期践行的传统。中国农耕文明，包括其在长期发展中形成的带有某种理想主义的色彩，一方面有其对抗变化的滞惰性，但另一方面其优质部分超稳定性能又具有不可替代性和不可复制性，而且总体说来，中国优质文化以自我调节能力可以克服滞惰性，并扩散自己的文化辐射能力。中国不但以自己的生产方式和生活方式吸引了世界的注意，而且在这种生产方式背后隐含的独特文明也长期成为西方人曾经感兴趣或借鉴的内容，包括中国哲学中的性理和性情，对人的精神和自主的尊重，仁、义、礼、智、信的实践，以"五伦"维系家庭、社会、国家正常秩序的伦理道德，以天人合一的观念处理人与自然的永续关系，以天下观处理国际关系的和平理念，对外来宗教的包容和消化功能，等等，都是中国优质文化的构成元素。理性、性情、信仰，则构成了中国优质文化的三大支柱。中国文化中带有准宗教理念的哲学思想，虽然具有某种乌托邦的色彩，但其伦理和理性的理想境界，却在很长时期以来被西方视为中国优质文化的重要部分。

问题在于，一方面，中国超稳定结构肯定隐含的某种有效的优质文化，西方人不但注意到而且吸收是迅速的，中国四大发明造就了西方列强侵略中国的利器，而被有些人称为第五大发明的科举制度中的公平竞争方法，被西方吸收并由此建立了其文官制度，但是，另一方面，中国某些历史阶段的封闭性和排他性，使西方滋生了一种田园式的误导，一旦这种误导成为泡沫，想象中的理想国就会变成另类落后、贫穷甚至丑陋的解读。学者陈捷先曾谈道，"马戛尔尼到北京，乾隆皇帝为了要让他看看中国的壮丽山川和丰富的物产，不让坐轮船回去，而是走陆路，从北京一直走到广州。这一路上把中国的所有坏东西都看到了，回去给英女王写报告。四十年后，英国几十条小船，几千个人，就把中国打败。可想而知，他们对当时中国的虚实是相当了解的，有了信心才敢对中国发动鸦片战争。事实上，19世纪很多作家，对中国的丑化是很可怕的"。中国此前一切可以在世界上称道的文化，无一例外地受到了质疑。例如，甲午之后十年，曾经给中国带来了二千年安定的文官制度（科举考试）在一夜之间被废除，却没有一套相应的构建性制度加以更新及连接，至今仍是一个大问题。本来应该期待的文化更新，在极短的时间内变成了文化的拆卸。甲午之后进行了一系列革命的准备，却没有一场文化的准备。甲午之后优质文化的流失速度相当惊人，是某种意义上的又一次"礼崩乐坏"。甲午前后除了不平等条约、割让国土、开放港口、巨额赔款，文化的流失形成的自卑其实是一个更大的问题。

一百多年来，中国事实上从没有实现的大国崛起梦想，一直到现在才开始作为一个实际的目标而出现在我们面前。中国现在已经有条件再一次为自己创造从反思走向超越的历史机遇，为中华民族又一次复兴做好文化准备。在这里有一个事实需要特别提出的，就是2014年中共中央总书记习近平出席国际儒学联合会大会并作了演讲。这件事情之所以具有重要的历史意义，在于这是自1919年全盘反传统的五四运动以来，自中国共产党1921年成立以来，中共领导人第一次出席这样的会议。对于一直执政的中国共产党来说，这件事情用"开天辟地"形容无论如何是不过分的。习近平讲话昭告了在实现中国梦中进行文化建设的重要性。一个大国的崛起，不但是经济和军事的崛起，而且更是一个文化复兴的过程。百年来中国期待的航空母舰，现在已经有了，但是，建立文化上的航空母舰，可能是更关键的和更艰巨的。航空母舰不仅是军事强国的象征，而且它涉及从武器到装备、从指挥到管理、从军事到政治、从战术到战略等诸多领域，本身就具有综合力量的体现，本身已经隐含了一定的人文和社会意义。即使是这样，它仍然不是全部的准备。所谓打造文化的航空母舰，即一个有着深厚底蕴的扎实的文化中国，就是一艘永远不会被击沉的航空母舰。中国的优质文化就是这种航空母舰的龙骨。只有文化复兴，才是检验一个大国真正崛起的重要标准。

五、关于回归问题的讨论

在文化中国这个概念上讨论"回归"的问题，包含两个层面的指涉，其一，是地理意义上的，这是相当重要的指标；然后，是指涉文化本身的实质回归，这触及中国文化复兴的深层意义。从这个意义上，本文将对涉及"回归"的问题作三个层次的探讨。

第一，地域意义上的"回归"。

本文在第一部分论述了当年在中国文化极其困难的境地里，中国知识分子在海外"花果飘零"，默默传承母国文化薪火，持守真正意义上的一个中国即"文化中国"。其中提到的新亚书院，就是一种精神的象征，因为它此后在全球各地生生不息，体现了中国文化内在强大生存力和生命力。今日中国已基本清理了有可能再次摧残文化的恶质动因，在强大经济基础上形成巨大综合国力，几十年来在海外"花果飘零"的文化现象可以成为历史,中国本土已经具备依靠自己文化优势完成地理意义上的回归。中国作为一个崛起的大国,不但具有空前的经济和硬件实力,而且以一个文化复兴的大国出现在世界面前。近年来,大批已经生根在海外的知识分子,纷纷回归本土中国,不但进行讲学访学,而且构建、推动相应的文化和学术系统工程,已经远远超出文化学术交流的意义,本身已经融入了中国文化建设和文化复兴这样一个空前伟大的事业。这种回归已经不是原来意义上的回归了,不是简单的地域改变的回归,而是吸收了大至全球先进文化的思想,小至包括学术规范之类的文化运作机制。中国近年来在文化和学术上逐步与世界接轨,某种意义上就是这种回归的结果。

第二,本土价值和文化本身的回归。

中国文化的复兴,实质上应该是中国本土价值的回归,这是文化回归最要害的问题。地域层面的回归,在指涉上含有较多的形而下理解,但它实际上可以引发我们往更深入层面的探讨,即"回归"必须回到本土价值,而本土价值意义上的"回归"又必须回归到文化的本身。文化就是要在文化之内做文章,而不是在文化以外做文章。文化本身具有一定的超脱性和纯然性,这种"回归"才是真正具有境界性的。太多地勾连文化之外的事物,对文化本身来说并非福音。

提出这个问题有一定的历史借鉴,春秋战国时期礼乐崩坏的一个重要原因就是因为在"文化之外"做了太多的文章,文人不守文人的本分,层出不穷的违礼、僭礼之事正是文化崩坏的先声。从现实来看,由于长期以来本土优质文化的流失,某种程度上潜存着文化虚无主义,经济大潮对文化的侵蚀,难免形成文化乱象,甚至出现"斯文扫地",都与一个大国的文化复兴不相配。因此,当我们谈论本土价值的回归时,主要指的就是文化的回归,也就是文化的本位。文化就要像文化,学术就要像学术,文化人弄成和商人政客差不多,这是文化的不幸。例如,我们经常听到"文化搭台,经济唱戏",文化堕落成赚钱的"戏子",文化人乐此不疲,是非常尴尬和具有讽刺意味的。

从海外到本土固然是回归,但"本土"本身也有一个回归问题,就是回到本身的价值,回到本身的文化。事实上,目前我们所关注的"回归"问题,已经在更广泛的层面上面临挑战了。例如,以电子媒介为主体的现代新科技大量进入人们生活,同时也进入本来作为文化学科的金字塔——学术领域,问题是这种进入并不是以学术本身含量进入进行参与，而是大量地利用信息传播手段的扩展，以信息交换冒充学术研究，从某种意义上有"伪学术"之嫌。电子媒体，从其本身来说，不具备学术功能，而仅仅是迅速传播信息，这种新技术主要运用于新闻、娱乐、动态传递等领域，除了传播手段外，某种意义上最多也是作为一种改进的、革命性的管理功能。这种新技术的运作，可以加速学术科研的信息传播，仅在这一方面可以说部分地介入学术，但本身无法代替学术媒体的固有领域质性。信息功能大量地体现在学术领域，有一种潜在的危机，就是当信息不但大量而且形成泡沫时，实际上就是泛信息化，而泛信息化从根本上就会使学术领域消解原先的学院性、独立性、专业性的学术特点。因信息的可以轻便地大量占有，人人都有可能成为哲学家，人人都有可能成为历史学家，人人都有可能成为经济学家，这就是作者经常说的"学术卡拉OK"，从好的一方面看，当然可以为实际的专业学术创造丰厚的后备土壤，但另一方面，信息资源的占有，又使人不甘仅仅成为"后备土壤"，而是直接登堂入室甚至取代传统意义上的学术资源（包括人员、机构、发表途径等）。这样，当然会解构原先相对稳定的精英学术论域。

一个社会，必须要承认任何一个学术领域都要有自己的学院性，要有自己的金字塔，这种特权性（精英性）是一个社会必须承担和供养的。泛信息化恰恰稀释了学术的特定资源，"日日更新"对某些行业来说很好，但对学术来说，不一定必然是福音。有学者已经担心网络发展会带来某种危机："数字化的网络世界，虽不同于现实物理空间，但并不是虚无，而是具有虚拟性的数字化的全新世界，由于虚拟而更具隐秘性、开放性和快捷性，因而现代信息网络世界给人类的生活、交往、思维方式带来了美好的'数字化乐园'，但同时，也隐藏着种种杀手和危机。"当我们在技术和手段方面走得太远，有可能造成异化时，"回归"可能是更值得提出的一个课题了。

第三，回归华文本位。

在"回归"的课题中加入"回归华文本位"，也许会引出视听方面的敏感，但这是完成中国文化复兴过程中无法回避的一个方向。回归本土价值和回归文化本位，本质上就是一个实现文化复兴中如何保持主体性的问题。这个问题更多地涉及学术交流和对外交往。以华文为本位，独立地和公平地参与整个世界的学术交流，这种身份的持守，显示了华文本位的不可取代性。我们要面对现代性的挑战，华文本位将是主体性的回答之一。

目前全世界有六分之一人口使用汉语（华文），从这个人口结构数字上并不能解释文化交流的华文本位问题，而是还要进一步从文明价值及学术价值去思考这个问题。从人类的交流和传播手段看，汉语（华文）有较其他文字和语言相对特殊的质体，在译介和转化过程中有一定的超稳定结构和不可完整译介性，这是许多中文名著无法完全以类似标准译介的原因之一。汉语（华文）的这种特性，虽然在与世界交流方面有一定的难度，但同时，也使中国文明在某种程度上保持了一定的独特性和不可取代性。以学术期刊为例，中国改革开放后，为了实现学术期刊与世界"接轨"，做了许多改革尝试，例如，增加英文或其他文种的翻译，或者是全文，或者是摘要，但几十年来的成效并不是很大，中国人文学术的精彩和主体部分并没有因此"走出中国，走向世界"，相当一部分是流于"自说自话"中。反观英美等主要西方国家，它们的学术成果不靠自己主动译成外文去向外推介，而是由他国研究人员主动向自己"靠拢"和"接轨"。它们的文明成果显示了一定的底气（甚或是霸气），是作为别人"接轨"的对象。问题在于，构成人类四大文明起源之一的中国文明，底气并不亚于西方，因此，理所当然地也具有等待他国同自己"接轨"的对象意义。例如，中国敦煌学术的研究，中国古代考古的研究，中国古代诗词的研究，中国古代戏曲的研究，中国近代一系列具体事件的研究，相当一部分是由外国人独立完成的，而不是由中国对外翻译而达致的。中国自己的研究成果，只要达致一定的学术质量，本身文明因子的独特性足够引人注意，那么，所谓的"国际化""接轨"，就会逐渐走向"以我为主"，华文本位本身就是一个文化主体性建构的问题。

在西方话语霸权主导百余年后，国际学术界不能是英语的一统天下，在学术本位的前提下，各个学术主体应该相应地置换和统整，也就是说，除了一般意义上的与国际接轨，以中文或汉字表达的中国文化也应作为让国外接轨的主体对象。这不是普通意义上的公平价值，而是中国文明本身的一个身份标记。华文本位的不可取代性，来自中国文明本身的不可取代性。从这个意义上，语言和文字具有文明标志的基本因子。强调"华文本位"就是强调了中国文明的基本因子（当然，从广泛意义上说，中国文明也包含了与其他文明交流和融合的因子）。手机上的芯片不一定本位，但文字一定要本位。世界金融体系以美元为本位，以后也许会改，但美国文化中的英文不会改。"华文本位"将不仅仅是一个语言文字的工具意义问题，中国文字本身的文明含量比重使这个问题具有重要的学术和文化性质。正如希腊文明无法离开希腊文字一样，世界所有研究中国文明的人员、机构、期刊、论坛，都无法离开"华文"因子，这就是"华文本位"的真正意义。

结语

关于对话和回归的问题，基本就是围绕文化的开放与本位的坚守，包括中国改革开放如何从文化角度去诠释和补充，面对社会转型期间的新问题和新挑战，文化如何处理在开放中的创新和维护传统文化优质本源的关系等。当我们探讨文化的复兴将成为民族复兴的思想资源和精神支柱时，也同时认同了中国文化在复兴过程中将自觉成为整体世界文明的组成部分。正如本文开头所言，"对话和回归"将日益成为中国文化复兴的一个未来和长期主题。而其中所涉及的本土价值、文化本位和华文本位的问题，目前并不一定有完全的共识，本文也只是仅仅提出了问题，需要各界更持久的讨论和探索，理应期待批评和建议。

儒学何以回应现代化与后现代主义的挑战

郭 沂

(韩国首尔大学哲学系教授)

儒学从来都是与时俱进、不断发展的。从历史上看，儒学的发展，有时候是为了回应社会现实的挑战，如先秦原始儒学是为了回应春秋战国时期剧烈的社会变动而创建起来的，而汉代新儒学则是为了回应秦汉一统的新局势而提出的；有时候是为了回应外来文化的挑战，如宋明新儒学就是为了回应佛教的挑战而重建的。然而，当代儒学的发展，既面临着社会现实的挑战，即近代以来的"三千年未有之大变局"，也面临着外来文化的挑战，这就是西方文化之冲击。当然，此"三千年未有之大变局"，主要是由西方文化之冲击而造成的，因而这两种挑战是交织在一起的。本文试图从回应西方文化的挑战着手，来探讨儒学的当代重建的问题。

一

就回应西方文化的挑战而言，我以为儒学的当代重建，面临两项重要任务：一是接受、吸纳西方现代性，从而实现现代转型，以回应现代化的挑战；二是挺立人的主体价值，从而纠正、修复现代化的缺陷，以解决后现代主义所提出的问题。

所谓西方现代性，主要是新文化运动所说的德先生和赛先生，现在一般表述为民主政治和知识论。接受、吸纳这些现代性，一直就是现代新儒学的目标，牟宗三先生提出的"三统并建""内圣开出新外王"等命题，即为此而设。然而，随着中国经济的腾飞和民族意识的觉醒，近年来儒学界内部出现了一股拒斥上述这些西方现代价值的潮流，我期期以为不可，认为这不但不能维护儒家的尊严，对儒学的当代发展而言，也是十分有害的。道理很简单，尽管这些西方现代价值有这样那样的缺陷，但其合理性，更是显而易见的，正好可以弥补儒学之不足，其为世界上越来越多的国家和地区所接受，不是偶然的。从某种意义上说，它代表着几百年来的世界潮流。借用孙中山先生话说："世界潮流，浩浩荡荡，顺之者昌，逆之者亡。"儒学如果不能顺应这一潮流，就会故步自封，从而失去生机。

应该如何接受、吸纳西方现代性呢？鉴于我们所面临的形势和任务和宋明时期的儒学重建极其相似，诸如都要应对外来文化的严峻挑战和传统文化的严重失落等问题，因此，或许可以从中获得某些启示。

在我看来，宋明时期的儒学重建大约经历了三个境界。第一境界为"泛滥于诸家，出入于老释者几十年"（程颐《明道先生行状》）。此境界展现了宋明儒家充分学习、消化和吸收各种学说尤其道家、佛家的心路。第二境界为"返求诸六经而后得之"（程颐《明道先生行状》）。这句话可以从两个方面来理解，一是归宗于六经，二是从儒家传统中挖掘有效的资源。第三境界为"吾学虽有所受，天理二字却是自家体贴出来"（程颢《外书》十二）。这意味着在前两种境界的基础上，提出自己的新思想和新哲学。

依此，儒学的当代重建，也将经历类似的三个境界：首先是充分学习、消化和吸收西学，第二是深入挖掘儒家传统中的现代性资源，第三是建构新的哲学体系。

如果说宋明儒学所面临的主要挑战来自佛教心性论，其使命是吸纳佛教心性论，并发扬光大儒家传统中的心性论资源，从而在此基础上重建儒家心性论的话，那么，当代儒学所面临的主要挑战来自作为现代性之基本内容的民主政治与知识论，其使命是吸纳西方民主思想与知识论，并发扬光大儒家传统中的民主思想和知识论资源，从而在此基础上重建儒家民主思想和知识论。

问题是，在儒家传统中，是否存在民主思想和知识论的资源呢？对此，人们一般会持否定态度。笔者却以为，早在两千多年前，起源于不同地区的三个轴心文明已经对人和社会进行了全面而深入的探索，提出了各种各样的学说，也埋下了各种各样思想的种子。在其后的历史长河中，一俟条件具备，其中某些思想的种子就会萌生、发芽、成长。作为中国轴心文明的代表性学派，先秦时期的儒学大师们，已经为我们埋下了民主思想和知识论的种子了。

笔者认为，轴心文明时代儒家民主思想和知识论的种子主要存在于荀子所代表的传统中。充分挖掘这种宝贵资源，可以帮助我们实现儒学的现代转型，从而有效地回应现代化的挑战。因而，我们应该像宋明新儒学借助于思孟心性论来接受、吸纳佛教心性论那样，借助于荀子的民主思想和知识论资源来接受、吸纳西方现代民主思想。这种儒学当代重建的路径，我称之为"受之以荀"。

不过，经过数百年的迅猛发展，现代化的弊端和缺陷也日益彰显，并引起人们的忧虑，所谓后现代主义思潮，因之而起。后现代主义对现代性的批评，主要在于由现代化所导致的精神失落、价值扭曲、人为物役、环境恶化、核弹危机等方面。因此，挺立人的主体价值，从而纠正、修复现代化的缺陷，以解决后现代主义所提出的问题，构成了儒学当代重建的另一任务。

如何医治这些现代病呢？我认为，早在两千多年以前，原始儒学的另一个传统，也就是孟子所代表的传统，已经为我们准备好了良药。这种儒学当代重建的路径，我称之为"纠之以孟"。

二

不过，最早明确提出道统论而成为理学先驱的韩愈早有言："斯吾所谓道也，非向所谓老与佛之道也。尧以是传之舜，舜以是传之禹，禹以是传之汤，汤以是传之文、武、周公，文、武、周公传之孔子，孔子传之孟轲。轲之死，不得其传焉。荀与扬也，择焉而不精，语焉而不详。"（《韩昌黎全集》卷十一）自此以后，荀学被排除在道统之外，成为儒学中的异端。如果真是这样，荀学自然难以承担回应西方文化的挑战以重建儒学的重任。但事实远非如此！

让我们先来看什么是道和道统。在儒家思想中，道为人当行之道，即人道。此道有两层含义。一是客观之道，二是观念之道，即由往圣先贤认识客观之道所形成的一套观念，而这套观念又表现为一套概念系统和行为准则。按照荀子的说法："道者，非天之道，非地之道，人之所以道也，君子之所道也。"（《荀子·儒效》）"人之所以道"，是说人们用来遵循的道，即客观之道。"君子之所道也"，是为君子所言谈的道，即用语词表达的道，也就是观念之道。因此，道为各种道德范畴之总称，也就是说，各种道德范畴都属于道。如孔子说："君子道者三，我无能焉。仁者不忧，知者不惑，勇者不惧"（《论语·宪问》），以仁、智、勇为道；曾子说："夫子之道，忠恕而已矣"（《论语·里仁》），以忠、恕为道；子思说："君臣也，父子也，夫妇也，昆弟也，朋友之交也。五者，天下之达道也"（《中庸》），以五种人伦为道；孟子说："尧舜之道，孝弟而已矣"（《孟子·告子下》），以孝弟为道；荀子说："道也者，何也？礼义、辞让、忠信是也"（《荀子·强国》），以礼义、辞让、忠信为道。这就是说，所有这一切，莫不是对客观之道的发现，莫不属于道的范畴。客观之道是一个无穷无尽的宝藏，需要求道者去不断地挖掘、发现和弘扬。正是在这个意义上，孔子才说"人能弘道，非道弘人"（《论语·卫灵公》）。因此，道统之道，乃观念之道。所谓道统，就是往圣先贤求道、弘道的足迹。

在儒家看来，人道乃天道的体现，因而观念之道来自对天人之际的追究。既然如此，那么既可自上而下地"推天道以明人事"，又可自下而上地"究人事以得天道"，这是往圣先贤求道、弘道的两种基本路径。由此，道呈两统，由前一种路径所形成的传统可称为"天人统"，由后一种路径所形成的传统可谓之"人天统"。

道之两统的渊源，可以追溯到祝、史二职。祝和史可谓中国最早的知识分子。祝与天、与神打交道，其思维方式是"推天道以明人事"，所以属于天人统。史官和人打交道，其思维方式是"究人事以得天道"，所以属于人天统。在六经中，《易》代表祝的传统，其究天人之际的主要方式为"以天道而切人事"或"推天道以明人事"，属于天人道统；《诗》《书》《礼》《乐》《春秋》代表史的传统，其究天人之际的主要方式为"以人事而协天道"或"究人事以得天道"，属于人天道统。孔子上承夏商周文明之精华，下开两千年思想之正统，无疑是道统传承的枢纽性人物。在早年，"孔子以《诗》《书》《礼》《乐》教"，主要继承了《诗》《书》《礼》《乐》之人天道统。自"晚而喜《易》"，孔子又将重点转向继承和发扬《易》之天人道统。进入战国，儒家开始分化为两系。一系承《诗》《书》《礼》《乐》《春秋》之人天统和孔子早期思想，本之以圣人之教化，从而论性情之原，礼乐之生，可谓之教本派。此派创自公孙尼子，继之以《性自命出》《内业》，而集成于荀子。另一系承《易》之天人道统，融合孔子中晚期之思想，本之以天命之善性，从而论情心之变，教化之功，可谓之性本派。此派创自子思，而集成于孟子。

由此可见，不管是孟子，还是荀子，不但皆得孔子之真传，而且皆承孔子之前之古老传统，都是道统的继承者、弘扬者和集大成者，在道统传承史上都具有重要的地位。孟学和荀学，堪称儒学史上的两个典范。

既然如此，自韩愈至宋明儒家为什么厚此薄彼呢？这并不是因为他们缺乏学术修养，而是有其深刻的历史根源的。隋唐时期，佛教取代了儒学独尊的地位，成为显学。那些有志于复兴儒学的学者明白，佛教是靠心性论征服中国的，而在传统儒学中，具有比较丰富的心性论资源，可以开发出来与佛教心性论相抗衡的，正是思孟学派，即我所说的天人统。所以，挺立思孟，提出道统学说，正是为了满足当时的现实需要。

三

物换星移，时过境迁，我们今天所面临的挑战已非佛教心性论，而是来自西方民主思想和知识论，因而回应挑战的武器也应该由天人统中那种心性学说转变成道之另统，也就是以荀学为代表的人天统所蕴含的民主思想和知识论了。

为什么说荀学蕴含着民主思想的种子，可以成为接受、吸纳西方现代民主思想的桥梁呢？换言之，"受之以荀"何以可能？

一种合理的政治制度，往往有其人性基础，民主思想也不例外。它的一个重要前提，是承认人是有缺陷的，所以需要各种规范、制度乃至法律的制约，而认识人性的缺陷，也正是荀子最重要的理论贡献。

有关荀子性恶的学说，人们耳熟能详，兹引《荀子·性恶》篇首段足以说明问题:"人之性恶,其善者伪也。今人之性,生而有好利焉,顺是,故争夺生而辞让亡焉;生而有疾恶焉,顺是,故残贼生而忠信亡焉;生而有耳目之欲,有好声色焉,顺是,故淫乱生而礼义文理亡焉。然则从人之性,顺人之情,必出于争夺,合于犯分乱理,而归于暴。"

既然如此,如何才能建设一个健全的、和谐的社会呢?荀子接着说:"故必将有师法之化,礼义之道,然后出于辞让,合于文理,而归于治。""师法"中的"师"为师长,"法"当指下文的"法度"。看来,控制人性之恶的途径有二,一是师法的教化,二是礼义的引导。前者相当于现在的国民教育,后者相当于制度建设。礼是一种外在规定,其作用相当于现代法制,可以说是一种软性的制度,在中国古代,起到了宪法的作用。不过"法度"的含义较广,当包含道德、礼制、法制等各种规则。

然而,师法和礼义又来自何处呢?荀子认为:"古者圣王以人之性恶,以为偏险而不正,悖乱而不治,是以为之起礼义,制法度,以矫饰人之情性而正之,以扰化人之情性而导之也。始皆出于治,合于道者也。"(《荀子·性恶》)就是说,礼义、法度等皆由圣人所制定。这一判断,是符合历史事实的,应该来自历史的经验。在中国历史上,最典型的事例莫过于"周公制礼作乐"了;在西方历史上,美国国父们讨论签署《独立宣言》,早已传为佳话。

民主的一个重要因素是平等。就此而言,虽然儒家不主张权利平等,但人性和人格的平等,却是为大多数儒家学者所坚持的。在这方面,荀子多有论述。如:"材性知能,君子小人一也;好荣恶辱,好利恶害,是君子小人之所同也"(《荀子·荣辱》);"凡人之性者,尧舜之与桀跖,其性一也;君子之与小人,其性一也。"(《荀子·性恶》)正因如此,荀子主张"涂之人可以为禹":"凡禹之所以为禹者,以其为仁义法正也。然则仁义法正有可知可能之理。然而涂之人也,皆有可以知仁义法正之质,皆有可以能仁义法正之具,然则其可以为禹明矣。"(《荀子·性恶》)

更难能可贵的是,荀子认为,通过个人的努力和修养的提升,人的社会地位也是可以改变的:"虽王公士大夫之子孙也,不能属于礼义,则归之庶人。虽庶人之子孙也,积文学,正身行,能属于礼义,则归之卿相士大夫。"(《荀子·王制》)

至于荀子的科学观和知识论思想,更是显而易见的。在那个宗教和迷信思想流行的时代，他断言："雩而雨，何也？曰：无何也，犹不雩而雨也。日月食而救之，天旱而雩，卜筮然后决大事，非以为得求也，以文之也。故君子以为文，而百姓以为神。以为文则吉，以为神则凶也。"（《荀子·天论》）正因如此，对于一些怪异现象，荀子能作出理性的解释，如："星队（坠）木鸣，国人皆恐。曰：是何也？曰：无何也！是天地之变，阴阳之化，物之罕至者也。怪之，可也；而畏之，非也。"（《荀子·天论》）

在荀子看来，客观世界是有规律可循的，是不以人的意志为转移的："天行有常，不为尧存，不为桀亡"；"天不为人之恶寒也辍冬，地不为人之恶辽远也辍广，君子不为小人之匈匈也辍行。天有常道矣，地有常数矣，君子有常体矣。"（同上）因而，客观世界是可以认识的，而人也具备认识客观世界的能力："凡以知，人之性也；可以知，物之理也。以可以知人之性，求可以知物之理而无所疑止之，则没世穷年不能遍也。"（《荀子·解蔽》）那么，"人何以知道？曰：心。心何以知？曰：虚壹而静。"（同上）由此，荀子对心的认识能力、人的精神世界，乃至名实关系等诸多方面，都提出了独到的见解。限于篇幅，兹不赘述。

如此等等，都体现了荀子的科学精神和知识论思想。

需要指出的是，荀子的民主思想和知识论思想与现代民主思想和知识论既有相通之处，又有相异之处。但其相异之处构不成我们否定其为民主思想和知识论的理由，这就像我们不能因为思孟心性论不同于佛教心性论从而否定其心性论的性质一样。这种差异意味着两者是相互补充、相得益彰的，就像思孟与佛教心性论的差异意味着两者相互补充、相得益彰一样。因此，荀子的民主思想和知识论可以成为儒学接受、吸收现代西方民主思想和知识论的桥梁，就像当年宋明理学家以思孟心性论为桥梁去接受和吸收佛教心性论一样。

四

与荀子相反，孟子主张人性是善的："无恻隐之心，非人也；无羞恶之心，非人也；无辞让之心，非人也；无是非之心，非人也。恻隐之心，仁之端也；

羞恶之心，义之端也；辞让之心，礼之端也；是非之心，智之端也。人之有是四端也，犹其有四体也。"(《孟子·公孙丑上》)孟荀关于人性的看法看起来针锋相对，势不两立。那么孰是孰非呢？其实，他们的看法都是正确的。如果说荀子发现了人性中消极的、丑恶的一面的话，孟子则发现了人性中积极的、美善的一面。

孟荀的人性论都是中国人性论长期发展的结果。根据笔者的考察，中国古人至迟在殷周之际就开始探索人性的奥秘了。不过，当时人们对性的认识主要还限于经验层面，即血气之性，也就是后儒所说的气质之性。在各种血气之性中，与道德关系最密切的，当数情感，因而作为情感的性尤其受到重视。在这个意义上，我们甚至可以说，性即情也。此种性，也被称为"情性"。就情性对道德的作用而言，当有积极和消极之分。

殷周之际的人文主义思潮，形成于周初的政治和文化精英对夏、商两代覆灭的反省，因而从逻辑上推测，最早引起人们注意的应该的消极的、可能导致恶的性。在《尚书·召诰》中，我们读到："节性，惟日其迈。王敬作所不可不敬德。"孔安国传："和比殷周之臣，时节其性命，令不失其中，则王之道化惟日其行矣。"[①] 从孔传看，所谓"节性"，就是节制情欲，类似于《中庸》所说的"喜怒哀乐之未发谓之中，发而皆中节谓之和"的思路。《尚书·西伯戡黎》亦云："非先王不相我后人，惟王淫戏用自绝。故天弃我，不有康食。不虞天性，不迪率典。"郑玄注曰："王逆乱阴阳，不度天性，傲狠明德，不修教法。"对此，阮元进一步解释道："'度性'与'节性'同意，言节度之也。"(《揅经室集·性命古训》)既然这种性需要节制，那么它一定是消极的、可能导致恶的性。这是荀子人性论之渊源。

当然，积极的、能够导致善的性也没有受到忽视，这主要表现在"厚性"之说上。《国语·周语上》载祭公谋父谏周穆王曰："先王之于民也，懋正其德而厚其性，阜其财求而利其器用，明利害之乡，以文修之，使务利而避害，怀德而畏威，故能保世以滋大。"何为"厚性"？依韦昭注："性，情性也。"至于"厚"，则与《国语·晋语》"彼得其情以厚其欲，从其恶心，必败国且深乱"中的"厚"字同义，正如韦昭所注："厚，益也。"在这里，"厚其性"指促进、

[①] 李学勤主编：《十三经注疏·尚书正义》，北京大学出版社，1999年，第398页。

培育、发扬性情。在"彼得其情以厚其欲，从其恶心，必败国且深乱"中，"厚其欲"是反道德的，故此"欲"是消极的、能够导致恶的性，而在"懋正其德而厚其性"一语中，"厚其性"是高扬道德的，故此"性"无疑为积极的、能够导致善的性。这是孟子人性论之滥觞。

可见，早在西周时期，人们已经认识到了情性既有积极的、可以导致善的一面，也有消极的、可以导致恶的一面，孟荀不过分别继承和弘扬了这两个传统而已。

尤其值得注意的是，和荀子一样，孟子的人性论也就情性立论。孟子的性为"恻隐之心"等四端，而"恻隐"正是一种情感体验。因此，和荀子的人性论一样，孟子的人性论也属于气质之性，而后儒以孟子人性论为义理之性之典范的成见，是需要重新考量的。

既然人性是善的，那么恶从何来？孟子指出："耳目之官不思，而蔽于物。物交物，则引之而已矣。"原来罪魁祸首是"耳目之官"，即情欲。"耳目"等感官没有"思"的能力，故为外物所遮蔽。外物陈陈相因，最终导致堕落。孟子进一步分析道："体有贵贱，有小大。无以小害大，无以贱害贵。养其小者为小人，养其大者为大人。"朱子注云："贱而小者，口腹也；贵而大者，心志也。"在孟子看来，既然"人之有是四端也，犹其有四体也"，那么对于人人所固有的"四端"，就不必外求，也不必借助任何手段，只需当下体认，便可获得。这种体认，孟子谓之"思"："人人有贵于己者，弗思耳。"这里的"人人有贵于己者"指的是什么呢？孟子说："仁义礼智，非由外铄我也，我固有之也，弗思耳矣。"一方面说"人人有贵于己者，弗思耳"，一方面说"仁义礼智……弗思耳矣"，可见"思"的对象，正是仁义礼智这些本心或善端，即"四端"。至于"思"的主体，当然是"心"："心之官则思，思则得之，不思则不得也。此天之所与我者。"（以上皆引自《孟子·告子上》）"思则得之"的"之"，当然也是"四端"。

从这里，我们依稀可以看出孟子对西周以来人性论传统的继承与发展。他一方面将那种消极的、可以导致恶的情性归结为耳目之欲，名之为"小体"，另一方面将那种积极的、可以导致善的情性归结为心之思，称之曰"大体"。我们也不难发现，孟荀对恶之来源的看法也是一致的，那就是耳目之欲，只是孟子不以之为性而已。

用我们今天的话说，作为"耳目之官"的"小体"就是生理需要、物质享受，是人和动物共有的；而作为"心之官"的"大体"是精神寄托、价值诉求，是只有人才具有的，是人之为人的本质。

让我们把思路拉回今天。用孟子的观点来反观现代化，只能让我们感叹，现代化的种种弊病，都被两千多年前的孟子不幸而言中！现代化给我们带来的积极影响，最明显的是极大的物质享受，包括衣食住行等各个方面。但这一切，所满足的不过是孟子所说的"小体"而已。在这同时，现代化给我们带来了诸如精神失落、价值扭曲等等为后现代主义所诟病的种种问题。这个过程，不正是"耳目之官不思，而蔽于物。物交物，则引之而已矣"吗？不正是"以小害大"吗？不正是"养其小者"吗？

因此，如欲克服现代化的种种弊端，必须像孟子所说的那样："先立乎其大者，则其小者弗能夺也。"（《孟子·告子上》）这反映在儒学重建上，就是"纠之以孟"，即用孟学来纠正已被扭曲的现代化。

原来，现代化和后现代这两种看起来势不两立的世界思潮，分别与孟子所讨论的两种人性是相对应的（用今天的眼光看，不管"大体"还是"小体"，皆为人性），现代化所满足的主要是"小体"，后现代所追求的则是"大体"。既然二者都有其人性基础，那么它们就都有其合理性，那种有你无我的思维方式是不可取的，因而承认并发挥其合理性，克服并抑制其弊病，是唯一正确的选择！对于儒学的当代重建来说，这意味着"受之以荀"和"纠之以孟"是同时进行的，其结果是，统合孟荀，开出儒学的新境界、新时代！

马丁·路德和现代性

黄保罗

(芬兰赫尔辛基大学人文学院世界文化系教授)

本文主要想从如下几个视角来分析马丁·路德(1483年11月10日—1546年2月18日)与现代性的关系。[①]

一、"现代性"的词源学(etymology)和历史性背景[②]

首先,"现代性"这个词来源于公元5世纪的拉丁语形容词"*modernus*"和副词"*modo*",本来表示"现在、目前"(just now, presently),当时基督教正在从非基督教的异教中区别出来。

其次,第一个首先开始使用"*modernus*"(现代的)一词来有规律地表示他自己的时代的人物,是6世纪的卡西奥多罗斯(Cassiodorus,490—585)。

第三,到了加洛林帝国时代(the Carolingian era,800—888),"*antiquus*"(古代)和"*modernus*"(现代)就被作为一对编年史意义上相对立的

[①] 本文部分内容笔者曾以"马丁·路德对于反思精神人文主义的意义"为题在2018年"精神人文主义:马丁·路德与儒家"工作坊中作过报告。另外部分内容以"对话与批判:十六世纪的宗教改革与现代性"为题发表于《国学与西学国际学刊》2017年6月第12期,第1—13页。收入本书时,文中个别英文脚注有删减。

[②] 此部分的内容,主要参考维基百科的资料。

词语而使用了。如"*magister modernus*"表示"当代学者",与年老的权威人士努西亚的圣本笃(Saint Benedict of Nursia,480—547)相对立。

第四,在中世纪早期(Early Middle / Early medieval Ages)①,"*modernus*"表示古代异教的权威人士和早期的基督教教父,特别是从圣比德(672—735)建立圣本笃修会(the Order of Saint Benedict)或西罗马帝国灭亡(476)以来的几个世纪,但并不一定包括当代的人物。

第五,到了15世纪,中部法语、都铎王朝(the early Tudor period,1485—1603)及早期英语都使用了拉丁语的形容词"*moderne*",表示"now existing"(现在)、"pertaining to the present times"(到目前)。英国戏剧家莎士比亚(Shakespeare,1564—1616)经常用"*modern*"表示"每天、日常、通常"的意思。

第六,到了17世纪晚期,法兰西学术院(the Académie française)热衷于讨论"现代文化要高于古代(希腊—罗马)文化吗?"(Is Modern culture superior to Classical(Græco-Roman)culture?)的问题,在这个争论中,"古代"(ancients / *anciens*)和"现代"(moderns / *modernes*)代表了相互对立的观点,前者相信当代的作家除了模仿古代经典的神话(the genius of classical antiquity)之外,做不了什么更好的事情。而后者则相信,除对古代成就的单纯"文艺复兴"(Renaissance of ancient achievements)之外,"理性时代"(the Age of Reason)已经超越了古代的成就。法国诗人夏尔·佩罗(Charles Perrault,1628—1703)就坚持如此的主张。

第七,"现代性"(modernity)这个术语出现于1620年代,表示文艺复兴(the Renaissance,14—17世纪)之后的超越古代成就的历史时代。这个概念特指产生于文艺复兴、17世纪"理性时代"(the Age of Reason)与18世纪"启蒙运动"(Enlightenment)的一些特别的社会文化标准、态度和实践。

第八,有些学者认为,"现代性"结束于1930年代、1945年的第二次世界大战、1980年代或1990年代。然后,随之而来的是"后现代性"(postmodernity)。"当代历史"(contemporary history)一般也表示1945年第二次世界大战之后的时代,但是否与"现代的"(modern)或"后现代的"(post-

---

① 这是在欧洲历史上,自西罗马帝国灭亡后,从500年到1000年间大约五个世纪的欧洲历史时期,前承后古典时代,后接中世纪中期。

modern era）相连，学者们有不同观点。因为"现代的"（modern）也可表示过去的某个时代，以与"当代"（the current era）相对。

二、本文所说的"现代性"（Modernity）含义[①]

"现代性"是一个人文和社会科学特别是历史[②]的概念，由于研究领域的多样性，"现代性"可以表示不同的历史时期或性质，它不仅是一个历史性的概念，而且可表示一个范围广阔的历史过程和文化现象（从时装设计到现代艺术手工），它还可表示人们对自己制造的环境的主观性或存在性经验，以及他们对人类文化、机构和政治的持续性影响。

福柯（Michel Foucault）[③]说，作为一个历史的范畴，"现代性"的发展有一个质疑或拒绝的传统；它强调个人主义、自由、和形式平等；相信社会、科学和技术的必然进步，相信理性化和职业化，相信从封建主义（农耕制）到资本主义和市场经济、工业化、城市化和世俗化的运动，相信民族—国家、代表制民主和公共教育的发展，等等。

本文把"现代性"当作一个分析性的概念和标准性的理想。现代性与哲学、神学、美学的现代主义思潮密切相关；与贯穿启蒙运动的政治和知识性思潮相关；而且与后来发展起来的存在主义、现代艺术、社会科学的正式确立、马克思主义、资本主义、世俗主义和后工业时代的生活方式密切相关。

但是，笔者并不打算从政治（political）、社会（social）、世俗化（secularization）和文化（cultural）、地域（regional）、经济（economic）、科学（scientific）和艺术（artistic）[④]的视角，而主要是从哲学（philosophical）和

[①] 此部分的内容，主要参考维基百科的资料。
[②] 在历史学中，17和18世纪一般被称为"早期现代"（early modern），而19世纪则表示"当代历史"（modern history）。
[③] 福柯不承认自己是后现代主义者，而自认为是一个"现代性的批判历史"的研究者。
[④] 在艺术历史领域，"现代性"（modernité）的含义更加狭窄，"现代艺术"（modern art）特指大约1860—1970年间的艺术。这种用法与夏尔·皮埃尔·波德莱尔（Charles Pierre Baudelaire, 1821—1867）在1864的论文"The Painter of Modern Life"（现代生活的画家）相关。

神学（theological）的视角来讨论"现代性"这个概念。

三、路德是现代性的真正开启者

（一）从权利结构上，路德不仅撼动，而且解构了中世纪的政治和社会

这是以前无人能及的。路德是16世纪划时代的宗教改革思想家、德意志伟大的爱国者、德意志民族文化的奠基人和基督新教的奠基者。虽然路德之前就有文艺复兴运动，而且有英格兰的威克里夫（John Wycliffe，约1320—1384）和捷克的胡斯（Jan Hus，1371—1415）等宗教改革先驱，提出了人的尊严和价值等富有现代性意义的概念，但他们的努力并没有撼动罗马天主教会在欧洲一统天下的霸权地位，真正地撼动而且解构了罗马天主教一统欧洲之权的人是路德。自路德开始，教会分成了罗马天主教和新教，德国和许多欧洲国家脱离了罗马天主教的统治而获得独立，欧洲由此进入了多元的现代。

（二）路德当时在维滕贝格大学里代表了经院神学的新派，他与人文主义王子等代表人物关系密切

路德本人是在埃尔福特大学接受的旧派经院神学的训练，他的老师都是当时重要的经院神哲学家。所以，他自己又是中世纪经院神哲学的一个学生，但是他所在的维滕贝格大学，当时成了整个欧洲的新学中心，后来梅兰希顿（Philipp Melanchthon，1497—1560）也到了那里，他们领导一批学者把这个大学建设成了欧洲的经院新学的代表阵地。[1]

与路德有密切关系的，或者对路德产生重大影响的伊拉斯谟（Desiderius Erasmus Roterodamus，1466—1536）是文艺复兴的王子。他编了《新约》希伯来语的原文《圣经》，就是这个《新约》希腊语的原文版本对路德产生重大影响，他才读出 Volgata（武加大）拉丁语译本中的错误和问题，并据此来批

---

[1] 张仕颖：《宗教改革运动前的马丁·路德与经院新学》，载《历史研究》2013年第6期。

评罗马天主教违反圣经的错误。所以,从这个角度来看,路德做学问的方法,应该是受文艺复兴的或者讲新学的或人文主义的经典阅读很重大的影响。路德的好朋友梅兰希顿的舅祖父,就是其外婆的哥哥罗伊希林(Johannes Reuchlin,1455—1522),是德国的人文主义的重要代表人物和犹太研究专家,遭到教会批判的时候,路德曾为其研究犹太教的价值进行了辩护。所以,路德与罗伊西林、梅兰希顿、伊拉斯谟都关系密切。在路德去世之后,梅兰希顿变成了路德的重要继承人。但是,后来有些保守的路德跟随者认为,梅兰希顿不是一个真路德派,而是一个本质上的人文主义者。因为路德在活着的时候,路德整个的思想,特别是关于圣餐这件事情引起论争的时候,梅兰希顿表现出了一种希望求和的态度,后来有人就批评他和路德的神学思想之间是有差异的,因为路德更多的是传统的神学,而梅兰希顿却是新派的人文主义,所以,被称为"菲利普派"。后来梅兰希顿与罗伊希林,路德和伊拉斯谟的关系都因为神学立场的不同而闹僵了。所谓人文主义,其本质是强调与上帝对应或对立的主体之人及其感性、理性、意志和权利等等。这些概念为后来的启蒙运动提供了反思的主题,特别是"理性"及"理性主义"成了现代性的核心内容。

(三) 从思想运动上,路德开启了现代性

在中世纪的经院学派中,路德是新学的代表人物,开启了"现代性";在文艺复兴及其后兴起的人文主义语境里面,路德又是传统神学的继承者,他看重"理性"但对其有限性有着明确的意识,而且对悖论、二分法等的论述,都深刻地影响了现代性。路德所启动的宗教改革,上承文艺复兴,尊重人的权利和尊严;下启启蒙运动,强调自由平等和理性。宗教改革过的欧洲,经历了一些宗教战争之后,最终达成了理性的"宗教宽容",并实践性地推行了"教随国定"的政策。欧洲不仅获得了宗教、政治和社会上的相对稳定,而且伴随着地理大发现而兴起的探险和贸易、殖民主义、帝国主义和福音差传,以"信仰上帝权威、注重人性(特别是理性)尊严、强调自由平等"为核心的欧洲现代性价值观念[①]逐渐被推广到了美洲和世界各地。直到"二战"及其导致的冷战

---

① 这里的欧洲价值观念指宗教改革将文艺复兴对人的价值的肯定和启蒙运动对自由平等的强调,与今日的多元主义有所不同,如今的民主、自由、博爱、平等等价值观深受理性、感性和实用性的影响,与宗教改革时期已经不同。

格局结束之后的21世纪，以欧美为代表的价值观念和世界秩序，虽然遇到了日益严峻的多极挑战，仍然占据着主导的地位。"现代性"这个概念所受16世纪的宗教改革之影响虽然明显，但由于路德思想的被忽略，越趋当代（也称"后现代"），基督教的影响越有示弱之势。现代性表现虽然多种多样，但其本质却是要以人取代神而成为绝对者。在欧美近三百年的发展过程中，既有与文艺复兴相关的对感性与情感的强调，又有与宗教改革特别是清教徒精神相关的虔诚，更有资本主义的唯利是图和帝国主义的霸权精神，而这一切背后在精神层面起引导作用的则是经过启蒙运动以来流行起来的"博爱、平等、自由、民主、人权"几大通俗易懂的核心价值观念，其中起到特别作用的就是"人性""神性"和"自由"。这三大概念与16世纪的宗教改革都有密切的联系。而在此要说明的是，"人性"这个概念则是从"理性""感性""实用性"三个方面来界定的。①

因此，今天欧美现代性的重要特点之一就是在理性、感性和实用性方面都呈现出了人性无限论的倾向，这与忽略和遗忘16世纪宗教改革的贡献有密切的关系。

四、路德关于"理性"的双重理解

"理性"（λόγος，logos，ratio，reason / rationality）的多种含义中，本文特别强调两点。一则"理性"是"真理、道、logos的体现"。二则"理性"是人类可以利用理智进行思考的能力，然后逐渐产生了思辨、实践、工具理性等区分。经过康德而发展到今天的海德格尔等哲学家，这个概念被广泛而深刻地研究和探讨着。讲到现代性，我们需要想到路德关于"理性"这个概念的双重理解。说到理性，路德有两句话比较重要，这是我在翻译《路德书信》时发现的重要论述之一。

一方面，路德极力地批判了理性，他不仅批评注重理性的亚里士多德是

---

① 当然，学者可以从多方面来界定"人性"，但笔者认为这里提到的三个方面是核心内容，故以此立论，而不是要否定或排斥其他视角。

"披着人皮"的"牲畜"①，而且把理性称为"魔鬼的最大妓女"和"信仰的最大敌人"。因此，路德主张直截了当地去谴责异端而不是靠着理性与之争辩。跟着理性走，最后的结局就是灭亡。如李秋零老师提到的那样，敬虔派的重要代表人物科伦布什（Samuel Collenbusch，1724—1803）针对"理性"等问题曾经给康德写信，也质问"魔鬼的信仰与康德先生的信仰在什么地方区别开来？"所以，路德讲，理性是魔鬼撒旦最大的娼妇，在路德之后的时代也仍然被一些神学家所记得。另一方面，路德不仅本人使用理性，而且他尊重理性并视理性为上帝所赐来祝福人的东西②，更称理性为"一件上帝的伟大礼物"。

这两种似乎互相矛盾的说法与信仰密切相连。我们来理解路德对理性的态度时，需要考虑他所区分的在"信仰之前"与"信仰之后"的语境问题。路德说："理性不是在皈信之前于信仰的事情中运行和服务，而是在皈信之后……在它被圣灵照亮之后，理性会服务于信仰。但是，没有信仰的话，理性就会以其所有的力量与身体的所有肢体一起外在和内在地亵渎上帝。"人如果有了对上帝的信仰，理性就是上帝给的最大的祝福之一。如果没有这个对上帝的信仰，那么，这个理性就会变成一个魔鬼的娼妇。

路德的这个双重理解，对于我们反思五四运动以来中国兴起的现代性及其问题具有重要意义。因为路德之后，现代性发展的结果比较复杂。比如，启蒙运动在英国、德国、法国以及俄罗斯的发展是不同的。③ 特别是从黑格尔左派、法国大百科全书派和苏联十月革命的无神论中，人文主义被作为一种无神论的思想而传到中国，"理性"和"科学"都没有真正地在中国获得正确

---

① 路德于1516年写信致约翰·朗（John Lang）时说道："亚里士多德能用最微妙的方法诱惑聪明人。如果他不是有一个肉身，我会毫不犹疑地宣称，他就是一个真正的魔鬼。"
② 路德（Martin Luther）在《小教义问答》（The Small Catechismus）中解释"使徒信经"的第一条时说："我相信神是造我的神，是造万物的神。我相信神赐我身体、灵魂、骨干和感官，又赐我各种感性及理性，还赐我衣食、住所、家庭、财物和一切的一切。神又丰丰富富地赐我每日所需的；无论有什么危险凶恶，神都保守庇护。这所有的一切都是出于他为父为神的爱、慈悲与怜悯，并不是因我有功而得的。这一切无偿的爱，使我理当感谢、颂扬、侍奉和顺从神。这是实实在在当行的。"
③ 此问题可作专门的论文。英国、德国的启蒙运动和现代性对有神论进行了延续和发展，黑格尔左派、法国和俄罗斯的现代性则对无神论有较多的接纳，但是卢梭却从道德情操论的角度对有神论有所继承。

的发展，因为"科学"被"科学主义"所取代，"赛先生"（science）变成了"赛教主"（scientism），"理性"变成了至高无上的"理性主义"，同样，伊拉斯谟、梅兰希顿和路德等人强调的有神论人文主义，变成了无神论的人文主义。

路德及宗教改革对"理性"的理解在欧美西方和五四运动以来的中国的现代性理解中被严重地忽略了。笔者在此要提出的观察是，路德对理性的观点被许多的现代人遗忘或误解了，这导致了今天把人性无限放大的局面。因此，笔者主张要重新反思路德等宗教改革家的贡献，帮助我们来观察、分析今天的西方和中国的现代性迷失。

比如，罗马天主教的一些神学家就多方面地批评路德而认为他否定了理性，新无神论的代表人物道金斯（Richard Dawkins）曾经批评路德反对理性和逻辑。其实，路德对理性的论述体现出了悖论特点，其中不仅涉及理性的内涵，而且涉及理性被使用的语境，他并没有简单地肯定或否定理性，虽然他所用的词语是激烈的。

相较于路德所强调的"信仰之内的理性"与"信仰之外的理性"的区分，笔者认为，当今欧美社会遇到的最大问题之一，就是忽略了路德的这个区分，而以"理性"取代了上帝。当教会被逐渐地排挤到边缘地位时，教会与以媒体和民间组织为代表的社会公共领域、与以理性为最高标准的学界和以实用为最高利益的政府之间，在这些问题上就产生了冲突。① 中国现在的主流媒体、社会和政治领域中，流行的"博爱、平等、自由、民主和人权"几大核心价值观，都是在上帝缺场和反对权威的情况下来被讨论、界定和加以推广的。笔者曾撰文论述了其中的相关问题，兹不详论，现在主要探讨的是，宗教改革在上

---

① 这种冲突的关系，让教会有了一种"既身在社会"又"被分别出来"的身份。被排挤的结果表现在，一方面，教会作为"属灵"的基督的身体努力扮演"先知"的角色，根据上帝之道，对社会发出批评和呼召；另一方面，教会作为"属世"的一个社会组织，也渐渐开始对"信仰之内的理性"与"信仰之外的理性"的区分变得模糊，而追逐和讨好属世的价值观念，不仅在神学理论上发生了这种模糊和混淆，而且在实践中不断地挑战教会并引起信徒之间的分裂。下文将对此进行详细论述。

述语境中对现代性发生了什么样的影响。①

路德对理性发生作用的这两种语境的区分,是现在西方社会所忽略的根本性问题。当上帝作为最高的权威被排斥的时候,本是上帝赐给人的伟大礼物之一的"理性",现在却变成了偶像而要取代上帝,不仅在社会中畅行无阻,而且要进入教会把上帝赶走,自己去坐到那张本来属于上帝的宝座之上。结果就是,人性失去了界限,有限的人试图要变成绝对者。笔者认为,这是教会在今天的欧美所遇到的最大挑战之一,而且这种影响呈现出全球化的趋势,也在逐渐地影响中国。

总括而言,在以欧美为代表的西方,基督教会主要遇到了排斥上帝的无限人性论特别是理性主义的挑战,路德及其宗教改革中对人性和理性的分析,可以帮助今人看清楚理性的有限性。

五、路德的"悖论"及其所强调的"内在的我"和"外在的我"之分

悖论对于路德来说,是非常重要的一个问题,他称基督徒"同时是罪人,同时是义人"。我个人对路德感兴趣重要的一个元素,就是他的悖论思想。当然,他这个悖论对后来的德国辩证法的发展,最起码对黑格尔的正题、反题、合题和三位一体的关系等等,产生了一定的影响。至于其间的关系,我们需要仔细研究和梳理。当然,后来的德国古典哲学怎么影响了启蒙运动,如何塑造了现代性及现代化的社会。今天我们来研究现代化、现代性、后现代和人文主义的时候,不仅需要反思路德的"理性"概念,而且也要研究他的"悖论"概念。②

---

① 教会除去受到外在的挑战和影响之外,本文特别要强调的是,16世纪宗教改革家的神学塑造了"以上帝及上帝的道为首的教会",这样的教会塑造了"以上帝及上帝的道为首的信徒",这样的信徒在生活中实践了自己的信仰,从而塑造了欧美价值观及文化。反之,论及欧美社会对教会挑战时,我们不仅需要关注外来的影响,而且需要注意,教会或许多信徒及神职人员及神学家们都放弃或模糊了"宗教改革"的信仰根基,失去了对信徒内心的塑造能力,信徒也逐渐将信仰和生活割裂,或放弃信仰,进而社会中反福音的价值观和文化越来越变为主流,从而形成了对教会外来排挤和内在破坏。

② 限于篇幅,关于路德所论的悖论,还有许多,如耶稣基督的人神二性,《圣经》是上帝以人的语言来启示自己的话语,圣餐是耶稣基督的身体与宝血在饼和酒之中,上帝的祝福经常隐藏在苦难之中,基督徒同时是罪人和义人,得救是"既济未济"(already … but not yet …),本文暂时不讨论。

路德的"内在的我"和"外在的我"之分，对人文主义和现代的所谓"公共领域"和"私人领域"的划分产生了重大的影响。我于 2017 年与复旦大学通识教育中心主任和哲学学院院长孙向晨教授做了两个小时的对话录音。他研究莱维纳斯和穆勒等人，他认为穆勒的《论自由》① 这本书彻底颠覆了路德，被今天的西方社会所继承。这就是我们今天所批判的西方社会的现代性，因为这个被批判的现代性给人类带来了许多消极的问题，如他们继承了路德的内在和外在之人、上帝的左手和右手、上帝的国度和世界的国度之类的"二分"外表框架，但是，现代性却把路德的"信仰上帝"这个实质的本质内容抽空了。

那是什么意思呢？就是路德的两个国度。我们翻译的由山东省基督教两会所出版的书里面有一本我花了很大精力，找了很多文章编出来的，就是《论两个国度》。② 路德的概念大家比较熟悉，如：上帝的左手和右手、上帝的国度和世界的国度，它们继承却不同于奥古斯丁的"罗马之城"和"上帝之城"，有些差异。路德所说的世界的国度和上帝的国度不是善恶之分，是上帝管理人的两种方式，一个是管人的身体和外在、物质的东西，一个是管人的灵魂和信仰、精神的东西，所以，这两只手管辖的领域不一样，管辖的方式不一样，一个是用温柔的福音，一个是用刀剑的暴力。所以，使用的工具不一样，管辖的对象不一样，使用的方式不一样，而且这两个不能混淆。这套东西，后来给西方（虽然路德之后西方有宗教战争）的宗教宽容提供了理论基础。所谓宗教宽容就是路德的两只手，达到宗教宽容这个东西，路德的理论是产生重大积极影响的。在当代中国，基督教会则主要遇到了如何处理政教关系的挑战，路德的上帝之左右手和两个国度理论则既可以帮助统治者，又可以帮助教会。

但是，这套东西，经过密尔（也译为约翰·斯图亚特·穆勒 [John Stuart

---

① 约翰·密尔著，许宝骙译：《论自由》（On Liberty），商务印书馆，2005 年。该书是英国思想家创作的政治学著作，首次出版于 1859 年。中心论题有三个：第一，论思想自由和讨论自由；第二，论个性自由；第三，论社会对个人自由的控制。对个人和社会之间权利界限的划分是全书的核心要义之所在：一是个人的行动只要不涉及自身以外人的利害，个人就不必向社会负责交代；二是个人对社会负责的唯一条件是，个人的行为危害到他人的利益。该书被誉为自由主义的集大成之作。笔者认为，该书的消极影响是，它把人及其自由等同于甚至凌驾于真理/上帝之上而成为绝对标准，体现了抛弃有神论的基督教而走向以人文主义为根本的倾向。
② 马丁·路德著，黄保罗总编译：《马丁·路德著作集第二卷论两个国度》，简体字版，山东基督教两会，2018 年。

Mill]，1806—1873）等人的发展，后来在西方的今天，被体现为"公共领域和私人领域"之分。公共领域和私人领域之分，保留了路德的形式，但是它的内部出现一个重大的问题，从上帝已死，到现在的人不愿意再要上帝，也就是说，在私人领域里面，已经没有上帝了，如果在私人领域没有上帝的话，那就徒有一个二分，所以，在私人领域就会产生一种相对主义或颓废的虚无主义。我观察到的欧洲那边，他们现在遇到一个消极面，就是这种意义的缺乏、对信仰的丢失。所以，在内在里面，人就会孤独，家庭、婚姻就会破碎，单亲儿童就会大量出现，等等。人的孤独、绝望，是当代不同于路德的时代的重要差异之一。但是，现在已经把公共领域，比如隐私权，作为至高无上的一种东西，这个隐私权是任何人、政府，都不能去侵犯的；但是，在路德的时代，虽然任何人（包括世界的君王）都不能去侵犯人的隐私权，但人的隐私权里面却有上帝住在那里，但是，今天的现代性里上帝却不在了。

六、路德关于现代性的其他思想

（一）传统大公教会的神学深刻地影响了路德关于"意志自由"观念

因为路德又是奥古斯丁修会的修士，他整个的神学特别继承了奥古斯丁的教会传统。所以，在路德身上，同时有古典和新学人文主义这两个方面的综合。特别是关于"意志"的自由与被捆绑的问题时，路德继承和发展了奥古斯丁的思想，不仅拒绝贝拉基（Pelagius，约360—约420）关于人的意志在得救的事情上有自由的异端思想，而且与人文主义王子伊拉斯谟（Erasmus）发生了冲突。路德坚持，在得救的问题上，人的意志是没有自由的，人只有犯罪的自由，而没有行出绝对之善的自由。人的意志所拥有的自由，只能在形而下的人与人或人与世界的关系上，行出相对之善。

（二）"精神人文主义"中的"精神"与"人文/现代"问题

杜维明在"学以成人"的2018年世界哲学大会上发表了以"精神人文主义"为主题的发言，近年来，他多次谈到这个话题。什么是精神人文主义呢？

"精神"与有神论、神秘主义或形而上有什么关系呢?"人文"是现代性、无神论、现实或形而下的吗?这二者如何结合起来呢?其中有矛盾吗?

儒家当然是一个思想很丰富的大体系,我们不能简单地以一句或几句话来概括其核心思想。我本人就多次与儒家的一些朋友做了很多对话,我看到一些比较实在的、很稳的儒家学者,但是,也看到很多非常兴奋、愿意积极配合提倡儒家等国学大复兴的号称为儒家的学者,他们以为,现在光明的时代终于来临,儒学要大放异彩了,自己甘心乐意成为"帝王之师"。

杜维明先生等人今天所讲的精神人文主义这个概念,到底是什么东西呢?它是不是康有为时代的那种把儒家当成一个宗教来理解的概念呢?很显然,杜维明不是这个意思,他并不是把儒家当成一个宗教,而是用所谓的人文主义(包括现代性)这个东西来解读儒家。但是杜所用的"精神"是什么意思呢?"精神"的英文词是 spirit,在 2018 年的世界哲学大会上,杜提到"精神人文主义"时使用的就是"spirit"(灵性),这个词就被翻译成"精神"。而且,杜说,这个"精神人文主义"也可以是无神论的。我就在反思,儒家是不是能成为拯救世界的灵丹妙药,因为尼山论坛我参加过好几次,会议中有不少儒家人士非常积极,他们觉得拯救世界就要靠儒家了,比如许嘉璐前全国人大常委会副委员长就在尼山论坛和世界儒学大会等场合作了好多次类似报告,我有一次在那里就与他讨论过这个问题。

所以,我就想来反思"人文主义/现代性"和"精神人文主义"这两个词。

杜等人所说的"人文"是否以坚持"现代性"和拒绝"有神论"为前提,是否表示"未知生焉知死"的形而下的此世今生?在中国传统里的商周之变和秦汉之变中,"人文"或"人文主义"一般都被理解为是从形而上到形而下、从有神论到无神论、从彼世来生到此世今生、从天到人、从精神到物质的转变。而在当代的"人文主义"或"人本主义"的运用中,也往往主要表示"注重、看重人"的意思。而在西学的传统中,humanism(人文主义)主要是在"神—人二元结构"中对"人"的强调。一次是文艺复兴时期(14 到 17 世纪)对于人的主权、感性、情感和欲望的合理性的强调,另一次是启蒙运动时期(17 到 18 世纪)对于人的权利、自由、平等特别是理性的强调。特别是探险和地理大发现、全球贸易、工业革命、资本主义和殖民主义兴起以后,"人文主义"更是与无神论似乎画上了等号,成为宗教的对立面。因此,我们面对杜先生等人所提的"精神人文主义"这个术语的时候，需要认真思考它所表达的内涵到底是什么？这是非常重要的。

而且，"精神"这个词有没有界定清楚到底是什么意思呢？它是否表示形而上的彼世来生？如果"精神"只处理"天、人、群、己"这套关系里的"人、群、己"而缺少"天"的话，我觉得，"精神"与英文世界所用的 spirit（灵性）这个词之间的差异就太大了。根据路德的人论，人有灵（spirit）、魂（soul）、肉（flesh）三个部分，也可被称为"身、心、灵"。那么，杜等人所说的"精神"可能只是相当于英文的 soul（魂）这个概念，与知识/智慧、情感/情绪（喜怒哀乐）、意志/欲望、伦理道德等相关，虽然与形而上的永恒、神秘、有神论的"灵"也相关，但毕竟不同。而基督教所说的"灵"则是明确的形而上的永恒、神秘的有神论。因此，我对杜等人所说的"精神人文主义"这个概念的挑战是：如此的儒家会不会成为一个制造偶像的极大的助手呢？

（三）强调现代性和精神人文主义的儒家能够避免制造偶像的问题吗？

在"精神、有神、神秘、形而上"等关于个体永恒性的问题上，一些儒家认为这个问题似乎早就已经被解决了，他们并没有对此进入深入的论述。这样的话，我就特别关注到，儒家传统里面是如何处理"偶像"问题的？但是，从鲁迅等新文化运动的代表者对传统礼教的批判中，我个人认为，因为对"永恒、形而上"的阙如，许多不是"绝对真理的相对之道"变成了"绝对真理的永恒之道"，许多不是上帝的东西变成了上帝，许多假神变成了真神一样的偶像。

我想，路德也许对这件事情可能会有一些反思参考的意义。路德在《教义问答》里面专门讨论什么叫"偶像"这个概念的时候，他说："偶像就是假神"，一个不是神的人或者一个东西自称为神，这就是假神，就是偶像。

神有多个特点，但最起码其中的两个特点即"全善"和"全能"是不能缺乏的，也就是说，一个不是全善和全能者自称为全善和全能，最后带来的结果就是欺骗一场，就是假神和偶像，这是路德对偶像的解读。这样看的话，我想，路德这套东西对于他批判、反思、利用文艺复兴、人文主义（他自己也使用文艺复兴这些东西如强调经典的重要性）曾经发挥了重要的作用，而且，又对后来启蒙运动的兴起和发展产生了直接和间接的影响。路德研究的芬兰学派现在谈到路德的时候，又从对康德主义及新康德主义的批判来入手。

结论

路德是现代性的真正开启者，他对现代性的许多核心概念如理性、二分、自由等都产生了重大的影响，五四运动以来的现代性中面临的许多危机，一方面是由于忽略了路德关于现代性的论述，二则现在可能可以从路德的现代性思想中找到解决五四以来中国现代性所遇到的危机。

学术动态

儒学的开展与东亚文化共同体之重建
——2018尼山新儒学论坛述要

李浩然

(中央民族大学哲学与宗教学院讲师)

2018年1月12日—13日，由尼山圣源书院、国际儒联儒学与企业管理委员会、国际儒联教育传播普及委员会主办的"2018尼山新儒学论坛——儒学与东亚文化共同体"在北京召开。本次论坛由首尔大学哲学系教授、尼山圣源书院副院长郭沂主持，中国人民大学教授、尼山圣源书院常务副院长张践致欢迎辞，国际儒学联合会会长滕文生先生出席会议。

来自中日韩三国的三十余位知名学者就儒学在东亚文化共同体重建过程中的作用与价值等问题展开了深入的研讨，为东亚和平发展提供了学理的支撑与思想的启迪。

首先，从东亚的历史背景出发，与会学者们认为，当今时代东亚共同体的构建要充分地借鉴和参照以往的传统。中央民族大学牟钟鉴教授以《东亚文化圈的历史经验与智慧在当代文明对话中的意义》为题目，回顾了东亚历史发展中的经验与教训，指出儒家传统思想中的"恕"概念对于今天东亚共同体的建构具有重要意义，并结合中国实际上的儒释道三教融合的过程来说明。

牟教授进一步指出，和平与发展是时代的主题，在西方文明已经显示出诸多问题的当下，对于东亚人来说构建一个文化上的共同体便成为各国面向未来的题中应有之意。首都师范大学王殿卿教授以《脱亚入欧　同室操戈　和合东亚》为题目，从历史发展的脉络回顾了19世纪东亚饱受侵略的历史，又从过去日本脱亚入欧到现在脱离欧洲的转变指出亚洲在今天的新变化。

这个变局说明，在现代东亚世界，优胜劣汰的社会丛林法则和西洋必将全胜的信念以及以战争为主的扩张手段早已经不适合中日韩三国人民的精神需求，东亚必须发展出自己的新的共同价值，这个价值便是以和合观为核心的共同价值。

浙江省社会科学院吴光教授以《建设东亚文化共同体需要君子品格》为题，回顾了历史上日本、朝鲜与中国的联系，指出东亚世界的共同文化是儒学与佛教，而对于文化共同体的建设则应该以儒学中的仁义礼智信为主，这其中最值得重视的便是能体现儒学仁义礼智信的君子人格。

在《论语》中，君子是以仁义、忠恕、敬畏、四德、爱民等品质出现的，在当今时代，我们只有修身立德才能成为新时代的君子，而这种君子修养也为整个东亚社会提供了一个共同的价值典范。

其次，从东亚的共同学术传统为出发点，与会学者们讨论了东亚文化中的诸多关键概念，通过对这些概念的新诠，传统与现代、国家与共同体之间的过渡便有了理论上的可能性。其中，成均馆大学儒学学院院长辛正根教授以《儒学之总体再定义》为题目，深入地讨论了"儒学"概念的定义，指出因为儒学具有"一实多名"的复杂性，它往往会在不同的时代被赋予不同的名字，而现有的儒学定义又通常使用对普通人而言晦涩难懂的专业用语。

因此，我们需要一个不依存于专业用语与特定人物的儒学的定义，同时这个定义还必须是一个使人们通过定义中使用的词汇便可以把握住儒学正体性的定义。《光明日报（国学版）》主编梁枢教授以《内平外成：构建人类命运共同体的中国方式》为题目，分析了出自《左传》的"内平外成"概念是指涉诸夏与夷狄关系的族群建设与国家建设相结合的观念，并进一步指出以往对于"共同体"的诠释是从地理与道德两个向度进行的。

在这个诠释之上，梁教授从更加深刻的角度提出了基于血缘与宗亲结构的中国人本土的共同体意识。这个意识中"家"是内在的层面，"民族"是外在的层面，而从家到民族的过程也正是人类命运共同体形成的过程。首尔大学哲学系郭沂教授以《东亚共同体的价值基础》为题，指出价值包含物质价值、社会价值、精神价值和信仰价值四种类型和四个层面。信仰价值表现为"安"，物质价值表现为"用"，这都是人类共同价值。

至于精神价值和社会价值，则具有明显的民族性。真、善、美代表了西方的精神价值，中华精神价值则为中、和、乐。正为世人所普遍接受的民主、自由、平等只是西方的社会价值，作为道、儒、释三教核心价值的自然、仁义和慈悲才是中华社会价值。

另外，以儒学为主的中国文化在东亚世界的展开为我们在学理上提供了文化共同体构建的依据。与会学者们通过对具体的中国经典、中国学派的思想史发展脉络的梳理，展示出中国在构建东亚共同体过程中的重要学术地位。其中，中国人民大学张立文教授以《朱子对韩国的影响》为题目，首先梳理了作为一个时代新儒学的朱子学经藤原惺窝和林罗山等人的传播而在日本的发展与经退溪、栗谷等人的传播而在朝鲜的发展。其次深入朱子学思想的内部，比较了朱子、退溪、栗谷思想的异同，说明了朱子学在东亚发展的过程中所产生的流变。最后借历史上朱子学的传播而指出当今时代的中国人也要让中国文化走出去，向世界讲好中国的故事。成均馆大学儒教文化研究所所长金圣基教授以《易经哲学与人类普遍价值》为题目，指出《周易》不仅蕴含着一个以人类生活的再圣化为内容的普遍伦理的新方向，还具有一个以自然与人的和谐为内容的儒家普遍伦理之新起点。

这些内容是以宇宙自然之道，即现象变化和综合作用的发现为前提完成的，而这个现象的变化就是宇宙的终极价值"生生"。作为终极价值"生生之道"和"仁道"又一起组成了宇宙和人生的大和谐之道。

日本一桥大学坂元弘子教授以《"大同"思想及其在历史上与当代文明中的意义》为题目，讨论了三教与其他近代思想融合的问题，说明中国思想若欲存于今日甚至未来的发展，就不应只讲儒学与东亚文化，也需要注意到三教与其他近代思想的融合。通过严复、康有为、英国传教士李提摩太等人的著作可以知道近代初期全球化是如何向当代全球化过渡的。在这个过程中，建设东亚共同体的任务之一是构建一个和平共存的文化上的"一带一路"。

最后，与会学者们也结合当今中国国家发展实力与东亚各国政治经济格局等诸多现实情况，探讨了构建东亚文化共同体的既有问题和未来发展的可能性。

这些悠久的儒家思想，使得中国作为一个大国在强调各国发展共同利益方面，始终坚守着厚往而薄来的原则，让其他国家可以搭上中国发展的顺风车，实现互利互惠的共赢局面。中国人民大学彭永捷教授以《东亚国家的正常化与一体化》为题，分析了当今东亚共同体形塑过程中的四个问题，即东亚四国的国家非正常化、制度差异大、彼此之间都具有领土争端以及没有共同价值观。

根据这些既有问题，彭教授也指出未来东亚共同体建构的出路，首先在于用和合的观念思维在承认各国差异的基础上互补共生，其次在于以共同的文化传统培养出新的价值观体系，最后在于东亚一体化的关注与落实。首尔大学自由研究学院梁一模教授以《君子在行动——20世纪以来韩国儒者的政治参与》为题，对研究韩国儒教人的建国运动与民主化运动的著作《君子们的游行》做了介绍与评论。梁教授认为，韩国的民主和公民社会正在寻找新的方向，这本书充满了作者的真诚和努力，展现了儒家的潜在力和可能性，为寻求韩国新民主主义和公民社会奠定了经典智慧和思想资源。

除此之外，日本法政大学王敏教授、中国社会科学院李甦平教授、北京外国语大学田辰山教授、国家教育行政学院于建福教授、中央党校王杰教授、延边大学方浩范教授、中国社会科学院赵法生教授、中央民族大学刘成有教授、中央民族大学孙宝山教授、山东师范大学赵卫东教授、南京大学郑墡谟教授、中国人民大学李勇强研究员、成均馆大学儒教文化研究所朴志勋研究员、成均馆大学儒教文化研究所安承宇研究员等，亦围绕主题做了精彩发言。

儒学是中国传统思想的代表，而以儒学为中心的东亚文化共同体的形塑不仅在过去是一个历史上的事实，在未来更是一个价值上的趋势。本论坛充分反映了东亚世界儒学与文化共同体研究的最新成果，不仅为未来东亚共同体的研究指明了方向，也为加强中日韩三国间的学术交流起到了重要的典范作用。